塑造阳光心态 培养健康少年

青少年

心理健康教育

工作手册

主 编：张天清

百花洲文艺出版社
BAIHUAZHOU LITERATURE AND ART PRESS

如何从本书中获得最大帮助?

· 本书的目的是使复杂的心理辅导理论和实践变得有趣且具体可行。无论是中小学老师、辅导员还是社区工作者,都可以通过本书快速地了解青少年心理健康教育的工作方法与具体途径。

· 阅读本书时,对重要且有启迪的工作建议加以熟记,并经常停下来问自己,如何才能在工作中运用这些建议?

· 抓住每一个可以运用这些建议的机会,将本书作为你工作的操作手册,用它来帮助你解决日常问题。

· 本书所介绍的或许并不重要,重要的是你必须根据实际情况进行实践。

序

　　青少年是祖国的未来、民族的希望，青少年的健康成长关系着中华民族的伟大复兴和中国社会的未来发展。心理健康是青少年健康成长不可或缺的重要组成部分，随着经济社会的不断发展，促进青少年心理健康越来越成为全社会共同关注的热点和必须承担的使命。中共中央、国务院颁布的《"健康中国2030"规划纲要》以及中央22个部委联合发文的《关于加强心理健康服务的指导意见》，明确提出了"坚持以人为本，推进青少年心理健康教育"的战略要求，充分彰显了党和政府对青少年健康成长与成才的高度重视。

　　为贯彻落实中央有关文件精神，中央文明办把加强和改进青少年心理健康教育工作作为新形势下思想道德教育工作的重要内容。心理健康教育与思想道德教育的有机结合，从全新的角度发挥了其对青少年健康成长的独特作用，体现了思想道德教育工作与时俱进、不断发展完善的思路。中央文明办与未成年人心理健康（全国）辅导中心一道积极开展工作，每年都举办各种培训班，指导各省市在工作机构的健全、人员的配备、队伍素质的提升、工作平台的搭建、工作内容的丰富拓展等方面取得明显进展，对提高青少年的心理素质、促进青少年健康成长起到了不可替代的作用。

　　2013年，江西省文明办依托华东交通大学心理素质教育研究院的专业资源建立了江西省青少年心理健康教育辅导中心，这是江西省青少年思想道德教育工作中的一件大事。几年来，在中央文明办、未成年人心理健康（全国）辅导中心的指导下，通过举办各级各类培训，指导各市、县（市、区）建立三级青少年心理健康教育工作网络，基本实现了青少年心理健康教育的全对接和全覆盖，使江西省青少年心理健康教育工作得到了长足的发展。江西省文明办多次召开工作会、研讨会，推动各设区市建立健全青少年心理健康教育辅导领导体制和工作机制，工作成效显著，专业化、科学化水平得到明显提升。

更为难能可贵的是，江西省文明办、江西省青少年心理健康教育辅导中心能从本省实际出发，邀请中国科学院心理研究所的心理学专家及本省从事青少年心理健康教育工作的同志，根据青少年心理健康教育辅导工作中面临的新形势、新任务，撰写了这样一套青少年心理健康教育辅导用书：一本是《青少年心理健康教育工作手册》，用于指导开展青少年心理健康教育辅导工作，提升相关工作者的专业技能和业务素质；另一本是《青少年心理自助成长100问》，通过回应和指导青少年日常生活中常见的成长困惑，提升广大青少年心理调适和心理成长的能力。这两本书的出版充分体现了江西省对青少年健康成长的关心和爱护以及对青少年心理健康教育辅导工作的高度重视，同时也是对青少年心理健康教育辅导工作提出的更高要求。

这套丛书有三个方面的特色：首先是科学性，编者在编写过程中既注重心理健康教育科学理论的阐述，又紧密契合当前青少年身心发展的实际状况。其次是实用性，编者将大量国内外同行的研究成果、自身工作的实践经验、引人入胜的案例故事、可操作的自助技巧等内容进行了加工整合。最后是创新性，《青少年心理健康教育工作手册》和《青少年心理自助成长100问》分别从不同的视角服务于青少年健康成长的总目标，前者建构和呈现了一种独具特色的青少年心理健康教育工作模式，后者针对青少年在成长过程中可能遇到的问题给予了详尽的分析与解答。两本书相辅相成，别具匠心。

我希望，这套丛书能帮助更多在一线从事青少年心理健康教育辅导工作的同志，帮助广大青少年更好地认识自身的心理健康状况，了解成长需求，调节心理状态，保持阳光心态，不断健康成长。

这是我的心愿！并借此套丛书向所有从事青少年心理健康教育工作的同志们表达感谢，祝福所有的青少年都能在阳光下享受健康与快乐！

任其平（博士、教授）

未成年人心理健康（全国）辅导中心副主任

南京晓庄学院心理健康教育与研究中心主任

心理发展篇

心理服务篇

辅导活动篇

体系建设篇

心理发展篇

XINLI FAZHANPIAN

第一章
青少年的生理发展

个体的生长发育是在机体与环境相互作用下实现的，遗传决定了生长发育的可能性，环境条件决定了生长发育的现实性。营养因素是生长发育的物质基础，锻炼有助于提高体格发育的水平，规律作息是正常生长发育的必要保证，环境污染、感染疾病则会影响孩子的生长发育进程，而地区经济、地域习惯、家庭养育方式等社会因素也会对儿童的生长发育产生深远的影响。体质健康是心理健康和正常学习生活的前提保障，心理健康辅导老师如能通过生动方式帮助青少年了解此年龄阶段生理发展的规律和个体差异，解答他们关于生理发育的相关疑惑，将极大地缓解他们面临生理发育难题和个体差异时产生的焦虑等心理困惑，从容应对生理发展带来的挑战和潜在的心理危机，塑造健康人格。

第一节 生长发育

发展心理学家发现，无论是生理还是心理特征，人们都会按照相同的顺序依次经历各种相同的发展阶段，只是各阶段的发展任务和发展经历的速度不同。

一、小学生的生长发育

生长发育是一个连续过程，具有一定的顺序。整个生长期内个体的生长发育速度曲线呈波浪式，从胎儿到成人，先后出现两次生长突增高峰，第一次从婴儿4个月至1岁，第二次则发生在青春期。6-12岁是儿童开始进入小学学习的时期，属于儿童中期，儿童中期的生理发展恰处在两个高峰之间，生理上生长和发展的最大特点是变化不明显，多数儿童的生理发展经历着一个相对平缓的匀速发展期，身高平均每年增长4.5-5厘米左右，体重平均每年增长2-2.5公斤。教师需要关注儿童生理发展上容易出现问题的几个方面：

（一）生长痛

这个阶段，许多儿童会感觉到"生长疼痛"，其具体原因是：

1.骨骼快速发育，造成周围肌肉的牵拉痛。

2.长骨的生长比附着在其上的肌肉生长要快一些，这种"不同步"发育导致下肢肌肉紧张。

3.孩子在过度活动后或发育过程中，组织代谢产物过多，引起酸性代谢产物堆积，也会造成明显肌肉酸痛。

当儿童因为生长痛而担心紧张时，教师应提醒他们生长痛是正常现象，一般不需要特殊治疗。

可以适当服用一些维生素B1和B6营养神经，进行缓解。也可以在教室墙角贴一张长颈鹿身高尺，教孩子们在本子上制作自己的身高增长曲线，在比较中发现自己增长速度的奥秘。

（二）牙齿保健

每到换牙期，总有些孩子因缺牙或牙齿不齐被同学讥笑或者取一些不文明的外号，还有些孩子会因为龅牙造成颜面不美而产生自卑心理。心理辅导老师可以用牙齿模具在班级科普换牙知识：每个人的乳牙都会在6岁左右开始掉落，脱落遵循一定的时间和顺序，每年约掉4颗牙，持续5年。如果在换牙期注意保健与护理，将来牙齿就能既整齐又美观。还可以用牙齿模具在班级举行刷牙竞赛，纠正孩子换牙期用舌头舔松动牙齿等不良习惯，教会孩子正确仔细刷牙。此外，也可以提醒家长，当发现孩子乳牙早失、乳牙滞留、恒牙萌出困难、牙齿错位咬合、乳磨牙龋齿等问题时，需尽快带孩子去医院就诊，必要时采用牙齿矫正技术对其进行矫正。

（三）视力保健

眼睛是人类重要的感觉器官，幼儿5—6岁左右视力才发育正常。5岁时应达到1.0或以上。如果单眼视力低于此标准，或两只眼睛视力相差2行（例右眼为0.8，左眼为0.6）时，则有近视、弱视等可能，需要进一步检查。视力不好会给孩子的学习和生活带来许多困扰。近些年，青少年近视人群比例呈逐年上升趋势，近视眼发病率的攀升已成为一个世界性问题。

引起视力下降的原因除了遗传因素和发育过度因素外，还有外部因素，主要包括以下几方面：

1.错误的用眼姿势：许多学生阅读写字时姿势不正确，比如眼睛离书本不达一尺，边走边读，躺着看书。殊不知长时间近距离用眼容易导致眼睫状肌疲劳、痉挛，屈光不正，使眼睛的调节功能逐渐衰退。经常阅读字体过小、印刷模糊、反光刺眼的书本也会影响视力。

2.照明光线过强或过弱：光线过强使瞳孔收缩，加大调节，容易造成眼睛疲劳和视力下降；光线过弱，容易把书拿得更近，导致用眼时间过长。

3.用眼过度：长时间盯着电视、电脑、手机等电子屏幕，容易导致头痛、眼睛发红、视力下降。建议儿童每天看电视、电脑的时间一次不能超过30分钟，每次看完需休息10分钟，远眺或做眼保健操来缓解视疲劳。

4.缺乏体育锻炼和户外活动：户外活动用眼能够改善睫状肌的紧张状态，保护视力。

5.不良的饮食习惯：近视眼的形成与机体缺乏钙、铬等微量元素有关。营养过剩、过于精细的食物结构也是导致近视的一个不可忽略的因素。

近视的发生不是突如其来，而是悄无声息地在日常的不当用眼中一度一度地加深的。上小学后，教师应建议家长每隔半年带孩子去做一次视力检查，在日常教学中，要教育学生坚持正确的用眼习惯，注意眼睛保健，多做户外运动，均衡摄取营养。

（四）儿童期肥胖

随着社会经济发展，人们的生活水平日益提高，我们在中小学经常可以看到一些小胖墩儿，他们常常形单影只，也容易成为校园欺凌的对象。2011-2012学年度北京市中小学生健康检测结果显示，小学阶段是肥胖检出率增加最快的时期。肥胖是指一个人的体重比他所处年龄和身高范围的平均水平高出20%。目前国际上通用的衡量人体胖瘦程度以及是否健康的一个标准是BMI指数（身体质量指数，简称体重指数，英文为Body Mass Index，是用体重公斤数除以身高米数平方得出的数字）。

表1-1 中国儿童超重筛查BMI分类标准表

年龄	男生			女生		
	均值	超重	肥胖	均值	超重	肥胖
6岁	15.3	16.8	18.4	15	16.7	18.4
7岁	15.6	17.2	19.2	15	16.9	18.8
8岁	16.0	17.8	20.1	15.2	17.3	19.5
9岁	16.4	18.5	21.1	15.6	17.9	20.4
10岁	17.0	19.3	22.2	16.1	18.7	21.5
11岁	17.5	20.1	23.2	16.7	19.6	22.7
12岁	18.1	20.8	24.2	17.4	20.5	23.9

肥胖表现为体态臃肿、行动迟钝、容易疲劳等，可能会伴随影响儿童的智力发育、认知和学习能力，儿童肥胖是成人肥胖的高危因素，超重儿童成年后患性早熟、高血压、高血脂、糖尿病等疾病的可能性远远高于普通儿童。

除了对生理造成不良影响外，肥胖导致的体型变化和体能下降也容易给儿童造成心理上的压力。首先，肥胖会影响儿童的智商和精力：食物中氨基酸代谢失衡，使大量氨基酸堆积在脑细胞中，影响脑细胞活动，导致智力落后于同龄人；体内脂肪过多，耗氧量增加，表现为无精打采、嗜睡、注意力不集中等。其次，他们常因身体笨拙、懒散被当作同伴嘲笑或欺负的对象，肥胖男孩容易遭遇身体欺负，肥胖女孩容易遭遇语言欺负，这些都可能使他们产生自卑感和精神压力、性格孤僻、逃避与人交往等，最后，由躯体自卑、孤僻心理引发学习交际等情绪行为问题和社会适应障碍。如肥胖男孩更容易出现多动、违纪、强迫、敌意、情绪稳定性差等问题，肥胖女孩更容易出现抑郁、焦虑等问题。

面对因肥胖产生自卑心理的儿童求助，心理辅导老师可以在以下几个方面给予帮助：

1.认知上的建议。进行肥胖病知识的教育，教会他们健康科学的饮食习惯：如定点定量进食，不过快进食，控制高糖高脂饮食，重点限制糖果、代可可脂、油炸食品、碳酸饮料、西洋快餐等不健康食物的摄入，增加水果蔬菜粗粮的摄入等。合理运动，监测体重，避免肥胖。

2.采用行为治疗法纠正和减轻肥胖。如把自己肥胖的照片放在食物旁，当自己食欲大增时因看到照片就受到反面刺激来抑制食欲。这是厌恶疗法。也可以用代币制的自我奖励法，对坚持减肥的行为进行奖励，如体重每减轻一斤就奖励自己买一本爱看的书等。还可以请好朋友或者父母对自己的减肥行为进行提醒、监督和激励。注意力转移法也可以用来应对食欲，每当餐后想进食时，就做一次轻快的散步，看一场喜欢的电影，喝一杯水来代替进食。

3.避免将暴饮暴食作为情绪管理的策略。部分儿童过量饮食并非由于饥饿或者生理上对食物有需求，而是由于情绪问题。某种程度上，食物被用作应对焦虑、减轻压力、缓解孤独、排解空虚、麻痹痛苦的方法。如果是这样，心理辅导老师应帮助来访者一起寻找情绪背后的深层次心理原因，并以合理健康的方式解决。

二、中学生的生长发育

中学阶段分为初中阶段和高中阶段，约从12岁开始到18岁结束，历时6年左右的时间。初中阶段又称为青春期（少年期），从12岁到15岁左右。这三年是个体身体发展的一个加速期，身体各方面都在迅速发育并逐渐成熟，而心理各方面的发展速度则相对平稳，由此造成初中生身心发展的种种特殊矛盾和表现，使他们面临一系列青春期心理危机。高中阶段又称为青年初期，从15岁到18岁左右。这三年，高中生的生理发育已达成熟，在智力发展和个性品质上更加丰富和稳定，接近成人水平。

青春期阶段是个体生长发育的第二个高峰期，在这一时期，初中生将经历生理发育的三大巨变。

（一）外形的巨变

初中生的身体发育速度很快，其身高、体重、体形及面部都发生了很大变化，外形上逐渐接近成人模样。

1.身高

初中阶段是人的第二次生长高峰，在这之前，儿童平均每年长高3-5厘米，而在青春发育期，每年至少长高6-8厘米，甚至10-11厘米。生长速度先快后慢，女生的这一过程要先于男生近两年，即从9岁左右开始进入身高生长加速期，12岁左右达到生长高峰。当然，具体到不同的个体，地域、遗传、营养等因素都会导致生长发育的个体差异。

2.体重

青春期的初中生体重上也增加较大。据统计，我国城市男生在13-15岁之间体重增长最快，平均每年增长5.5公斤，15岁以后增长速度逐渐下降。城市女生在11-14岁时体重增长最快，平均每年增长4.4公斤。初三以后，男女生的体重接近成人。

3.第二性征的出现

青春期是人类第二个重要的性分化过程，在生命中的这一阶段，人体从儿童的中性状态转变为两性分化的成人状态，第二性征是初中生外形变化的重要标志。在男性身上，第二性征主要表现为喉结突出、嗓音低沉、体格高大、肌肉发达、唇部出现胡须、周身出现多而密的汗毛、出现腋毛和阴毛等。在女性身上，第二性征则表现为嗓音细润、乳房隆起、骨盆宽大、皮下脂肪较多、臀部变大、体态丰满、出现腋毛和阴毛等，男女外形差异日益明显。

4.头面部的变化

童年期的面部特征在逐渐消失，童年期那种头大身小的特征逐渐被头身比例协调的身体姿态所取代。

（二）体内机能的巨变

初中生体内各种机能都在迅速增强并逐渐成熟。青春期开始后，心脏重量增长到出生时的12-14倍，心脏密度也在成倍地增长，保证心脏每次收缩时能压挤出更多的血液，心脏压缩机能增强，心率、脉搏开始减慢，血压水平接近成人。女生在心脏重量、大小、每次收缩排出的血量和血压等方面，均比男生低10%左右，而心率、脉搏则比男生快8-10次/分钟。青春期肺活量比青春期前增加1倍多，男女生在肺活量、肌肉力量方面都存在显著差异。

（三）性的发育与成熟

进入青春期后，个体下丘脑—腺垂体—性腺轴等内分泌系统活跃，下丘脑的促性腺释放因子的分泌量增加，从而使垂体前叶的促性腺激素分泌也增加，进而导致性腺激素水平相应提高，促进性腺发育。男性的性腺为睾丸，女性的性腺为卵巢，性腺的发育成熟使女性出现月经，男性发生遗精。

女性一般在10-16岁出现月经初潮，男性首次出现遗精约在15-16岁时。初潮和首次遗精出现的早晚与遗传、种族、营养、运动、生活条件、气候环境、饮食习惯、身体脂肪的比例等因素都有关系。目前，随着现代文明的普及及生活条件好转，个体青春期发育普遍存在着提前的趋势。

1.女性月经

女性从青春期开始，除妊娠外，卵泡的生长发育、排卵与黄体形成呈现周期性变化，称为卵巢周期。在卵巢类固醇激素的作用下，子宫内膜发生每月一次的脱落出血，经阴道流出的现象，称为月经。月经周期的时间界定为本次月经的第一天开始至下次月经来潮的前一天结束。月经周期的长短因人而异，平均为28天，正常范围为20-40天，但每个女性自身的月经周期相对稳定。经期一般持续4-6天。初潮后一段时间，月经周期可能不规则，约一两年后才趋向规律，逐渐进入性成熟期。月经周期的正常与否可作为判断女性生殖功能与内分泌功能的指标。

一些女生初潮来临时，由于毫无思想准备，家长对此并未做事前的早期性教育，会感觉惊慌失措，或者感觉羞愧厌恶等，这些消极情绪反应如果不及时予以解释辅导，可能会加重学生的心理负担，也可能引起月经失调。

心理辅导老师应向女生普及月经失调和经前紧张综合征的相关知识，告诉她们子宫内膜的周期性变化会受到卵巢周期性变化的严密调控，而后者又受到下丘脑—腺垂体内分泌活动的调控，而且大脑皮层也参与调节。因此，强烈的精神刺激、情绪压抑，急剧的环境变化，滥用抗生素，经期贪凉，生殖器官疾病以及体内其他系统的严重疾病，均可引起月经失调。

而"经前紧张综合征"是经前期女性所有的特别强烈的身体上和心理上的不适症状。这些症状可能包括紧张、沮丧、易怒、烦躁、头痛、背痛和盗汗等。要提醒学生注意以下事项：月经前期饮食宜清淡低盐，月经期忌生冷，稍宜温热；忌酸辣，宜清淡；不宜坐浴，更不宜性生活，不宜穿着紧身裤。

2.男性遗精

遗精是指在没有性交或手淫的情况下射精，多发生在夜间睡眠中，称为梦遗，在清醒状态下的遗精称为滑精。遗精是男性中学生中常见的一种正常生理现象。因为男性到了青春发育期，睾丸不断分泌大量的雄激素，同时产生大量精子，精子与精浆共同组成精液，精液不断产生并不断积聚在输精管内，当达到一定饱和状态时，就会通过遗精的方式排出体外。

部分学生会担忧遗精损害身体健康，大伤元气，或者会感染性病，而产生巨大压力，感觉心理焦虑自卑。在心理辅导中，老师可以通过心理咨询解释梦遗的生理成因，帮助其探索内在和外在的压力源，启发其运用正确的方式减少压力源，积极克服因梦遗带来的恐惧、焦虑和内疚。鼓励其与异性的正确交往和表达，用户外运动、阅读等方式转移对性的注意力，规律生活作息，避免浏览黄色作品，培养多种兴趣陶冶情操，充实生活。

心理辅导老师也可以运用讲座、课程等形式在班级普及性生理与心理知识。如：中学生一个月遗精7-8次属于正常现象，不会导致阳痿、不孕、性病等疾病，也不会有损健康，但长期频繁地遗精则对身心有害，容易导致心情紧张、焦虑、恐惧、内疚等心理症状和头痛头晕、无精打采等生理症状。梦遗频繁主要是由人的生理或心理因素所致。生理上可能是包皮过长、前列腺炎、尿道炎等原因所致。心理上的因素往往与过度性幻想有关，白天对性欲和性冲动的过度压抑就有可能导致夜间遗精。

第二节　性别化发展

性别在儿童发展中具有重要意义。在一个社会中，最基本的社会分类就是性别。出生后，因为性别不同，在养育过程中，父母或其他人对待孩子的方式也不同，比如孩子姓名的选取，孩子服装、玩具的选择，与儿童对话、游戏的方式方法都在传递着社会有关男女不同的期待和标准。

通常，社会都期待男女扮演不同的角色，具有不同的行为方式，而在儿童逐渐成长和社会化的过程中，就必须知道自己的性别，了解社会对不同性别的期望，并将这类信息整合到自我概念系统中，形成与自身性别相一致的独特的个性特征和行为方式。

儿童获得性别认同和他所生活的社会认为适合于男人或女人的动机、价值、行为方式和性格特征的过程就是性别化。性别化是儿童个性与社会性发展的一个重要方面。

一、性别与性别角色

（一）性别认同

是对一个人在基本生物学特性上属于男或女的认知和接受，即理解性别。包括正确使用性别标签，如我是男生；理解性别的稳定性，如我现在是女孩子，将来我会成为女人；理解性别的坚定性，如一个人不会因为发型、着装，或者喜欢的玩具是异性的而改变自己的性别；理解性别的发生学基础，知道男女间生理上的差异，如了解两性生理器官的差异等。儿童从5～7岁才开始理解性别的坚定性，他们先是理解自我的性别坚定性，其次是同性他人的性别坚定性，最后是异性他人的性别坚定性。

（二）性别角色标准

社会成员公认的适合于男性或女性的动机、价值、行为方式和性格特征等，反映了文化或亚文化对不同性别成员行为适当性的期望。如大多数社会认为女性应该在家操持家务，生育抚养后代，男性要外出赚钱养家，保护妻子孩子。因此，传统的性别角色标准期望男性果断、勇敢、独立、自信，具有支配型、竞争性，成就动机强烈。期望女性应该温柔、多情、友好、谦和、服从、善解人意等。性别角色标准会随着时代变迁、社会发展、不同地域的文化而存在巨大差异或发生改变。儿童从3岁左右开始了解一些关于性别角色标准的知识，6岁前关于性别角色标准的观念较为刻板和严厉，学龄期后对此有更多的了解，逐渐变得灵活。

在性别化的过程中，男童比女童面临更大的社会压力，父母往往更注意培养男孩不要太娘娘腔，而不太在意女孩子像个假小子。与社会角色标准相符的行为会在社会实践中不断被强化而巩固下来，反之因为不被强化或受到谴责而逐渐消退。

（三）性别角色认同

是对一个人具有男子气或女子气的知觉和信念。性别角色认同是一种习得性的自我知觉。从幼儿期开始，大多数儿童开始与父母认同，内化父母的标准、价值观和世界观，也包括性别角色认同。良好的亲子关系可以促进孩子与同性别的家长认同。

（四）性别角色偏爱

指对与性别角色相联系的活动和态度的个人偏爱。它受三种因素影响：自己的能力越接近某一性别标准，越偏爱成为其成员；对同性别的父母越喜欢，越偏爱成为同性别的成员；社会环境、文化决定的关于某性别的价值观通过家庭、同伴、传媒等其他因素侧面影响儿童的性别角色偏爱。

二、双性化人格

一个受精卵在母体中开始发育起就注定了它将有着自己独特的人格，而孕育、出生、成长、终老，这一毕生发展的全程将始终伴随着人格的塑造、变化和定型。而出生时父母及亲友的第一反应往往是从婴儿的性别去推测它未来的成长。美国心理学家桑德拉·贝姆（Sandra Bem）于1977年提出"双性化"的概念，双性化人格即一个人身上同时具备男性与女性的兴趣、能力和爱好，尤其是心理气质方面具备男性与女性的长处与优点。近二十年来，国内外许多研究表明，双性化是一种理想的性别角色模式，双性化人格者能更多地应付多种处境，更富有独立性，更有修养，有更强的自尊感，有更为积极健康的情绪状态。

双性化人格作为一种性别角色类型，它无疑更多受后天社会环境尤其是家庭、学校、文化等因素的影响。首先，在家庭教育中，父母的教养态度、教育方式、自身的个性特征、性别角色观念会极大地影响子女的性别角色观念，从而使孩子主动或被动地获得包括"男性气质"和"女性气质"在内的一系列行为角色。其次，在学校教育中，教师的潜移默化、期望效应和同伴交往对形成双性化人格也同样重要，这更多地影响了男女学生的自信心，而自信是双性化人格的一个重要特征。"社会文化"对双性化人格的形成也不可忽视。但是年龄、职业、文化程度等因素的影响还有待考证。正是因为这些因素的影响，所以在对双性化人格类型的培养过程中，心理辅导老师应在学校教育中从一年级开始，就科学地倡导双性化及半双性化人格，消除性别刻板印象，开展女性教育的研究与实践等。

三、同性恋

2016年11月30日，江西省疾控中心发布最新数据：自2003年江西省高校出现首例艾滋病感染者以来，截至目前，江西省累计报告学生艾滋病病例为320例。传播途径以男男同性传播为主，共234例，占73.13%。2016年1-10月，高校新报告病例为63例。近5年来，南昌市青年学生HIV/AIDS疫情年增长率为43.16%。有相当一部分大学生的同性恋性取向从初中就开始了。

性取向是指一个人的情绪和吸引指向同性、异性或两种性别成员的程度。异性恋者无论从浪漫的爱情还是性欲上都受到异性的吸引，同性恋者受同性的吸引，双性恋者既受同性吸引，又受异性吸引。以同性为满足性欲的对象称为同性恋，多见于未婚青少年，尤其是男性。

中国精神疾病分类方案（CCMD-2R）提出的同性恋诊断标准是：

①符合性变态的诊断标准；

②从少年时期开始，在可与异性经常接触的环境中，持续表现对同性成员的性爱倾向，不论个体对此种现象是否和谐接受或是厌恶烦恼，均属此诊断；

③对异性成员可持续缺乏性爱倾向，因此难以建立和维持与异性成员的家庭关系。

今天，世界科学界尚未揭示同性恋产生的原因。心理学家认为，性取向是在遗传、生物、社会、文化、家庭养育和心理因素的共同影响下产生的。有研究表明，异性恋者和同性恋者在脑结构上存在不同，性取向受基因影响。当然，很多同性恋的形成是受到后天成长过程中的社会因素影响所致，如母强子弱，儿当女养等。同性恋是人类性行为的一部分，只是在异性恋占主导的社会中，同性恋往往受排斥。

那么同性恋是否需要心理治疗呢？学校里同性恋的学生通常会因为以下几方面的问题前来求助心理咨询，心理辅导老师应区别对待。

①素质性同性恋者（同性恋双方男性被动型和女性主动型，他们在心理和体质上有较多的异性特征）不会认为自己的性取向有何不妥，不想改变也不会为此来求询，即使求助心理咨询多是和异性恋一样，因为两人相处、失恋等情感问题来咨询。对待这部分的咨询类似异性恋，此外可建议其谨慎对待自己的生活，固定性伙伴，注意艾滋病的预防。

②因为社会舆论压力和父母反对前来咨询：许多同性恋者面临社会压力和同性恋关系不能维持时，就可能产生严重的焦虑或抑郁反应，甚至消极自杀。那么在咨询中应当就其人际支持系统和人际沟通的质量为主题进行咨询。

③为自己的性取向而苦恼，试图改变者：存在同性性倾向或同性性行为的人中，较多是因为性心理发育过程中由于某种特殊原因造成性认同障碍（男性主动型和女性被动型者），是一种性心理发育不成熟的表现。这类人对于同性性行为表现出困惑、内疚、痛苦和焦虑，渴望能改变这种连自己都不能接受的行为。对这类同性恋者的辅导可以追溯其成长经历，用咨询技术帮助其解除不必要的焦虑和性认同障碍，用行为治疗来革除其不符合常规的性取向。

第三节　青春期性心理

青春期阶段是人类生命全程中一个极为特殊的阶段，生理发育十分迅速，心理发展速度相对较为缓慢，生理发育和身体外形的急剧变化使他们产生成人感，他们期待外界像对待成人一样对待自己，也期待自己具有成人的力量，行使成人的权利；但他们的认知能力、思维方式、人格特点和社会经验还停留在未成年水平，显著的不平衡容易导致各种矛盾，尤其在性心理方面依然存在着很多知识盲区和困惑。

一、性幻想

性幻想又称性的白日梦，当个体对异性有强烈的交往渴求，但不能直接获得时，就可能产生与性交往内容有关的心理体验。如幻想与异性的抚摸、接吻和性交等，男性性幻想多集中在性活动上，女性性幻想则更多地集中于在性活动中扮演一个角色，如胆怯的年轻未婚女子、受害人等。性梦则是指在睡眠状态下，人们通过梦的方式部分达到白天被社会规范限制的性冲动的满足，从而缓解性紧张。青春期的性幻想与性梦可能来自于过去的经验、阅读过的作品、他人的故事、看过的影视片等，都属正常现象，在一定程度上缓解了性压力。需要注意的是，部分学生为此沉迷于黄色网站，一方面沉溺于色情内容无法自拔，另一方面由于缺乏相关知识的了解，认为自己有这样的想法、梦境和行为是非常可耻的、不道德的、罪恶的，为此会感觉内疚、自责、自卑，严重者影响自己的心理健康和人际交往。心理辅导老师在咨询中应就其压抑的情绪进行开导，启发他们了解科学的性知识，缓解由此造成的心理压力，同时锻炼自控力克服对黄色信息的迷恋。

二、婚前性行为

日本心理学家西平直喜从心理学角度提出青年开始爱情前应具备的7个主要条件：

①和父母的心理断乳是否充分完成?如果没有完成的话，心理上难以自立，就没有能力作为一个成熟的人去爱；

②是否有一个友谊深厚的同性朋友?和同性朋友尚不能建立长久友情的人，也就没有具备健康的爱的能力;

③能给初恋人什么?这不仅指物质上的东西，更重要的是精神上美好的东西;

④对于"性"是否已经具备正确的观念和认识?

⑤在婚恋遭遇挫折时，是否能够做到不过分憎恨对方也不会不当地伤害自己?

⑥是否现实地考虑过结婚不是终点而是起点?结婚不仅仅纯粹是美的东西，还有必要充分认识婚姻的现实一面;

⑦是否能够在家庭生活和生儿育女中找到幸福以及已经具有健康的人生观和世界观?

西平直喜认为年轻人如果没有具备以上7个主要条件，即使恋爱也容易失败，一旦失恋就更容易导致心灵的创伤。

在现实生活中，很多中学生完全没有达到以上条件，就盲目地开始一段恋情，中学生未婚先孕等事件屡有报道。由于性的成熟，中学生对异性产生了强烈的好奇和兴趣，萌发了与性相联系的一些新的情绪情感体验，滋生了对性的渴望。一方面他们十分重视自己在异性心目中的印象与评价，另一方面他们又表现得很为拘谨和怯懦，未说话先脸红在少男少女中比较常见。在对异性感情流露上，男性表现得较为热烈明显，女性表现得含蓄深沉，在内心体验上，男性更多的是新奇、喜悦和神秘，女性则常常是惊慌、羞涩和不知所措。在性冲动的驱使下，有时候他们会选择过度压抑，产生性幻想;有时候他们会选择通过浏览黄色书籍、网站来缓解;有时候他们会模仿影视作品，盲目冲动地开始一段恋爱，在恋爱中无法理智地控制性冲动而发生婚前性行为。

目前，全球婚前性行为正呈现着数量越来越多、年龄越来越小的发展趋势，青春期女性对婚前性行为的误区主要表现在:满足对性的好奇和探秘心理，在无法抑制的性冲动下开始性行为;崇尚性自由观念，认为满足性欲望是生理需要;

追求新的恋爱方式，认为既然相爱就该彻底；迎合男友的需要，证明对爱情的忠贞；感激男友的付出，使得爱情关系更为稳固。但是，婚前性行为会给女性带来很多不良影响，包括过早性生活、不洁性生活可能引起生殖器官的感染疾病；非处女的观念可能给女方造成内疚、恐惧、自卑的巨大心理压力，也将给她们今后的婚姻埋下阴影；恋爱关系可能会朝着不利于女方的趋势发展，如女方担心被男方抛弃，男方会不再珍视女生等。一旦未婚先孕发生，对怀孕的恐惧，人工流产等对女性身体心理都会产生巨大的负面影响，进而影响她们的学习生活和未来发展。

目前，只有少部分中学以课程或讲座的形式进行爱情与性心理知识的教育，爱情与性心理教育应该在中学普及，心理辅导老师可与学生在课堂上分享爱的艺术，帮助他们了解进入爱情的前提条件和爱情在他们的生活中可能给他们带来的风险，进而获得爱的能力。启发学生了解：青春期的性冲动是生理发展的正常需要，要靠性道德和理智来约束，采取可行的方法进行调适，如适度的压抑，或者用绘画、写作、体育活动、正常两性交往，来使性能量得以转移、性情感得以平衡；异性交往的目的是增进对彼此的了解，学习异性的长处，教会他们在两性关系中学会自我保护。

三、手淫

手淫，也称自慰，是指用手或其他物品刺激性器官而获得性快感的一种行为。手淫是人类最基本的性活动之一，也被称为标准的性行为，在青少年中也较为普遍。

现代医学研究表明，适度手淫不会对身体造成危害，当性交不被允许时，手淫有助于人们释放性冲动，是一种健康的替代活动。对于青少年来说，手淫的害处并不在于手淫本身，而在于"手淫有害论"和过度手淫带来的心理压力，中学生手淫后容易产生恐惧心理、犯罪感、自我谴责和悔恨心理。还有些人因长期手淫过频，内心充满焦虑。过度手淫会使肉体的性感高潮在无须异性的正常诱惑下就得以满足，容易导致男性早泄、女性妇科感染等生理疾病。

那么如何衡量手淫是否过度呢？当想刺激阴茎而又不能达到勃起时，说明身体已经疲劳，处于不应状态。其次，手淫后的第二天感觉身体疲倦乏力，无精打采，也说明手淫可能过度。心理辅导中，心理辅导老师可以帮助来访者评估手淫是否过度，对身体和心理造成的潜在影响有哪些。帮助其探索手淫背后潜藏的其他压力源并加以处理，以此减轻对手淫本身的过度焦虑，纠正对手淫的不良认知。此外也可以在心理课上介绍一些应对自慰的知识和方法。

①自我暗示法：进行意志和毅力的锻炼，当性冲动一旦出现时，可以进行自我控制，尽量克制手淫的欲念，先从减少次数开始，减少到自慰只是极为偶然的现象，直至戒除。

②注意力转移法：每当出现自慰念头时，去做对自己最有吸引力、让自己感到愉快的事情。如：每当想手淫时去听音乐、看电影、跑步、下棋、玩一会游戏等，这样可以转移大脑性冲动的兴奋点，制约性冲动。

③积极参加合适的文娱、体育活动，拓展业余爱好，充实生活，增加两性正常交往，增加对异性心理特征的了解，减少对异性身体的好奇感，使生活丰富多彩，可以淡化和转移性欲。

④建立有益身心健康的生活习惯和规律。定时睡觉、起床，不睡懒觉，不赖床，睡前避免过度兴奋，睡眠以右侧卧为佳，不要俯卧，被子不要过厚。不要穿过紧的内裤，应当穿适度宽松的纯棉内裤。

⑤健康的阅读：不看色情书、画，不浏览黄色网站和影片，减少性的不良刺激，通过科学的途径正确了解性生理、性心理知识。

⑥消除形成自慰习惯的生理原因，如包皮过长、包茎应及时进行手术治疗。

第二章

青少年的认知发展

· ·

　　"时机成熟"，这在心理辅导中是一个特别重要的概念，指的是在心理辅导中要根据来访者的认知发展特点进行辅导，这样才能起到事半功倍的效果。认知发展是个体认知能力随其年龄和经验的增长而不断发生变化的过程，它主要包括注意、记忆及思维等方面的发展。

第一节　注意力与记忆力

一、注意力

　　注意力是智力的五个基本因素之一，它是记忆力、观察力、想象力、思维力的准备状态，所以注意力被人们称为心灵的门户，认识及了解注意力非常重要。打个比方说，学习就如同射击打靶，那个靶心就是孩子要学习的内容，你要打到靶心上，就必须要瞄准。这个瞄准的过程就是注意，没有注意即没有瞄准，也就不知道将打到什么地方。如果说射击打靶，有歪打正着的可能，那么在学习上则绝无可能。

（一）注意力的分类及品质

　　注意从始至终贯穿于整个心理过程，只有先注意到一定事物，才可能进一步去集训、记忆和思考等。

注意包括有意注意和无意注意。所谓有意注意就是指有预定目的且需要付出一定意志努力的注意；无意注意是指无预定目的、也不需意志努力的注意。

那么注意有没有优劣之分呢？优劣的评价标准主要体现在注意稳定性、注意分配性和注意转移性等注意品质（或称注意的特征）上。

注意稳定性是指人能够将注意在一定时间内相对稳定地保持在某个认识的客体或活动上，注意的这种品质在学生的学习、生活中具有重要意义。例如当青少年学生在听课时大部分时间处在"溜号"状态或者偶尔会出现"溜号"状态。在心理辅导时，教师要注意不同年龄阶段的学生在注意时间上的特点。

注意分配性是指在同一时间内，把注意分配到两种或几种不同的对象与活动上。注意转移性是指当环境发生变化或个体面临的任务发生变化时，需要注意从一个对象或一种活动转移到另一个对象或活动上。例如，学生们能够一边看书，一边记录书中的精彩语言；你能够一边炒菜，一边听新闻。但人的注意力是有限的。如果在注意的目标不熟悉或太复杂，则常难以同时注意几个目标。例如，在高难度的考试中，学生常常会因为家人在考场外而分心。

（二）注意力缺乏的不良影响

第一是容易分心：不能专心做一件事，注意力很难集中，做事常有始无终。

第二是学习困难：上课不专心听讲，易走神，学习成绩不稳定，健忘、厌学，作业、考试中经常因马虎大意而出错。

第三是活动过多：在任何场合下都无法安静，手脚不停或不断插嘴、干扰大人的活动，平时走路急促，经常无目的乱闯乱跑，不听劝阻。

第四是冲动任性：情绪不稳定，易变化，常常不假思索就得出结论，行为不顾忌后果。

第五是自控力差：不遵守规章秩序，不听老师、家长的指示，做事毫无章法，随随便便，一切听之任之，不能与别人很好地合作，容易与他人发生冲突。

（三）注意力的发展

学生有意注意、无意注意及注意品质在不同年龄阶段具有不同的发展特点，在个体发展中，无意注意的发展先于有意注意。小学低年级的学生无意注意已相当成熟，一切能引起成人无意注意的对象也能引起小学低年级学生的注意。引起小学低年级的学生无意注意的条件主要是直观性、形象性和相应环境等外部原因，为此在辅导学生时针对低年级的学生要多运用心理小游戏、活动道具等。

到了小学高年级，伴随着年龄的增长，大脑的成熟及教学任务的不断提高，学生的无意注意从由外界刺激引起逐步向内部兴趣过渡，同时有意注意逐步形成和发展起来。表现为他们逐步能理解自己的学习责任和社会义务，懂得了自觉、主动地学习。到了中学，有意注意在学习中跃居主导地位，表现为他们能够有意识地调节和控制自己的注意，主动地克服学习中的困难，专心致志地完成学习任务。

随着年龄的增长，学生的注意稳定性不断增强，注意分配和注意转移也在逐渐提高。

小学生由于高级神经系统发育还不完全，其注意的选择性和稳定性都较差。他们不太会控制自己的注意，容易被新鲜、奇特、突发的无关刺激吸引，因而容易分心。到了中学，随着高级神经系统的发展和成熟，自控能力的提高，也由于经常性的学习行为训练，他们注意的稳定性也得到相应的提高。

小学生书写能力、阅读能力及思考问题能力都较差，很难边听、边写、边思考，故在课堂上，表现为注意分配能力很低。到了中学，学生的书写能力不仅达到了自动化程度，而且阅读能力和思维能力有了大幅度的提高，能够同时在几种活动上投入与调配注意，表现出灵活的注意分配能力。

学生注意转移快慢的标志是速度。速度受两方面因素影响：一方面，它随着年龄的增长而逐渐加快。一般来讲，小学低年级学生的注意转移速度慢于小学高年级的，中学生的注意转移速度高于小学生，中学高年级的又高于中学低年级的。另一方面，它还受原有注意的紧张度、引起注意转移的新事物或新活动的性质的影响。注意的紧张度越高，新事物或新活动越不符合引起注意的条件，转移注意就越困难。在互联网时代里，媒介环境发生变化，传统的传播模式正在被颠覆。

（四）注意力的测试

可以按照以下的判断标准给学生评估一下，看看注意力水平如何？下列测题，符合情况的让学生在括号内划"√"，反之划"×"。

1.上课听讲时，常常走神，心不在焉。（　）

2.星期天忙这忙那，什么都想干，忙碌度过一天。（　）

3.想干的事情好多，却不能静下心来认真做其中一件，结果什么事都没有做好。（　）

4.做语文作业时，就急着想做数学作业，恨不得一下子就把作业做完。（　）

5.担心第二天上学迟到，有时整晚睡觉不踏实。（　）

6.总觉得上课时间过得太慢。（　）

7.做作业时，常走神，想起作业以外的事情。（　）

8.始终忘记不了前几天被老师批评的情景。（　）

9.在看书学习时，很在意周围的声音，对周围的声音听得特别清楚。（　）

10.读书静不下心来，不能持续30分钟以上。（　）

11.一件事干得太久，就会很不耐烦，急切地希望快点结束。（　）

12.对刚看完的漫画书会重新看好几遍。（　）

13.在等同学时，觉得时间长得特别难熬。（　）

14.和朋友聊天时，有时会无缘无故地说其他无关的事。（　）

15.学校集会时间稍长一点，就会不耐烦，哈欠连天，也不知道主持人说什么。（　）

记分方式："√"记0分，"×"记1分。总分为15分。得分越高，注意力越强。如果得分在12分以上，说明学生具备高度集中的注意力。无论他（她）干什么事，他（她）都能排除外界干扰，整个身心都能沉浸其中。他（她）除了学习成绩比较好，在其他方面也容易取得佳绩。

（五）注意力不稳定的原因

1.生理原因

由于孩子大脑发育不完善，神经系统兴奋和抑制过程发展不平衡，因而自制能力差。这是正常的，只要教养得法，随着年龄的增长，绝大多数孩子能做到注意力集中。

2.病理原因

存在轻微脑组织损害、脑内神经递质代谢异常，另外，有听觉或视觉障碍的孩子也会被误以为充耳不闻，不注意听或视若无睹。这些情况需要得到专科医师指导的治疗才能改善。

3.环境原因

许多糖果、含咖啡因的饮料或掺有人工色素、添加剂、防腐剂的食物，会刺激孩子的情绪，影响专心度。此外，孩子的学习环境混乱、嘈杂、干扰过多也会影响孩子的注意力。

4.教育方式

也可以从学生家庭找原因：

是否太宠爱孩子，使孩子缺少行为规范？

是否为孩子买了过多的玩具或书籍？

家庭生活步调是否太快令幼儿不能适应？

家里的活动是否太多，无法给孩子提供安静的环境？

学习的过程中是否积累了不愉快的经验？例如学习程度跟不上老师、家长的要求，孩子注意力不好时大人给予强化等。

孩子是否有情绪上的压力？例如过多的批评、数落。

5.心理原因

为了引起他人注意，得到关注，或者为了逃避父母给予的过重的负担，便下意识地通过一些行为来达到目的。

二、记忆力

记忆力对于人生的生活是非常重要的，如果学生老是遗忘事情，对他的生活与学习会造成很大的影响，作为心理辅导老师应该对记忆力有所了解。

（一）记忆力的概念与分类

记忆力是什么？科学家认为记忆力可分为短期记忆力、中期记忆力和长期记忆力。短期记忆力的实质是大脑的即时生理生化反应的重复，而中期和长期的记忆力则是大脑细胞内发生了结构改变，建立了固定联系。比如怎么骑自行车就是长期记忆，即使已多年不骑了，仍能骑上车就跑。中期记忆是不牢固的细胞结构改变，只有曲不离口、拳不离手反复加以巩固，才会变成长期记忆力。短期记忆力是数量最多又最不牢固的记忆。一个人每天只将1%的记忆保留下来。

根据记忆的不同方式可把记忆分为机械记忆和理解记忆。机械记忆是指对记忆对象不知晓、不甚理解或无法理解而单靠重复背诵进行记忆的记忆方式。理解记忆，又称意义记忆，就是根据对材料的理解，结合自己的知识经验而进行的记忆，它是一种更有效的记忆方式。有些时候学生抱怨自己的记忆力不好，应该示范让学生掌握意义记忆，即刻可提升学生的自信心。

按照信息在头脑中记载和表示的方式可把记忆分为形象记忆和抽象记忆。形象记忆是指对过去感知过的事物或活动的形象再现。抽象记忆是指对概念、公式、定律、定理等的抽象材料的记忆。

（二）记忆的规律

随着年龄的增长，学生的无意记忆和有意记忆都在发展。一般来讲，一到三年级小学生无意记忆占优势，即无意记忆的效果要优于有意记忆的效果。到了小学高年级，学生有意记忆的发展逐步赶上了无意记忆的发展，即小学高年级学生的有意记忆水平开始超过无意记忆水平。中学以后，学生记忆的目的性、抗干扰性越来越强，而且中学生已能自己确定记忆任务，这为他们完成越来越繁重、复杂的学习任务提供了保证。

小学低年级学生经常采用机械记忆的方法（复述）来学习，到了小学高年级，学生有意记忆的运用增加，有意记忆的水平明显优于无意记忆水平，然而，这种有意记忆仍是被动的。中学以后，有意记忆在学生的记忆中占主导地位，不管是学习还是日常生活中，有意记忆已成为学生的主导活动。更为重要的是，中学生的有意记忆的主动性增强，他们不再依靠家长或老师的帮助或强调而是由自己确定记忆任务。

形象记忆和抽象记忆都是随着学生年龄的增长而发展的，只是在不同年龄阶段，二者占优势的情况不同。小学低年级学生形象记忆占优势，他们对具体形象材料的记忆效果好于对言语材料的记忆效果，在学习中，他们需要借助具体形象来记忆信息；到了小学高年级，学生抽象言语记忆的增长率逐渐超过了具体形象记忆的增长率，但他们对抽象材料的记忆仍然以具体事物为基础。中学以后，学生的抽象记忆占优势地位，并且对抽象材料的记忆不再依赖具体事物的支撑，学生不用通过实物的具体演示就完全可以记住了。

（三）记忆力减退的原因

导致记忆力减退的因素主要包括：

1.不良情绪

不良情绪主要是指抑郁、焦虑、愤怒等不良情绪，这些不良情绪会影响我们的思维，同时也影响着我们的记忆，导致出现记忆力减退。

2.失眠

出现失眠，睡眠质量不好的朋友，记忆力也会有所减退。人的睡眠是休息的保护，如果人得不到休息，就会影响我们的记忆力与注意力。

3.疾病

不管是生理上的疾病，还是心理上的疾病，都会导致我们的记忆力减退。

4.用脑过度

用脑过度会导致一个人疲劳感增加，对外界事物的敏感度降低，从而影响记忆。

5.依赖

如过度地依赖电脑、书籍等，会影响我们去开发自己的记忆力，运用自己的记忆能力，从而使记忆力减退。

6.压力

适当的心理压力可以增加我们的记忆力，但是过度的心理压力就会影响我们的记忆力。

7.不良嗜好

如抽烟喝酒等，酒精可以帮助人们消除疲劳，使身体活性化。但是，饮酒过量会导致部分记忆的丧失。由于酒精对脑细胞的麻痹作用，很可能会发生暂时性记忆丧失。

（四）遗忘的规律

与记忆相反的是遗忘，心理辅导老师应该了解遗忘规律并加以利用，从而指导学生提升自我记忆能力。德国心理学家艾宾浩斯（H.Ebbinghaus）经研究发现并描述了人类大脑对新事物遗忘的规律。艾宾浩斯遗忘曲线是对人体大脑对新事物遗忘的循序渐进的直观描述，对人类记忆认知研究产生了重大影响。

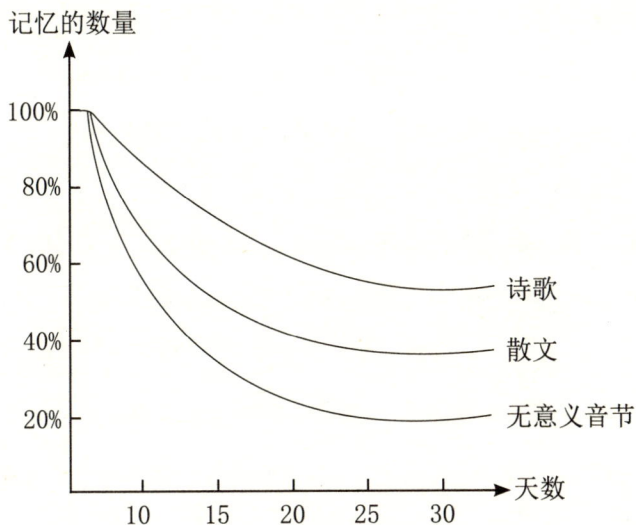

图2-1 艾宾浩斯遗忘曲线

这条曲线告诉人们在学习中的遗忘是有规律的，遗忘的进程很快，并且先快后慢。不同的记忆材料，遗忘速度也是不一样的。观察曲线，你会发现，学得的知识在一天后，如不抓紧复习，就只剩下原来的25%。随着时间的推移，遗忘的速度减慢，遗忘的数量也就减少。有人做过一个实验，两组学生学习一段课文，甲组在学习后不复习，一天后记忆率36%，一周后只剩13%；乙组按艾宾浩斯记忆规律复习，一天后保持记忆率98%，一周后保持86%。乙组的记忆率明显高于甲组。

（五）提升记忆力的方法

1.平心静气。在日常生活与学习中都保持一种让自己平心静气的心态，更多的时候是让自己的大脑安静。

2.合理安排自己大脑的工作和休息时间，让大脑得到充分的休息，因为疲劳会降低大脑的工作效率。

3.树立起自己记忆优良的信心，并时时提醒自己要记住必须记住的东西，必须坚信自己"一定能记住"！

4.要学习和找到一套适合提高自己记忆力的方法，加之必要而又经常的训练再训练，提高再提高。

5.要保持对世界充满强烈的爱好与兴趣，兴趣是记忆的第一推动力。对被记忆的对象要像对待自己的"情人"一样有足够的兴趣。

6.强烈的愿望和刺激可以促进自己的记忆。

7.要在自己的工作与生活中建立与愉快事情相联系的记忆。

8.让自己的心态永远年轻，保持年轻人的刺激可以促使自己脑细胞变得敏锐和年轻。

9.学会一种或多种观察能力，敏锐的观察力能帮助我们记忆。

10.要站在对方的立场上考虑问题，在记忆中尤其如此。要在充分理解的基础上记忆对象。

11.开发自己的右脑，把记忆对象形象化有助于记忆。

12.掌握歌诀或口诀记忆知识，把互不关联的记忆对象编成歌诀有利于记忆。

13.学会特征记忆技巧，找到记忆对象的特点，辨别出其特征有助于记忆。

14.学会整理和分类，适当的分散记忆（化整为零）有时比集中记忆效果好。

15.充分运用人自身的五官功能，调动身体各器官协同记忆。

第二节　思维

思维是一种认知框架，它影响着个体对外界信息的处理和对客观世界的认识。不同的思维方式导致个体对同一事物的认识存在不同甚至相反的看法。为此，了解思维的特点及发展，对于促进学生心理健康非常有价值。

一、思维的概念和分类

如果今天构成神秘的思维是由一些基本的因素构成，而不是幻想的灵魂的话，那么可以根据因素的发展来分析思维。思维是复杂的，从不同的角度可以对思维进行不同的分类。按照思维活动内容与性质进行分类可分为：直观动作思维、具体形象思维和抽象逻辑思维。

直观动作思维是以实际动作为支柱的思维过程，问题的解决依赖于实际的动作。具体形象思维是以直观形象和表象为支柱的，依赖于头脑中鲜明的形象来解决问题的思维。抽象逻辑思维是以语言形式为支柱的，用抽象的概念进行判断、推理得出各种规律或解决各种复杂问题的过程，也称语词逻辑思维。逻辑思维是人类思维的典型形式，学生学习各种科学知识，科研工作者从事各种科学研究都是运用这种思维。它又分为形式逻辑思维和辩证逻辑思维。形式逻辑思维是由具体到抽象的过程，辩证逻辑思维是由抽象上升到具体的思维过程，辩证逻辑思维也是人类思维的最高形态。

思维品质主要包括思维的深刻性、灵活性、独创性、批判性和敏捷性五个方面。这五种思维品质是相互联系、密不可分的。其中，思维的深刻性是一切思维品质的基础，思维的灵活性和独创性是在深刻性的基础上引申出来的两个品质；灵活性是独创性的基础，而独创性则是灵活性的发展。思维的批判性也是在深刻性的基础上发展起来的，它又是独创性的前提。思维的敏捷性以其他几个思维品质为前提，同时也是其他几个品质的具体表现。

二、思维发展的特点

学生思维的发展主要体现在：学生具体形象思维和抽象逻辑思维的发展，以及思维品质的发展。

小学低年级学生的思维离不开事物的具体形象，需要借助具体事物的表象来解决问题。到了小学高年级，学生思维的概括性和抽象性逐渐增强，由具体形象思维逐步向抽象逻辑思维过渡。中学以后，学生的思维以抽象逻辑思维为主，学生能够理解和掌握一般的抽象概念（如定理、定义）并进行逻辑推导，对许多复杂的现象概括和抽象，但中学生（尤其是初中生）的逻辑思维和成人相比还很不成熟。到了高中阶段，学生学习的内容更加丰富、深刻和复杂，家长和社会对他们的要求也逐渐提高，他们不仅能认识事物的本质属性，还能揭示事物运动发展变化的原因和他们对立统一的关系，因而，高中生抽象逻辑思维明显占优势，辩证逻辑思维已基本形成。

小学生知识少，经验不足，观察问题较为肤浅，思维具有表面性。到了初中阶段，随着思维的抽象概括能力的提高，学生的思维深刻性有了明显的发展，但思维的表面性还明显存在，他们在分析问题时还常被事物的个别特征或外部特征所困扰，而难以深入事物的本质中去，常表现为对自然规律和社会现象进行评价时容易受表面特征的左右。到了高中阶段，学生的抽象逻辑思维逐渐由经验型向理论型过渡，思维的深刻性也得到提高。初中生由于知识经验的不断积累，思维还具有了独创性和批判性。

三、思维能力测试

看看学生的思维能力是否具有以下六个维度？如果学生对于以下六点都给予肯定回答，则表明该生的表达思维能力极佳。

①是否会独立思考：不会全盘接受或全盘否定，不盲从

②是否会辩证思维：认识到所有事物都有正反两面

③是否会有所发现：从认知的事物中汲取养分的能力

④是否能自圆其说：自己的逻辑不存在悖论（尤其是在专注的领域）

⑤是否有输出能力：可以向别人灌输理念，水平从认可到信服再到愿意花钱听你讲

⑥思维是否成体系：可以通过联想等方式将零散的思维点进行联系并能理清因果脉络

四、思维能力的培养

人性最深刻的原则就是发自内心地渴望得到别人的赞赏。每位学生都希望自己优秀的成绩和优点得到老师的认可与尊重。作为辅导老师的我们，千万不要吝惜赞美的语言，在发现学生身上的优点和闪光点时，要及时表示赞赏之意。"你提的问题很有见地"……这些看似简单的语言对于激发学生的潜能，增强自信能起到积极的作用。同时学生会以自己的行动来回报老师的赞赏。

（一）脑激励法

除了在与学生的日常交往中鼓励创造性外，教师要帮助学生检查各种可能解决方案，教师可以试一试"脑激励法"（又称大脑风暴法），其核心思想就是把产生想法和评价这种想法区分开来。

其基本做法是：教师先提出问题，然后鼓励学生寻找尽可能多的答案，不必考虑答案是否正确，教师也不作评论，一直到所有可能想到的答案都提出来了为止。在我们平时的讨论中，常常有这样的现象：本来是想找出创造性解决问题的方法，但转变成了对一种方法好坏的争论，参与者的情绪都没了。脑激励法的原则就是尽可能地产生想法，不管这个想法初看起来如何片面。只有当所有可能的建议都已提完，才开始对这些想法进行评价、讨论和批评。用这种方法，一种想法可能启迪另一种想法。更重要的是，人们不会因怕受到批评而怀疑可能的创造性解答。当所有的想法都列完后，人们就可以评价、修改和合并这些想法，从而产生一个创造性的答案。

在课堂教学中，常常采用班组讨论的方法来解决问题。通过集体讨论，每个学生从各自的角度提出不同的见解，大大拓宽了解决问题的范围，有时，一个学生的发言能启发另一个学生悟出或改进解决问题的方法。此外，小组讨论能产生社会心理学家称之为"社会促进"（social facilitation）的现象，即当一个人看到其他人正在完成某个任务时，自己也会积极去思考。

当然，小组讨论对创造性思维也有不利的一面。在小组讨论中，某几个同学的发言能支配其他同学的思维。而且也有研究表明，有高度创造性才能的人，往往喜欢独自思考和工作。当他独自一人时，工作得最好。

（二）吉尔福特（J.P.Guilford）的策略

吉尔福特在总结了大量的有关培养创造性思维的文献和实验的基础上，提出了一套前后有序的培养创造性思维的策略：

1. 拓宽问题

例如，我们不应该问："我们如何改进灭蚊器？"而是应该问："我们怎样才能消灭蚊子？"这样就为寻找更多更好的解决办法打开了大门。

2. 分解问题

问题越具体、越明确，就越有可能为我们提供提取信息的线索，从而增加解决问题的机会。

3.常打问号

在整个问题的解决过程中，创造性思维的一个特征是不断发出疑问。通过训练，人们可以形成提问的习惯，在问题解决过程的不同阶段，提不同特征的问题。

4.快速联想与中止评判

在解决问题中最广泛使用的策略，也许是奥斯本（Osborn）提出的快速联想。这种策略一般是在群体思维或小组讨论时使用的，但个人也可采用。

快速联想要与中止评判策略结合起来使用，若没有中止评判，很可能会产生抑制的效果。在这期间，要严格禁止使用任何方式的批评。这就是说，要鼓励学生"自由放任"，想提什么观念就提什么。重点是在数量上，质量是次要的。产生出来的观念越多，形成好观念的机遇就越大。事实上，人们在后面形成的观念在质量上往往比前面形成的观念更高些。

5.延长努力

产生观念的努力不应该过快地终止。一般说来，产生观念的速度是刚开始时最快，然后随着时间的推移而减慢。也许，一般人认为自己已竭尽全力了，然而，记忆是不可能干枯的。据统计，后面部分产生的观念，有78%比前半部分产生的观念质量更高些，因此，观念的质量一般是随时间推移而提高的。正如著名教育学家艾·诺·怀德海（Alfred North Whitehead）所说的，"第1000个观念也许正是改变世界的观念"。

6.列举属性

采用列举属性的策略，可以对事物重新分类，从而使它们更便于使用，更适用于不同寻常的场合。

7.形成联系

形成新奇观念的一种可能的途径，是迫使自己把两种完全不同的事物联系起来，这种联系是自己以前从未听到过的，如带橡皮的铅笔就是橡皮与铅笔的组合。

8.尝试灵感

对某一问题的实际工作停顿一会儿，但仍保持解决该问题的愿望，而得到的，往往是灵感，即在没有料想到的情况下，突然涌现出极妙的想法。爱迪生、彭加勒、爱因斯坦等科学家也都有过这种体验。

（三）弗里德里森（Frederickson）的策略

弗里德里森的教学策略主要包括以下几个方面：

1.酝酿（incubation）

创造性地解决问题，不同于分析式的一步一步的过程。在创造性解决问题的过程中，一个重要的原则是避免立即达成一个解答，而是要反思问题，在考虑几种不同的解答之后，才选择某种解答。考虑下面这样一个问题：

罗杰用一刻钟在他的烤箱里烤一个苹果派，烤3个苹果派要花多长时间？许多人不假思索地脱口而出：45分钟。但是，如果稍微花点时间反思反思，多数人就会意识到，在同一个烤箱里烤3个和烤1个苹果派，所花的时间一样多。在教学过程中，教师一定不要给学生施加时间压力。教师应当评价学生思想的巧妙性和细密性，而不是速度。

2.中止判断

在创造性解决问题中，应鼓励学生中止判断，要考虑所有的可能性后，才尝试某个解答。以这种原则作指导的一个具体方法是"脑激励法"。

3.适当的气氛

松弛甚至玩乐的环境能促进学生创造性地解决问题，更为重要的是，学生参与创造性解决问题时，教师一定要使他们感到，他们的想法是会被接受的，因此建立适当的气氛是重要的一步。

4.分析

人们常常提到的一种创造性地解决问题的方法，是分析和列出问题的主要特征和具体的要素，有助于创造性地解决问题。

5.思维技能

教师可以教学生一些创造性解决问题的具体策略。如考虑不平常的想法，产生许多想法，做计划，列出所有可能性，综合许多事实，在头脑中理清问题。

6.反馈

创造性问题解决的最有效的方法也许是向学生提供大量的各种不同的实践，并给实践提供反馈。不仅要对解答的正确性予以反馈，而且要对解答的过程提供反馈。但是，在解决复杂的问题中，不要过分强调带有反馈的练习。当然，没有长时间的对简单问题的反馈练习，是不可能解决复杂问题的。

第三节　创造力

创造力是心理健康的重要表现和基本内容，并促进认知、个性及适应性等心理品质的发展。培养创造型人才是教育的重要任务，心理辅导教师必须围绕这一核心目标对学生进行心理疏导，促进他们以积极向上的健康心理对待学习与生活。

一、创造力的内涵

对什么是创造力，有不同的理解。一般认为创造力是指个体产生新奇独特的、有社会价值的产品的能力或特性，故也称为创造性。新奇独特意味着能别出心裁地做出前人未曾做过的事，有社会价值意味着创造的结果或产品具有实用价值或学术价值、道德价值、审美价值等。

创造力有两种表现形式：一是发明，二是发现。发明是制造新事物，例如瓦特发明蒸汽机，鲁班发明锯子。发现是找出本来就存在但尚未被人了解的事物和规律，如门捷列夫发现元素周期律，马克思发现剩余价值规律等。

理解创造力这一概念要把握以下几点：

①创造力是一种有别于智力的能力，创造力测验的内容是智力测验内容上没有的，是智力测验测不出来的能力；

②创造力指在各种创造性活动中的能力，既有科学创造活动，又有技术创造和艺术创造活动，还有其他方面的创造活动；

③新颖独特是指前所未有、与众不同，这是创造力的根本特征；

④创造产品（包括物质的和精神的）有社会或个人价值。

影响创造性思维的因素多种多样，而且同一种因素既可能促进也可能阻碍创造性思维，这与因素的性质与程度有关。

二、创造力的基本特征

创造力由创造性意识、创造性思维过程和创造性活动三部分组成。在创造力的组成部分中，创造性思维是其核心。创造性思维又包含聚合思维和发散性思维，发散性思维是创造性思维的核心，它与创造性思维关系最为密切。发散性思维表现在行为上，即代表个人的创造性。发散性思维有三个主要特征：

（一）流畅性

流畅性是指针对问题（发散点）从不同角度在短时间内反应迅速而众多的思维特征。比如能在短时间内表达较多的观念，使用较多文字，产生较多联想等。

（二）变通性

变通性也就是思维的灵活，它要求能针对问题（发散点）从不同角度用多种方法思考，能举一反三、触类旁通。当解决问题的思路受阻时，能另辟蹊径，寻找解决问题的其他方法。对同一问题，想出不同类型的答案越多，其变通性越高。

（三）独特性

独特性是指针对问题（发散点）用新角度、新观点去分析，提出独特的、有新颖成分的见解。行为表现超常，对事物处理能提出超常意见，对疑难问题能提出独特见解是其基本表现。对同一问题，意见越奇特，其独特性越高。

三、创造力的影响因素

一般来说，创造力似乎需要中等以上的智力。研究表明，智商和创造力并无直接的因果关系。非常聪明的人可能非常有创造力，也可能非常一般或者在两者之间。中等智力的人可能较有创造力，也可能创造力较少。而智力低下的人同样缺乏创造力。创造力似乎也有点像智力，我们都具有智力和创造力，但某些人，其中的一种或两种比较多一些。

（一）大脑

由于人类大脑两个半球的单侧化，在右半球加工的信息与具体形象思维能力、空间认识能力、直觉能力以及想象能力有关。两个半球的和谐发展与协同活动是创造力发展的物质基础。因此，要让学生在发展过程中注意训练两个半球的功能特别是右半球的功能得到充分的发展。

（二）动机

创造性思维者一般都受好奇心的驱动，即渴望找到问题的答案。这样他才会对各种问题都很敏感，会时时感到一些问题在向他挑战，他才会对各种新观念保持较高的敏感性，从而促使他始终不倦地力图解决问题。

但是，动机过于强烈，就变成创造性思维的障碍，它促使你即刻找到答案，从而限制你的视野，使你接受已有的（也许是不合适的）解决方法。当人们不受生活琐事或紧迫任务束缚时，是萌发创造性思维的最佳时机。

（三）个性

人们对艺术、建筑、文学、科学等领域中有创造力的人的个性特征进行了科学的研究，一般说来，有创造力的人往往是：有见识、洞察力、好独立判断，善于吸取经验教训，以及语言流利，兴趣广泛。他们对理论观念与符号转换的兴趣大于对实际而具体的事物的兴趣。创造力强的人有雄心、有决心、敢于前进，且能预计自己的命运，他们常常不落俗套、倔强、好表现。有的研究还提出，创造力和智力均高者，自信心和自重感高，不采取守势；社会地位高，积极寻找志趣相同的人，还表现出很强的注意广度和集中注意的能力，但同时也出现猎奇和犯规行为的倾向。有高度创造力的人，焦虑水平一般中等适度。焦虑水平太低或太高时似乎都会抑制创造力。

（四）人格

在心理学上，人格因素与认知因素紧密相关，同样，人格因素与创造力之间的关系相当密切。心理学家吉尔福特的研究表明，具有创造力的个体具有以下特征：

①有高度的自觉性和独立性；

②具有旺盛的求知欲；

③有强烈的好奇心；

④知识面广，善于观察；

⑤工作中讲究条理、准确性和严格性；

⑥有丰富的想象力、敏锐的直觉、喜好抽象思维，对智力活动有广泛兴趣；

⑦富有幽默感；

⑧意志品质出众，能排除外界干扰，长时间地关注某个兴趣中的问题。

一些研究也表明，影响创造力人格的因素主要有：胆怯、过分的自我批评、懒惰、从众、偏狭、刻板、骄傲、以自我为中心等。

（五）环境

创造力的培养不是一朝一夕之功，而是长期工作的结果。因此，社会、家庭和学校环境都会影响创造性思维的发展。父母的管教方式和家庭气氛，是影响孩子创造力发展的主要因素。如果家庭教育过分严格、家长过分要求孩子服从，孩子的创造力就差；如果家庭气氛比较民主，家长注意发展孩子的创造力，情况就会好得多。例如，家长给孩子买什么样的玩具，是只看价格，还是分析孩子的破坏性行为；是看重孩子的考试分数还是注重孩子的分析创造能力；是要求孩子事事服从家长和老师，还是允许孩子有自己的见解，都会对孩子的创造力产生重要影响。美国心理学家奥斯本对一些科学界精英进行调查，结果发现，一些比较有创造力的人往往来自不幸的家庭，其中有些人儿童期缺少家庭和谐和父母的爱抚。此外，最富有创造精神的人，一般是兄弟姐妹中的老大。

学校教育重视纪律和规范，学生们除了学习固定答案的知识外，极少有自由发挥的机会，这就会影响创造力的发展。这两者之间，如何才能取得平衡值得研究。

社会文化也会影响儿童的创造力发展。例如，美国心理学家奥斯本的研究表明，从小在农村长大的人比在城市长大的人，有更大的机会成为出众的创造性思维者。

知识链接：妨碍创造力发展的因素

①过分重视成绩，养成孩子们不敢有超常或越轨行为的习惯。他们学会只能在已知社会范围内追求成功，而不敢对失败可能性较大的未知事物冒险。

②社会团体生活压力下，个人不得不放弃自我的独立特点，去遵从大众，迎合别人；标新立异者，被人视为异端。

③教师不鼓励甚至阻止学生发问书本之外的问题，因而学校教育常常阻滞了儿童想象力的发展。

④社会上过分强调两性角色的差异，忽视培养女生从事科学创造思维的能力。

⑤把游戏与工作截然分开，使工作的情境过分严肃，过分紧张，因而不能从工作中培养创造性思维的习惯。

四、创造力的培养

（一）创设宽松的心理环境。

教师应给学生创造一个较为宽松的学习的心理环境，让学生感受到"心理安全"和"心理自由"。如果营造了这样一种环境，学生就不会产生危机感和受批评的恐惧，也就不必为自己的创造意识而设防。要做到这一点，需要家庭、学校和社会三方共同的努力。

（二）给学生留有充分选择的余地

在可能的条件下，应给学生一定的时间和空间，让学生有时间、有机会干自己想干的事，给学生留出一定的时间让他们从事一些具有独创性的活动，为创造性行为的产生提供机会。因此，在课程安排上，应注意为学生提供自由选择的机会，如实行选修课制度，让学生有机会选择不同的课程学习；加强学生综合素质的培养，如进行抽象逻辑思维和具体形象思维的培养；给学生呈现应用创造性思维才能解决的问题等。

（三）保护好奇心

保护儿童的好奇心，就能促使他们对创造性活动拥有浓厚的兴趣，从而促进其创造性活动的进行。对学生提出的任何奇特的问题，应给予鼓励和赞赏，不应忽视或讥讽。

（四）解除学生对答错问题的恐惧心理

惧怕犯错误是阻碍独创性发展的一个重要因素。学生有时往往会因为怕犯错误而不去尝试，从而失去发展创造力的良机。因此，教师应该解除他们怕犯错误的恐惧心理，鼓励学生大胆进行一些尝试和冒险。对学生所提问题，无论是否合理，均以肯定态度接纳他。对出现的错误不应全盘否定，更不应指责，应鼓励学生正视并反思错误，引导学生尝试新的探索，而不是循规蹈矩。

（五）鼓励独立性和创新精神

在教学中，教师应重视学生提出的与众不同的见解、观点。对平常问题的处理能提出超常见解者，教师应给予鼓励。同时，采取多样的形式和方法支持学生的创新精神。

（六）给学生提供具有创造力的榜样

通过给学生介绍或引导阅读文学家、艺术家或科学家传记，或带领其参观各类创造性展览、科学博物馆，与有创造力的人直接交流等，使学生领略到创造者对人类的贡献，受到创造者优良品质的潜移默化的影响，从而启发他们见贤思齐的心理需求。另外鼓励学生与有创造力的人接触也是提供榜样的一个很好的渠道，通过与有创造力的人接触，使学生产生模仿尝试的欲望，并由此在潜移默化中受到熏染。同时，教师也应注意自身的榜样作用，通过不断开发自身的创造力来影响学生，使他们切身体验到创造性活动的魅力。

第三章

青少年的人格发展

在辅导学生心理问题的过程中，你可能会发现学生的某些重要特点对学生的心理健康和学业成就产生重要的影响，比如学生的依恋类型、心理韧性和自我调控能力等。此章内容正是基于这一缘由，带你一起来认识和了解对学生心理健康和学业成就有重要影响的发展要素，了解它们是什么、有什么特点、如何测量、如何发展、受哪些因素的影响，以及出了问题如何干预等，以协助你更好地帮助学生获得成长。

第一节　依　恋

一、依恋的概念及其重要性

依恋（Attachment）这个概念最早是由英国精神病学家鲍尔比（John Bowlby）提出的，他在洛伦兹（Konrad Lorenz）的研究（婴儿对母亲的印刻理论）和哈洛（Harry Harlow）的实验（幼猴尽管由铁丝裹着的母猴喂养，却寻求依偎于有绒织物的母猴）的基础上，将依恋定义为"个体与具有特殊意义的他人形成牢固的情感纽带的倾向，能为个体提供安全和安慰"。鲍尔比提出依恋这个概念主要是用来解释婴儿与其养护者之间的情感联系，但后来的研究者们将之扩展到了成人之间。

现在一般认为，依恋是个体与主要抚养者发展出的一种特殊的、积极的情感纽带，也是指个体寻求并企图与另一个体在身体和情感上保持亲密联系的倾向。依恋既是个体最初的社会性联结，也是情感社会化的重要标志。简单来说，通过依恋他人，我们不再是一个孤单的个体，而是一个融入了集体的社会人。

依恋作为相对稳定的潜在内部模式，广泛而持久地作用于婴儿多方面的发展，尤其是对儿童社会性的发展。婴儿是否同母亲形成依恋及其依恋的性质如何，直接影响着婴儿的情绪情感、社会性行为、性格特征和对人交往的基本态度的形成。由于依恋对婴儿的重要作用，父母应十分重视早期儿童积极依恋的形成，力求儿童的安全依恋而避免不安全依恋，为儿童心理品质及社会性的进一步发展奠定良好的心理基础。

二、依恋的发展过程

依恋不是突然发生的，根据心理学家的研究，依恋的发展过程可分为以下四个阶段：

第一阶段：无差别的社会反应阶段（从出生到3个月）

这个时期婴儿对人反应的最大特点是不加区分、无差别的反应。婴儿对所有人的反应几乎都是一样的，同时，所有的人对婴儿的影响也是一样的。此时的婴儿还未有对任何人（包括母亲）的偏爱。

第二阶段：有差别的社会反应阶段（3个月到6个月）

这时婴儿对人的反应有了区别，对人的反应有所选择，对母亲更为偏爱，对母亲和他所熟悉的人及陌生人的反应是不同的。这时的婴儿在母亲面前表现出更多的亲近反应如微笑、依偎，而在其他熟悉的人如其他家庭成员面前这些反应则要相对少一些，对陌生人这些反应就更少。但此时，婴儿还不怯生。

第三阶段：特殊的情感联结阶段（6个月到2岁）

从6-7个月起，婴儿对母亲的存在更加关切，特别愿意与母亲在一起，与她在一起时特别高兴，而当她离开时则哭喊，不让离开，别人还不能替代母亲使婴儿快活等等，这一切显示婴儿出现了明显的对母亲的依恋，形成了专门的对母亲的情感联结。与此同时，婴儿对陌生人的态度变化很大，见到陌生人，大多不再微笑，而是紧张、恐惧，甚至哭泣、大喊大叫。

第四阶段：目标调整的伙伴关系阶段（2岁以后）

2岁后，婴儿能认识并理解母亲的情感、需要、愿望，知道她爱自己，不会抛弃自己，并知道交往时应考虑她的需要和兴趣，据此调整自己的情绪和行为反应。这时，婴儿把母亲作为一个交往的伙伴，并认识到她有自己的需要和愿望，交往时双方都应考虑对方的需要，并适当调整自己的目标。这时与母亲的空间上的邻近性逐渐变得不那么重要。

三、依恋的测试方法及典型依恋类型

陌生情景法（Strange Situation）是最常见的一种测试依恋的方法，是由艾斯沃斯（Mary Ainsworth）等人设计的。他们首先安排母婴在一个完全陌生的环境中，然后让婴儿分别经历母亲离开、陌生人进入等情境。观察婴儿在与母亲分离和相聚的过程中，以及面对陌生人的过程中的表现，从而对婴儿的依恋类型进行判断。具体如下：

表3-1   陌生情景观察法

场景	事　件	观察的依恋行为
1	实验者把孩子和父母带进实验室，然后离开	
2	父母坐着看孩子玩玩具	父母是安全保障
3	陌生人进入，坐下和父母交谈	对不熟悉成人的反应
4	父母离开，陌生人和孩子交流，如不安则安慰他	分离焦虑

5	父母回来，和孩子打招呼，有必要的话安慰他，陌生人离开	重逢的反应
6	父母离开房间	分离焦虑
7	陌生人进入房间安慰	接受陌生人抚慰的能力
8	父母回来，和孩子打招呼，有必要的话安慰他，并再次激起孩子玩玩具的兴趣	重逢的反应

注：第一个场景持续30秒，其余各场景均为3分钟。

艾斯沃斯等人长期观察了乌干达和美国家庭母子间的相互作用，利用上述研究方法，根据婴儿在陌生情境中的不同反应，将婴儿依恋划分为以下三种类型：

（一）安全型依恋（secure attachment）

主要表现为在与母亲一起时，将其作为"安全基地"，以母亲为中心主动去探索环境，并不是总依偎在母亲身旁，只通过偶尔的靠近或眼神注视与母亲交流，母亲在场时，婴儿感到足够的安全；当母亲离开时，明显表现出苦恼、不安；但当母亲回来时，会立即寻求与母亲接触，将其作为"避风港湾"，易被安抚。约占65%~70%。

安全型婴儿的母亲一般对孩子的信号及情绪表达（呼求、肢体动作等）很敏感，能及时了解孩子的想法，鼓励孩子进行探索，而且喜欢和孩子有亲密的接触。

（二）回避型依恋（avoidant attachment）

主要表现为与母亲刚分离时并不难过，但独自在陌生环境中待一段时间后会感到焦虑；容易与陌生人相处，容易适应陌生的环境，很容易从陌生人那里获得安慰；当分离后再见到母亲时，对母亲采取回避态度。有人也把这类婴儿称为"无依恋婴儿"，约占20%。

回避型婴儿的母亲有多种类型。有的对孩子缺乏耐心，当孩子干扰自己的计划和活动时生孩子气或怨恨孩子，对孩子的信号反应迟钝；有的对孩子经常表现出消极情感，即使对孩子表达积极情感，程度也很微弱等等。因此两者之间并没有形成特别密切的感情联结。

（三）焦虑—矛盾型依恋（anxious-ambivalent attachment）

主要表现为每当母亲要离开前就显得很警惕，当母亲离开时表现得非常苦恼、极度反抗，任何一次短暂的分离都会引起大喊大叫；但当母亲回来时，其对母亲的态度又是矛盾的，既寻求与母亲接触，但同时又反抗与母亲接触；当母亲亲近他时，生气地拒绝、推开，但是要他重新回去做游戏似乎又不太容易，不时朝母亲这里看。约占10%-15%。

焦虑—矛盾型婴儿的母亲常误解孩子的信号，她的照顾行为是不一致的，对孩子的反应更多地依赖于自己当时的心境，而不是孩子的行为。因此，在孩子的信号和母亲的情绪表达间常表现出不一致。

在这三种依恋类型中，回避型与焦虑—矛盾型都属于不安全型依恋。婴儿对母亲的依恋类型一般具有明显的稳定性，但同时，在家庭环境经历较大变化，母亲与婴儿的交往发生较大转变时，也可能发生变化。

四、影响依恋安全性的因素

依恋类型差异的产生既与个体本身先天的生物因素有关，也与后天的教养、所处的家庭环境等有关。

儿童先天特质尤其是气质（一个人与生俱来的一种稳定的心理特征，即我们平时所说的脾气、秉性，主要表现在心理活动的强度、速度、灵活性与指向性等方面）与母亲的抚养困难程度密切相关。比如，我们常会看到一些儿童容易照料，与母亲关系融洽，容易接受抚慰；一些儿童很难照料，异常活跃，拒绝母亲的亲近，不易抚慰。人的气质差异是先天形成的，受神经系统活动过程的特性所制约。孩子刚出生时，最先表现出来的差异就是气质差异，比如有的孩子爱哭好动，有的孩子平稳安静。

而关于后天影响依恋的家庭因素，鲍尔比提出在个体和依恋对象的实际交往中形成了个体和看护者（主要抚养者）之间的内部工作模式（internal working models），该模式包括两种互为补充的成分：一个是关于依恋对象的，描述的是当婴儿需要时，看护者是否是可得的（available）、敏感的（sensitive）和有反应的（responsive）；另一个是关于自己的，涉及的是自我是否是有价值或值得关爱和看护的。例如：当需要时，看护者是敏感并总是可得的，那么婴儿就会发展出一种认为别人是有反应并可信的、自己是可爱的并有被照顾价值的内部工作模式。反之，当看护者是不一致和拒绝的，婴儿就有可能发展出别人是没有反应的、自己是不值得关爱的或自己是应该自我满足的和不需要别人关爱的。如此，内部工作模式构建了个体对早期依恋经验的心理表征，并在长大后影响其思想、情感和行为。

现在一般认为婴儿依恋的性质最根本取决于与婴儿有关的看护者的行为，依恋是在婴儿与看护者的相互交往和感情交流中逐渐形成的，在这一社会交往过程中，母亲对婴儿所发出的信号的敏感性和其对婴儿是否关心是最重要的方面。

五、不安全依恋类型的改变途径

依恋类型一方面受到与生俱来的个体特质（如气质）的影响，另一方面个体经验在塑造人际关系的依恋类型上起着重要作用。所以，人们并不会只是被动地受到童年经验的束缚，依恋类型不断地受到我们成人后经历的影响。不过，尽管依恋类型能改变，但它们确定后相当稳定而持久，并影响人们建立新的人际关系。有关研究表明，如果没有大起大落的新经历，人们的依恋类型可以持续数十年不变。但是，治疗师一般可以通过与来访者之间建立亲密的依恋关系来使来访者重塑依恋类型。

第二节　心理韧性

一、心理韧性的概念

心理韧性（Resilience，也翻译为心理复原力、心理弹性、心理承受力、抗逆力等），意指曾经历或正经历严重压力或逆境的个体，其身心未受到不利处境损伤性影响甚或愈挫弥坚的发展现象。心理韧性的研究开始于20世纪70年代，Anthony曾对精神疾病家庭的儿童进行追踪研究，发现超过半数儿童在其个人生活中发展顺利；Werner的研究显示许多身处逆境（如家庭经济困难、父母离异等）的儿童并没有像人们所预期的那样会被逆境打倒，反而成长为有信心、有能力、有爱心的人。心理韧性的研究也正是基于对这种儿童发展的思考而产生，并逐渐成为一个备受关注的研究热点。

目前，在心理韧性的概念界定上还未能达成一致的标准。根据不同的研究阶段和研究侧重点，大致可以将其分为以下3类：（1）特质说，即心理韧性是个体应对压力挫折创伤等消极生活事件的能力或特质；（2）结果说，即心理韧性是个体经历困境后产生的积极适应的结果；（3）过程说，即心理韧性是压力逆境等危险性因素与个体保护性因子的动态交互作用过程。

在实证研究中，心理韧性的操作性界定大概有三种观点。第一种和第二种观点都认为，一个人要具有心理韧性必须符合两个标准。差别是第一种观点认为只有满足一定条件的人才是具有韧性的，即需要经历严重危险的打击并适应良好。如果个体发展过程中从未遇到过严重危险，那么他就不具有心理韧性。Masten和Coatsworth将危险因素界定为如下三种情况：（1）长期处于不利的社会环境中，如贫穷、慢性疾病、家庭暴力等；（2）遭受创伤性事件或严重灾难，如父母离婚、车祸、战争、地震等；（3）以上两种情况的结合。第二种观点则认为每个人的生活都是危机四伏，只要个体能良好发展，就被认为具有心理韧性。

第三种观点没有将危险因素的存在作为评价心理韧性的先决条件，而是将重点放在了心理韧性的保护性因素（protective factor）方面，这些保护性因素指能够提高个体心理韧性的个体特征和环境因素。如果保护性因素发展良好，就被认为心理韧性高。这种观点认为每个人都具有心理韧性，只是程度上的高低不同而已。这种观点关注个体内在因素与外部因素的发展，以便遇到危险或灾害时个体能成功应对，能够保持良好的心理适应。

二、心理韧性的测量

量表是目前评估心理韧性的主要工具。应用比较广泛的国外量表有Wagnild和Young的量表（RS）、Block和Kremen的量表、Connor和Davidson的量表（CD-RISC）、Friborg编制的Resilience Scale for adults（RSA）以及Sandra Prince Embury编制的Resiliency Scales for Children and Adolescent。Wagnild和Young的韧性量表（RS）应用最早，题目来自于对成功应对重大挫折的被试进行的访谈，包括个人能力（独立、自信、决心、控制感、坚持等）以及对自我和生活的接纳（适应力、灵活、平衡等）2个因素。Block和Kremen的韧性量表权威性较高，题目简约，这个量表因为题量少（14个题目）又可与其他人格量表一起使用而受到欢迎。Connor和Davidson的韧性量表（CD-RISC）已经在临床治疗中得到了应用和验证，量表包括25个项目，涉及能力、忍受消极情感、接受变化、控制感、精神信仰5个因素。Friborg编制的Resilience Scale for adults（RSA）影响也很广，包括43个项目，主要测量个体面对应激的保护因素，包括个人能力、社会能力、家庭和谐度、社会支持、个人组织性5个因素。SandraPrince-Embury的儿童和青少年心理弹性量表（Resiliency Scales for Children and Adolescent），将心理弹性看作是个体的内部力量，共3个分量表，分别为掌控感、关系感和情绪反应，每个分量表的项目是19~24个，用时较短，适合9~18岁的青少年群体。

国内的中文版心理韧性量表主要包括于肖楠和张建新翻译修订的中文版

CD-RISC,李海垒、张文新和张金宝以心理韧性的动态模型为基础修订的青少年心理韧性量表（HKRA）。近期，胡月琴和甘怡群以心理韧性的过程模型为基础通过访谈法开发出适合我国青少年群体的青少年心理韧性量表，该量表共27个题目，包含目标专注、情绪控制、积极认知、家庭支持和人际协助5个因子。

三、促进心理韧性潜能实现的策略

促进心理韧性潜能的实现关键在于培养个体积极的韧性特质、建立良好的家庭及外部环境支持系统。

（一）培养个体积极的韧性特质

在积极心理学思潮影响下，心理韧性研究从积极心理学视角挖掘个体的内在潜能，不再只是关注问题的负面影响，而是更加强调人在应对不利情境时的潜能激发和自我超越。积极的韧性特质是指个体内部有助于应对挫折情境、保证个体良好适应并能积极发展的特质性因素。自尊、自信、对经历的认知和情感加工风格、自我掌控感、自我效能感、良好的沟通能力、问题解决能力和计划能力等都是有心理韧性的个体具备的积极个性特征。在培养韧性特质的方法上，比较著名的是国际心理韧性研究计划提出的"我有""我是"和"我能"策略。其中"我有"是帮助个体发现自己拥有的外界支持与资源，发展安全感和受保护的感觉；"我是"是帮助个体发现个人的内在力量，包含个人的感觉、态度及信念；"我能"是帮助个体发现和培养人际技巧和问题解决能力，如创造力、恒心、幽默、沟通能力等。

另外，对心理韧性相关知识和技巧的学习和了解，有利于个体心理韧性的提升。对于学生群体，可通过组织素质拓展训练、专题讨论、逆境想象等团体活动，让学生积极参与其中，从而学会各种生活技能、交往和沟通技巧、合作能力、决策能力、问题解决能力等，最终以一种积极的信念指导自己行动，把应对不利情境当作促进自己成长的契机，培养自己坚强的人格。教育者要善于引导学生不断深入认识自我、建设自我、超越自我、实现自我，使学生产生自信心、成就感等积极心理体验，并得到他人的尊重和社会的认可。这对促进个体心理健康的发展，培养心理韧性潜能有至关重要的作用。

（二）建立良好的外界支持系统

相对于个人心理韧性特质的内部保护因素，来自家庭、学校和社会团体的外界支持同样是促进个体韧性潜能实现的力量，对于个体在不利情境中维持积极的发展具有非常重要的保护作用。通常，人们把这些外界支持的力量统称为社会支持系统，主要包括父母、亲友、学校老师和同伴以及社会团体等给予的物质和情感支持。社会支持不仅指社会关系的数量和质量，还包含个体对社会支持的主观感知和利用程度。因此，必须首先为个体建立起良好的社会支持系统，保证个体拥有可调用的资源。在家庭中，温暖和谐的家庭氛围、早期安全的依恋关系、父母对子女的积极关注、民主型教养方式、理解和无条件接纳、与父母建立起的亲密关系以及父母与子女的交往过程，都是帮助个体培养韧性特质、实现韧性潜能的重要条件。如果在个体的成长过程中满足其安全、归属与爱以及尊重等多种心理需要，就可以使个体具有安全感以及对未来生活的乐观信念，培养出自信和坚强的人格，在遇到挫折或不利情境时能够适应良好。在学校和社会团体里，教师的肯定和关怀、同伴好友的理解与陪伴、获得的成功或快乐体验等，同样对于缓冲遭受逆境和挫折后的抑郁心境，促进个体良好适应具有重要的支持作用。良好的同伴和人际关系对个体的支持力量是不可忽视的，学校或社会机构可以通过组织人际交往、人际信任的团体活动来增强个体的归属感与合作能力，促进良好人际关系的建立。学校和社会还要以"构建和谐"为宗旨，创造积极向上、安全健康的氛围，力争为个体积极心理品质的培养创造良好的外部支持环境。

第三节　自我调控

一、自我调控的概念

自我调控关注的是个体选择做什么以及他们如何努力达成他们的目标。换言之，自我调控的过程实际上包含三个部分：①目标选择，是自我调控的第一个阶段，在学生能够有效地调节他们的行为之前，必须先选择一个目标，即他们必须确定他们想要做什么；②行动准备，是自我调控的第二个阶段，是指人们会设计和准备实施一项计划来达到他们的目的；③一个行为控制环路。人们有时候能够成功地调节自己的行为，但是并不总是能够成功地调节自己的行为。假如学生不能很好地调控自己的行为，就容易陷入情绪或行为困扰之中。

二、自我调控的相关过程

（一）自我效能感

自我效能感是人们关于他们自身是否能成功的信念，它对学生的自我调节过程有着极大的影响。高自我效能感的人认为自己有能力获得成功、克服困难、达成目标。反之，低自我效能感的人怀疑自己的能力，不相信自己能够达到目的。高自我效能感的人会比低自我效能感的人更积极主动地收集资料，花更多的时间来准备，并可能具有更清晰的心理预演。

（二）可能自我

可能自我是指人们对他们自己将来的看法，包含希望的我、预期的我和害怕的我。它也会影响个体的行为调节。学生所具有的可能自我中的大多数可能都是具有积极意义的，但是同样也存在不良的可能自我。一般人们会去实施他们认为能够成功实现的行为，而避免它们认为无法实现的行为。在可能自我方面，具有丰富想象能力的个体会比缺乏想象能力的个体有更好的获得成功的期望。

（三）自我意识

自我意识是对自己身心活动的觉察，即自己对自己的认识。根据调节焦点模型，当人们开始自我意识时，就会将自己当前的状态和某一相关标准进行比较，当他们发现自己达到标准时就会产生积极情绪，反之，则是消极情绪。当个体处于不舒服的消极情绪中时，则可能采取行为来减少这种不舒服感，比如，使自己的行为与标准一致，或者把注意力从自己转到外界来避免考虑这个问题。

三、自我调节失败模型及影响自我调节失败的因素

鲍迈斯等人提出了自我调节失败模型，该模型假设我们必须总是要在相互冲突的目标中做出选择。当高层次的目标和愿望战胜了低层次的冲动和欲望时，成功的自我调节就出现了，即表现出了超越性。换言之，当个体能够超越当前情景（也许是能获得即时满足的情景），而注重更远的目标时，超越性就产生了。

过分缺乏自我意识可能易导致个体自我调控失败。一般来说，成功的自我调节要求个体将他们的行为与相关标准进行比较，而这种比较过程更可能出现在有自我意识的个体身上。因此，任何降低自我意识的举动都会阻碍个体进行自我调节的努力。比如，当在群体中去个体化时（人在自我群体中失去自我感），人们常常会出现道德松弛甚至暴力行为，去伤害别人的人生或财产。当自我意识很低时，人们很难用高道德标准来要求自己。

在许多自我调节失败的例子中都会提到酒精。家庭暴力、不安全性行为以及其他许多问题往往是因为酗酒引起的，其中一个原因就是酒精会降低人的自我意识。喝醉酒后，个体的自我意识开始变弱，从而无法将他们当前的行为与适宜的标准进行比较，因而会做出正常情况下不会做出的行为。此外，酒精还会限制人们注意到直接线索的能力，降低他们抽象思维的能力，这会导致他们仅仅关注当前行为所获得的快感而不是正常情况下行为的含义。

值得注意的是高度的自我意识也会对个体的自我调控产生消极影响。比如，

个体很想表现得出色却无法表现出最佳状态时所出现的阻塞（choking）现象。阻塞与高度的自我意识具有重要关系。在压力情景（如因为竞争或观众在场）突出了自我意识时才会出现阻塞，这种对自身的过度关注致使个体将人们的行为与相关标准作比较，并且过多地考虑他们的行为。这反过来又干扰了正常水平的发挥。有趣的是，对成功的预期和对失败的恐惧都可以提高自我意识，导致阻塞的发生。

同时，过分的自我还可能产生自我破坏性行为。在许多其他的自我破坏行为（如吸烟、酗酒以及受虐待）中，降低自我意识水平的愿望起了重要的作用。当自我意识变得过分强烈和令人厌恶时，个体就试图通过这些行为从自我中逃离出来。这种逃离的愿望甚至可能导致自杀行为。比如消极体验（如重大考试失败或一段重要关系破裂）会导致高度的自我意识，使个体处于一种紧张状态，从而导致自杀念头。当其他消除这种不良状态的努力失败时，个体就会企图自杀。对此时的人而言，自杀意味着摆脱强烈的自我意识状态的最后挣扎。

四、影响自我调节效果的重要因素

在学生阶段，学业成就与自我调节息息相关，因此，了解影响学生自我调节效果的重要因素显得十分必要。

（一）防御性悲观主义

防御性悲观主义是指在过去的成就情境中取得过成功，但在面临新的相似的成就情境时仍然设置不现实的低的期望水平并反复思考事情的各种可能结果。防御性悲观者除了总能获得成功外，他们还总是怀疑他们是否能获得成功。他们往往会放大他们失败的可能性，固着于情况可能会变得更差的想法上。关键的是，对可能问题的关注提示防御性悲观者确定可怕的事情不会发生，这才是他们成功的关键。换言之，他们会焦虑不安或感觉缺乏控制，为了缓解这种焦虑，他们会小心地应对所有可能导致情况变差的问题，来努力积极地采取行动以避免这些错

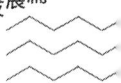

误。总的来说，这表明对成功的高度期望并不总能促进成绩，对某些人来说，想象糟糕的情况可能对他们更有利，更有助于加强他们对自己行为的调控，只要这个悲观者努力寻求解决方案。

（二）目标定向

为什么有些学生对于障碍会表现出挫折和想要逃避，而另一些学生则感到兴奋和非常渴望解决问题？德伟克提出个体所选择的目标导致了他们对于成绩反馈做出不同的反应。无助取向的学生所采取的是表现目标，他们的目的是表现能力，即证明他们是聪明的和有能力的。在遇到挫折时，他们会把成绩差看成是缺乏能力的表现，因此易导致他们放弃任务。反之，掌握取向的学生所采取的是学习目标，他们的目标是培养能力，即获得知识、技能，以及个人的成长和发展。当他们遭遇挫折时，他们不会把失败归因于自己能力差，反之，他们会把失败归于自己没有充分地努力或没有采取有效的策略，他们也不会把挫折看成是必须忍受的威胁，而是把它看成应该掌控的挑战。

（三）行为动机

行为究竟是由内部动机激发的还是外部动机激发的也对自我行为的调控具有重要作用。具有内部动机的学生会出于个人原因而努力，他们会因为学到了新东西而高兴，同时发现受教育的过程是令人愉悦而有趣的。受外部动机驱使的个体努力的原因常常是为了得到外部的奖励，这些奖励包含重要他人，积极关注，或物质奖励，或特权等。大量研究发现，外部动机会削弱学生在任务上的表现，也会抑制他们的创造性。同时，把外部奖励看得太重也会产生其他的消极后果。比如，对外部奖励的期望可能会破坏内部动机，尤其是在被奖励所控制时。值得注意的是，当外部奖励提供的是有关个体努力和表现某些特质的重要信息时（比如，因为努力成为模范学生），奖励并不必然会抑制学生的热情。

（四）习得性无助

习得性无助是指因为重复的失败或惩罚而造成的听任摆布的行为或是指通过

学习形成的一种对现实的无望和无可奈何的行为、心理状态。如果一个学生总是在一件事情上失败，他就会在这件事情（如英语的学习）上放弃努力，甚至还会因此对自身产生怀疑，觉得自己"这也不行，那也不行"，无可救药。而事实上，此时此刻的他们并不是"真的不行"，而是陷入了"习得性无助"的心理状态中。这种心理让学生自设樊篱，把失败的原因归结为自身不可改变的因素，放弃继续尝试的勇气和信心，破罐子破摔。比如，认为学习成绩差是因为自己智力不好，失恋是因为自己本身就令人讨厌等。

（五）控制点

控制点即你认为你的命运是由自己控制还是由外部的机会或力量来控制，分为内部控制和外部控制。那些认为自己是内控的人更可能在学校表现优秀，并且延迟满足以实现长远目标。我们在多大程度上感觉到控制取决于我们如何解释挫折。有些学生常常认为自己是受害者——将糟糕的学习成绩归因于自己无法控制的因素，比如觉得自己很笨，或者老师、课本或考试太糟。如果训练这些学生采取更有希望的态度——相信努力、良好的学习习惯和自律可以产生不同的效果，学习成绩会直线上升。一般而言，具有自我控制感的学生——例如，认为自己"我善于抗拒诱惑"的学生会得到更好的成绩，拥有更好的人际关系，并且心理更健康。他们能很好地调控自己是因为他们相信他们能。

（六）解释风格

"乐观型解释风格"的人，会把失败解释成暂时性的："我这次没做好，但不是每次都做得不好""我只是这件事没做好，但在其他方面还是挺优秀的"，即乐观解释风格的人会认为失败和挫折只限于此时此地。反之，"悲观型解释风格"的人在遇到不愉快的事情时，会认为："这是我的错！""我就是一个很糟糕的人""我很笨，我做什么都不行"。具备乐观解释风格的人，更乐意去关注好的方面，愿意花精力去经营自己的优点，不会轻易把自己的一些过错，看作是自己的能力不行。他们会努力去改变现状，争取做得更好。他们不会在坏情绪和坏事情中深陷太久。而悲观解释风格的人把失败和挫折归咎于长期的或永久的因素，或归咎于自己，并认为这种失败和挫折会影响到自己所做的其他事情，于是就给自己贴了一个消极的标签。所以悲观型解释风格的人更容易形成压抑，常常深陷消极情绪当中难以自拔。

第四章

青少年的社会化发展

....

在辅导学生心理问题的过程中，你可能会遇到很多具有心理或行为问题的学生，比如，不喜欢自己的、有攻击性的，或者是厌学的等等。此章内容则是基于以上缘由，选取与这些有代表性的心理和行为问题有重要关系的心理和行为要素，如自尊、攻击性、成就动机等为内容，以期带你一起来了解它们是什么、它们是怎么来的、为什么学生会有不同的发展水平以及如何干预发展不良的学生，以协助你更好地了解并帮助学生。

第一节　自　尊

一、自尊的概念

自尊是一个日常用语，似乎每个人都知道自尊是什么，但是，在心理学界目前对自尊还缺乏普遍认同的定义。一般来说，自尊概念存在三种界定方式。第一，是指整体自尊，即人们通常是如何看待自己的，它具有跨时间和跨情景的一致性。具有高自尊的人通常高度喜欢自己和热爱自己，低自尊者则虽然对自己具有一定的积极情感，但是消极情感显著。第二，是指个体评价自己的能力和特性的方式。比如，在学校里，对自己学习能力持否定态度的学生可能被说成是低学业自尊的，认为自己很受欢迎、被很多人喜欢的则可能是具有高社交自尊。第三，是指即时的情绪状态，特别是那些由好或坏的结果所引发的情绪，是一种自我价值感。比如，某学生在某次重大考试失败后可能会觉得自己的自尊非常低。

二、自尊的测量

自尊一般可以采用自我报告法来测量，目前使用范围最广的是罗森伯格（Rosenberger）的自尊量表，它测量的是个体的整体自尊，关注的是人们整体上看待自己的方式。该量表由5个正向计分和5个反向计分的条目组成。设计中充分考虑了测定的方便，受试者直接报告这些描述是否符合他们自己。例如，我认为自己是个有价值的人，至少与别人不相上下。量表分4级评分，"非常同意"计4分，"同意"计3分，"不同意"计2分，"非常不同意"计1分，1、2、4、6、7条目正向记分，3、5、8、9、10条目反向记分，总分范围是10-40分，分值越高，自尊程度越高。

三、自尊的来源

关于不同水平的自尊是怎么来的，有好几种模型可以阐述这个问题。具体如下：

第一种是自尊的情感模型。它假设自尊在早期形成，并以归属感和掌控感为特征。归属感是指无条件的被喜欢或被尊重的感觉。掌控感是对外界能够施加影响的感觉，它体现在专心去做事情或努力去克服困难时的体验。这两种情感通常在生命的早期发展，主要是亲子间相关作用的结果，比如亲子依恋的质量。因此，在生命初期抚养人与婴儿建立亲密的信任感对于个体的自尊中的归属感有重要影响。同时，在生命早期鼓励婴儿去探索、创造和修改他周围的世界（如搭建、画画、捏泥人、做手工等）可以帮他们形成良好的掌控感，如果抚养人过度批评、破坏或嘲笑孩子的努力则可能破坏他们良好掌控感的形成。

第二种是自尊的认知模型。它强调的是人们在各个领域如何评价自己将决定其自尊水平。一般来说，有三种评价模式。首先是逐项相加法，即将自己的各种品质或特长的得分逐项相加得到的总和将决定个体的自尊水平。但是这种方法忽略了一个事实，即不同的人会看重不同的东西，比如有的学生看重学习，有的看重人际。因此，重要性加权法得以产生，它强调的是对个体自己非常重要的方面或社会评价偏重的方面对于人们的自尊有重要决定作用。第三种方法是个体现有品质与理想期望之间的差异决定自尊水平，现有的自我意象与理想的自我意象越匹配，自尊水平越高。

第三种是自尊的社会学模型。它强调自尊受到社会因素的影响。如果个体认为自己得到多数人的尊重和重视，就会拥有高自尊。因此，家庭经济状况、职业声望、收入、社会地位、受教育程度等社会学变量决定自尊水平。

四、高低自尊水平学生的差异性特征

当人们面对消极的反馈或评价时，学生的自尊所发挥的作用最大，此时，高低自尊水平的学生在情绪、认知和行为上会有显著的差异。具体来说，在经历失败反馈，如重要考试失败后，低自尊的学生对自己的感觉会很差，但是高自尊的学生则不会因为一次考试失败而觉得自己很差。换言之，低自尊的学生对自己的看法是有条件的，成功时他们对自己的看法就很好，失败时则很差。这就体现了他们情绪不稳定的一面。反之，高自尊的学生对自己的感觉则不会依赖于他们刚刚取得了什么，其情绪也相对稳定。同时，失败对于高低自尊的学生的认知也可能不同。对于低自尊的学生来说，失败可能意味着整体上的不胜任——你实际上是一个很差的人；对于高自尊的学生来时，失败则可能只是意味着我不能做好某些事情或者我缺少某种能力。可见，高低自尊学生之间的最核心差异就是低自尊学生的自我价值感是有条件的，成功时认为自己很棒，失败时则认为自己很差。但是，高自尊学生则能够在失败的时候也不会对自己感觉很差。此外，在经历了失败、拒绝、失望等打击后，高低自尊学生的后续行为也存在一定差异。大量的研究表明，低自尊学生经历失败后会变得自我保护，倾向于选择避免冒险，可能在后续行为中表现更差并倾向于主动退缩。

但是，值得注意的是虽然高自尊有益于培养主动、乐观和愉快的感觉。但是，它也有它不好的方面。当发现自己高傲的自尊受到威胁时，人们常常会以打压他人的方式来应对，有时甚至会以暴力的方式反应。比如，有研究发现高自尊人在面对威胁时会表现出明显的敌意（如骄傲、粗鲁、不友好）。同时，还要注意有一类虚假的或防御性的高自尊，它的主要特点是只有在事情进展顺利时才会对自己感觉满意，而不是真正在自爱中感到安全。换言之，它其实是低自尊的一个特殊亚型。

五、提高学生自尊的方法

很多提高自尊的方法一般是试图通过鼓励学生的认识并认同自己的优点来慢慢灌输较高的自尊水平。这一方法的假设是积极的自我评价会提高自尊。同理，据此假设，归因再训练计划也是一种具有一定可行性的方法，它是鼓励学生把失败归因于除能力外的其他因素，如努力程度等。但是，这类方法某种程度上鼓励了学生将他们的自我价值感与他们取得的成果、知觉到的竞争力等紧密地联系起来，这样可能会导致他们对真正有益于提高生活质量的东西视而不见。

鼓励学生认识到"我做得不好也没有关系，那并不意味着我很差"可能是改善低自尊的一种可能途径。同时，安全的人际关系也能够创造高自尊的归属感和掌控感。因此，对自我形象少关注一些，多注意培养自己的才能和发展人际幸福，可能会带来更多的良好的自我感觉。

第二节　成就动机

一、成就动机的概念

成就动机是人们在完成任务的过程中，力求获得成功的内部动因，即个体对自己认为重要的，有价值的事情乐意去做，努力达到完美的一种内部推动力量。如：具有这种动机因素的学生，就能刻苦努力，战胜学习中的种种困难和障碍，取得优良成绩。

二、成就动机的相关理论

在20世纪60年代初期至80年代初期的将近20年中，阿特金森（J.W.Atkinson）的期望价值理论在成就动机研究中占据了非常重要的地位。此后有许多研究者分别对阿特金森的期望价值理论进行了修正、拓展，其中较有影响的有伊克勒斯（Jacquelynne S.Eccles）等人的期望价值理论及黑克豪森（Heckhausen）的期望价值理论。具体如下：

（一）阿特金森的期望价值理论

阿特金森的期望价值理论受到了先前研究的影响，其中包括默里（Murray）把成就需要作为人的基本需要的观点，勒温（Lewin）关于活动效价概念，以及托尔曼（Tolman）在成功预期上的构想。阿特金森的理论设计用来解释不同的成就相关行为。如成功的争取，成就任务的选择与坚持等。阿特金森假设，成就行为取决于成就驱力、成功预期以及诱因价值三个因素。他提出了两种成就动机（Mach）：追求成功的动机（Mas）和避免失败的动机（Maf）。阿特金森用对特定任务上成功可能性预期（Ps）与失败可能性预期（Pf）来定义预期，并且假定Ps+Pf=1。阿特金森还把诱因价值定义为在特定任务成功的相对吸引力，在他的模型中，包括了成功诱因（Is）与失败诱因（If）。阿特金森运用这些概念的数学关系来表示成就动机：

$$Math=（Mas \times Ps \times Is）-（Maf \times Pf \times If）$$

尽管阿特金森的模型中包含了诱因价值，但同时他又假定Is=1-Ps，If=I-IW，这两个式子意思分别是，如果任务难度大（成功的可能性小），则成功的诱因价值就高；如果任务的难度小（成功的可能性大），则成功的诱因价值就低。通过数学上的操作，他降低了诱因价值在其理论建构中的地位，由上面的表达式我们发现，成功可能性预期（Ps）是这个模型中最重要的认知部分。

从阿特金森的成就动机的数学表达式进一步推论，如果个体追求成功的动机比避免失败的动机强，说明其有着相对积极的成就动机，那么这个人就可能会更愿意选择中等程度难度的任务，努力追求特定的目标。如果个体避免失败的动机大于追求成功的动机，这个人应该会逃避成就任务，特别是具有中等程度成功可能性（如Ps=0.50）的任务，就会选择特别困难或特别容易的任务（这时候避免失败的动机最小）。这两个观点得到了不同年龄被试的广泛实验室研究的支持。

（二）伊克勒斯等人的期望价值理论

伊克勒斯与其同事阐述并验证了一个成就相关选择的期望价值理论模型。在该理论模型中，他们假定选择同时受到消极与积极任务特征的影响，并且假定所有的选择都有着相应的精确花费，因为一种选择经常减少了其他的选择。因此，不同选择的成功可能性预期与相对价值是选择的关键性决定因素。

期望与价值被认为受到特定任务信念的影响，如能力知觉、不同任务难度知觉、个人目标与自我图式。经由情感记忆及对先前成就结果的解释，以上这些社会认知变量，反过来受到个人知觉到他人对自己态度与期望的影响。伊克勒斯等人还假定，个体的任务知觉以及对过去结果的解释，受到其行为、信念、文化环境等方面的影响。伊克勒斯及其同事这样定义成功预期：个体对眼前的、近期或远期将来的任务能够做得有多好的信念。班杜拉（Albert Bandura）在其自我效能理论中也包含了预期。他区分出了两种期望效能，一种是效能预期，即个人对能够完成任务的信念；一种是结果预期，即特定的活动能够带来特定的结果。班杜拉认为早期的期望价值理论研究者集中于结果预期，并进一步说，效能预期比结果预期更能预测成绩与选择。伊克勒斯等人接受了班杜拉的观点，他们对预期的构建更类似于班杜拉的效能预期而不是结果预期。期望信念被用一种类似于班杜拉个体效能预期的方式得以测量。

伊克勒斯等人把能力信念定义为个人对自己不同领域能力的评价。在该期望价值理论中，能力信念被认为是在特定领域更广泛的信念，而不是对某一具体任务的成功预期。与期望不同的是，能力信念集中于当前任务而期望集中于将来的任务。

伊克勒斯等人给出了四种任务价值成分：获取价值、内部价值、效用价值与花费。伊克勒斯等人把获取价值定义为成功完成特定任务对个体的重要性。内部价值是个体从某项活动中得到的乐趣或对这一对象的主观兴趣。效用价值取决于任务与当前或将来目标联系有多好的程度。甚至就个体自身而言，他或她对一个任务本身没有兴趣，仅因为该任务能够对将来的重要目标有用，这个任务就具有积极的价值。最后，伊克勒斯与其同事认为花费是价值的关键部分。他们从参与任务的消极方面给出花费的概念，这些消极方面像焦虑和对成功与失败的担心，以及做了这种而不是另一种选择而失去的机会和成功所要付出的努力等。需要注意的是，多数经验研究集中于前三个价值成分的建构，在花费上还缺少充分的实证研究。

（三）黑克豪森的期望价值理论

在黑克豪森的期望价值理论中，他尝试整合许多不同的动机研究方法，对阿特金森理论模型进行了精细化。在他的理论中区分出了四种不同的期望模型：情境—结果（在特定的情境下没有行动而获得结果的主观可能性），活动—结果（通过行动获得结果的主观可能性），经由情境的活动—结果（情境因素促进或阻碍了活动—结果预期的主观可能性）与结果—影响（与特定影响相联系结果的主观可能性）。黑克豪森还指出，任务操作不是仅由预期的自豪感与羞涩、积极的自我评价与重要他人（教师、父母）的表扬等决定的。任务操作可能是达到上级长期目标的中介，或具有外部的副作用（一个目标有附属的好处），一定要予以考虑。

需要着重注意的是，在黑克豪森的期望价值理论中，结果是行动的直接后果，其本身没有多少诱因价值。诱因价值仅仅是个人活动的影响（如自我评价与外部评价）而致。因此，活动的动机主要取决于个人对行为影响的价值认识。

三、成就动机的测量

对于成就动机的测量主要包括投射测量主题统觉测量、内隐联想测量和自陈式量表测量。由于投射测量的信度和效度不稳定，实施起来比较困难。目前的研究更多采用自陈式量表的方式，即问卷测量。其中，由挪威心理学家于1970年编制的成就动机量表（Achievement Motivation Scale，简称AMS）是目前国内外对成就动机进行测量运用得最多的量表。题项如，我喜欢新奇的、有困难的任务，甚至不惜冒风险；我在完成有困难的任务时，感到快乐。成就动机可进一步划分为趋近性和回避性的两个因素，分别可称为希望成功的动机（MS）和回避失败的动机（MF）。前者关注的是如何获得成功，后者关注的是如何避免失败。

四、成就动机的影响因素

（一）家庭

研究者已经确认了影响儿童成就动机即实际成就行为的三个家庭影响：儿童的依恋质量、家庭环境和父母的育儿方式。比如，安全型依恋的学生在面对新的挑战时，他们仿佛更渴望会应用并锻炼他们的能力。同时，研究发现刺激丰富的家庭环境有利于儿童获得好成绩，也会促进他们的内部成就取向——一种不仅寻求征服挑战的意志，以满足个人对能力和控制感的需求。此外，高成就动机青少年的父母有三种品质：温情、接纳、及时表扬子女的成就；给儿童设定一定的标准并加以指导，对进程进行监督并确保其完成一定的任务；给予儿童一定的独立和自主的空间。

（二）同伴

同伴的影响有时是支持性的，有时是破坏性的。但是，如果父母很重视教育、努力提升他们的成就，那么他们的孩子结交的同伴往往也具有相似的价值观。如果从父母和同伴中获得的有关学业目标的价值信息没有冲突，保持个体的学业目标还是比较容易的。

（三）教师

教师的言行影响学生成就动机的强弱。比如，多给予学生肯定性的支持和鼓励对于提高学生的成就动机有重要影响。

（四）班级氛围

班级环境或氛围也能明显影响学生的成就动机。适当的竞争氛围能够激发学生的学习动机，对于学生的追求成功的动机有积极作用。

五、培养学生成就动机的途径

成就动机推动人们在社会的各个领域取得成功，所以培养学生的成就动机有很重要的意义。由于成就动机是在一定的社会文化教育的条件下形成的，因而能够通过一定的方法培养和提高。目前，在我国主要是从归因训练的角度探讨中小学生成就动机的培养的。其理论假设是将成功归因于能力强，将失败归因于缺乏努力，有利于提高学生的成就动机，此为适当的归因；将成功归因于运气，将失败归因于缺乏能力，会导致成就动机水平下降，是不良归因。归因训练的目的就是要使受训练者的归因向"适当的归因"方向发展，以避免不良归因。相关研究表明，归因训练法有益于成就动机的培养。

其中，尤其要注意的是那些将失败归结为稳定因素——能力不足的儿童，因为这样的不良归因会使得儿童感到无能为力，从而变得沮丧和不思进取（习得性无助）。来自家长和老师的评价反馈可能对学生的这种不良归因产生尤为重大的影响。因此，在生活和教育中教会学生在面对失败时有更积极的反应（如，再加把劲儿），认为通过自己的努力是能克服难关的很重要。此外，表扬的方式也有正确和错误之分。那些在成功后收到"你真聪明"这类个人表扬的学生，在面对新的学习挑战时更注重成绩而非学到了什么，像是在显示自己多聪明。一旦失败就会摧毁这类成绩目标，导致学生的放弃和无助。反之，过程导向的表扬对儿童在发现和形成好的解决问题策略的过程中付出的努力加以赞许会使学生形成学习的目标，而非展示自己的聪明才智。

第三节　利他行为与道德

一、利他行为的概念

利他行为一般被界定为任何有意使他人获益的行为。例如，与他人共患难、安慰，或救援他人、合作，或者只是简单地通过赞扬让他人获得好心情。

二、影响利他行为的重要因素

（一）角色采择能力

角色采择是体察另一个人的感受、想法或意图的能力。角色采择能力发展较好的学生通常会比发展较差的学生表现出更多的助人行为和同情心，这主要是因为他们能更好地推断同伴对帮助或安慰的需求。

（二）亲社会道德推理

与以自私的方式推断的学生相比，亲社会道德推理的学生更可能帮助他人，并自愿与同伴分享有价值的物品。

（三）共情

共情是指一个人体验他人情绪的能力。总体看来，学前和小学低年级学生的共情与亲社会行为之间只有中等程度的相关，但是，随着年龄的增长其相关性越强。

（四）社会影响

社会中的大多数人都认可的社会责任规范，即人应该帮助那些需要帮助的人。成人会通过语言强化儿童的利他行为，同时，观察或者与利他榜样在一起也会促进利他行为。

三、道德的概念

道德是指帮助个体明辨是非并由此表现相应行为的一系列原则或观念，个体会因表现出合乎道德的行为感到自豪，而对违反道德的行为感到内疚或其他不愉快的情绪体验。一般包含三个成分，即道德情感（由与道德有关的行为产生的内疚、羞愧和自豪等感受）、道德推理（道德的认知成分，在明确各种行为对错的过程中个体进行的思考和推理）和道德行为（指个体在经受违反道德标准诱惑的情况下表现出的与自己的道德标准一致的行为）。

四、道德的发展

（一）良心的起源

良心包含做错事后不安的情绪以及具备避免做该事的能力。儿童拥有良心之前，需要先内化道德标准。因为它需要儿童相信它是正确的，而不仅仅是因为别人那么说，所以良心取决于儿童是否自愿做正确的事。但是，抑制控制，即通过意识或努力去抑制冲动，是通过促进儿童自愿遵从父母的期望来促成良好的发展。发展良好的儿童会表现出约束性顺从，即儿童服从是基于与父母合作的渴望，这类儿童的父母往往对儿童的需求反应敏锐而且愿意与其配合。反之，则是出现情境性顺从，即儿童的服从是基于父母对儿童行为的强力控制。导致这种差异的重要原因是儿童是否与父母形成亲密和相互回应的关系（以对每个人的需要和目标进行积极回应以及分享积极情感为特征的亲子关系）而非畏惧或恼火的亲子关系。

（二）道德认知的发展

道德认知的发展主要是通过考察儿童在判断各种行为对错过程中道德推理能力的发展状况。科尔伯格（Lawrence Kohlberg）提出的三个水平六个阶段的道德发展阶段理论是道德认知发展中最著名的理论。具体如下：

1.前因循水平（包括阶段1和阶段2）

阶段1：惩罚与服从阶段，即所谓对的，就是绝对服从规则和权威，避免惩罚，不造成物质损害。

①所谓对的，就是不违反规则，为服从而服从，不对人和物造成损害。

②做得对的理由是避免惩罚和权威的强力。

此阶段的主要社会观点是：本阶段的人采纳的是自我中心的观点。处于这一阶段的个体不考虑他人利益或认识他们与行为者的利益之间的区别，更不能把这两种观点联系起来，依据物质后果而不是依据他人的心理兴趣裁判其行动，把自己的观点与权威观点相混淆。

阶段2：个人的工具主义目的与交易阶段，即所谓对的，就是能满足自己或他人的需要，按具体交换原则做公平的交易。

① 所谓对的，就是遵守会给某人即时利益的规划。一切能满足自己利益和需要的行动就是对的，并且也赞允别人这样做。对的也就是公平的，即一种平等的交换、交易和协定。

②做得对的理由是在能满足自己的需要或利益的社会观点情况下，还必须认可别人也有自己的利益。

此阶段的主要社会观点是：本阶段的人采纳的是一种具体的个人主义观点。他能把自己的权威和别人的利益及观点加以区别。他（她）意识到每个人都有自己追求的各种利益，且充满着冲突，所以，所谓对的是相对的（具体的个人意义上的）。个人通过工具主义交换服务，通过对他人和他人的善意的工具主义需要，或通过对每个人的等量公平给予，来把彼此之间相互冲突的个人利益相整合或相联系起来。

2.因循水平（包括阶段3和阶段4）

阶段3：相互性的人际期望、人际关系与人际协调阶段，即所谓对的，就是应该扮演一个好角色，关心别人，珍惜别人的感情，与伙伴保持忠诚和信赖，激励遵守规则和期望。

①所谓对的，就是遵从亲人的期望，或一般人对某人作为儿子、姐妹、朋友等的角色期望表示遵从。"为善"是至关重要的，意指有良好的动机，关心别人，维护相互关系，维持相互信任、忠诚、尊敬和感恩之情。

②做得对的理由，就是要按自己和别人的标准社会观点"为善"，如果一个人能设身处地为别人着想，关心别人，那就希望自己也有善的行为（金科玉律）。

此阶段的主要社会观点是：本阶段的人采纳的是一种与其他人发生关系时的个人观点。他意识到人所享有的情感、协议和期望高于他个人的利益。他能用"具体的金科玉律"所阐发的观点，设身处地地考虑问题，但是，他仍不具有普遍化的"制度"概念。

阶段4：社会制度和良心维持阶段，即所谓对的，就是对社会尽职尽责，恪守社会秩序，维护社会或群体的福利。

①所谓对的，就是要履行个人所承诺的义务，严格守法，除非它们呈现与其他已规定了的社会责任及权利相冲突的极端情况。所谓对的，也指对社会、群体或机构有所贡献。

②做得对的理由乃在于致力于使机构作为一个社会观点体运行，自尊或良心则指履行个人既定的义务，或考虑这种后果："假如每人都这样做，会怎么样"。

此阶段的主要社会观点是：本阶段的人已把社会观点与人际协调或动机相区别。这种人采纳了一种制度观点，并据以确定角色和规则。他或她是依据自身在制度中的地位来确定个人关系的。

水平2-3：过渡水平。这一水平属于后因循水平，但尚未具有原则性特征。

主要内容是，在这一过渡过程中，选择是个人的和主观的，且以情绪为基础。良心被视为是任意专断且相对性的，视为诸如"责任"和"道德上是对的"等观念。

转型性社会观点是，在这一阶段中的人采纳的社会观点已超脱了他所处的社会，把自身看成一个个别的决策者，而不受任何普遍化的社会义务或契约所束缚。这种人能按特定社会规定来承担和选择契约，但不具备这类选择的原则。

3.后因循与原则水平（包括阶段5和阶段6）

道德决定是由那种按公平和福利运作来设计的社会中，全部组成或创造这个社会的成员同意的那些权利、价值或原则中产生出来的。

阶段5：至上的权利、社会契约或功利阶段，即所谓对的，就是维护基本权利、价值和合法的社会契约，甚至它们与所属群体的具体规则和法律相冲突时也如此。

①所谓对的，就是认识到这种事实：人人都持有各自不同的价值和观点，而大多数价值和规则却相对于他所属的群体，但是这些"相对的"规则只有是公平的才应该遵守，因为它们是一种社会契约。而某些非相对的价值和权利，诸如生命和自由，则应在任一社会中都必须遵守，而且不管大众的意见怎样。

②做得对的理由，一般来说，是认为有义务遵守法律，因为人们缔结这种社会契约的目的在于用法律来发展全人类的福利，保护自己和他人的权利。家庭、友谊、信任及工作义务也是自由协商的，在尊重别人权利的前提下形成的义务或契约。个人对法律和责任的考虑，是以对人类整体功利——"为绝大多数人的最大利益"的理性批判为基础的。

此阶段的主要社会观点是：这一阶段的人采纳了一种超前的社会观——这是一种理性的个体意识到价值和权利优于社会依附和契约的观点。他通过正规的协商、契约、公平的机制和正当的过程来整合各种观点。他或她既考虑道德观点，又考虑法律观点，认识到它们的冲突，发现整合它们的困难。

阶段6：普遍性伦理原则阶段，即这一阶段的人被假设为一种全人类都应当遵从的普遍伦理原则所指导。

①至于什么是对的，阶段6的人受人类普遍伦理原则所指导。特定的法律或社会协议通常有效，是因为它们建立在这种原则之上。当法律违反这些原则时，阶段6的人仍会按这些原则行事。这些原则仍是普遍的正义原则：人权平等和尊重个人作为人类的尊严。这些不仅仅是公认的价值，而且也是用来做出独特决定的原则。

②做得对的理由是：作为一位理性者，他已证明了原则的有效性，因而立志为之献身。

此阶段的主要社会观点是：这一阶段的人形成了一种用于社会治理或伦理依据的观点。这种观点是任何懂得道德本质或懂得尊重人是作为目的而不是手段这一基本道德前提的理性者所采纳的观点。

上述的道德发展阶段模型是经过科尔伯格及其同事在美国进行30年的追踪研究和在世界各地进行的跨文化研究的结果所证明的。不过，科尔伯格第三次修订的标准问题道德判断测量量表只能测量前5个阶段，并不能测量作为普遍伦理原则取向的第6阶段。也就是说，该模型的1至5阶段是经过实证证明的，阶段6没有经过实证证明，只能以哲学和伦理学来证明。正如他自己所指出的："……也许阶段6所具有的心理学实证的意味较小，而只是为道德发展的方向作具体的说明，那就是：伦理道德的发展乃是继续前进的。"

（三）道德行为的发展

道德行为主要是指在面对诱惑时个体的实际行为。从社会的立场来看，道德行为发展的一个更为重要的指标是，即使在被发现或受惩罚的可能性很低时，个体也能够抵制诱惑、遵守道德规范的程度。一般来说，对道德行为的学习与其他社会行为相似，都是通过强化、惩罚和观察学习获得的。其中，强化是道德行为的决定因素，惩罚在建立道德约束中占有重要作用，社会榜样对道德影响也具有重要作用。

五、促进学生道德成熟的途径

（一）说服引导

通过强调某个行为对他人产生的影响，向学生解释某行为不恰当并且应该改变的理由，并向学生提供如何弥补过失的建议，进行说服引导，对于培养道德成熟的学生具有促进作用。

（二）探讨冲突情景

针对学生的错误行为，与其交谈、辩论，协助其应对冲突情景，能促使学生去理解其他观点乃至对立观点，从而有助于学生的道德理解。比如，在冲突情景中讨论情绪：如果……你感觉怎么样？能促进道德情感的发展。

第四节　攻击性行为

一、攻击性行为的概念

攻击性行为是指任何有意伤害生物体的行为，且被伤害者会力图躲避这类行为。需注意的是，这一定义强调的是行为者的意图而非行为的后果，因此，所有试图伤害但并未实施的行为都是属于攻击性行为的范畴（比如，没有踢到目标的踢打行为）。攻击性行为通常被分为两种：敌意性攻击和工具性攻击。如果行为的意图是伤害对方，那就属于敌意性攻击，反之，如果是通过伤害别人来达到其他目的就属于工具性攻击。

二、易卷入冲突的攻击性青少年

最近的研究区分了两类攻击性高的青少年：主动型攻击者和反应型攻击者。

主动型攻击者非常自信地认为，攻击会使他们"赢得"切实的利益，而对其他儿童的控制能够提高他们的自尊，其他儿童一般会在他们动用恶性伤害行为之前表现屈服。换言之，对主动型攻击者来说，表现自己的力量是其实现个人目标的一种工具性策略。

反应型攻击者则表现出高水平的敌意状态、报复性攻击。这类青少年往往对他人持怀疑和警惕的态度，经常把别人看作是好战分子，认为自己应该对他们采取强硬的态度。他们会这样是因为他们高估了别人的敌意，又不能很好调节自己的愤怒。这类青少年可能有很多和同伴争吵或冲突的经历。

三、攻击性行为中值得注意的几类学生

（一）同伴攻击的实施者

恃强凌弱的学生常常会和与自己攻击性相似的学生在一起。这些同伴会煽动或者协助他们，强化他们的欺负行为。尤其是在长期性的欺负活动中，友谊是非常重要的。其中，有一些欺负者在青少年期变得很受欢迎，他们被认为很酷，因为能说服被害者（或其他学生）遵从他们的意愿。不过，大多数习惯性欺负者是非常不被同伴喜欢的。

（二）受害者

一般来说，长期遭受欺负的学生往往是不被同伴喜欢的。但是，他们的状态也有一些差异。在受欺负者中，大部分学生属于被动型受欺负者，他们具有社交退缩、少动、身体虚弱以及不愿反击等特点，他们似乎很少主动惹是生非。这类男孩通常与母亲关系密切，且受到母亲的过度保护。

还有小部分学生可以被描述为挑衅型受欺负者，他们是那些经常招惹同伴的反抗、好动、暴躁的学生，他们更倾向于反击，并具有敌意性归因偏见。这类学生可能经常遭受身体虐待或者其他形式的伤害，他们从自己的经历中学会把其他人看作是有敌意的对象。

（三）受欢迎的学生

这类学生往往是在学生中知名度较高的，并且被其他学生所接纳的，具有高社会地位的特质，比如，具有外貌吸引力、家庭社会经济地位较高或擅长运动等很多让其他人羡慕的东西。受欢迎学生建立和保持自己受欢迎性的一个方式是公开的关系攻击。换言之，即受欢迎学生对其他学生往往会采取忽视、排斥、威胁或者散布谣言的方式来提高自己的受欢迎性。这类学生一般不容易被人视为攻击者，反之还可能因为攻击被奉为行为榜样。

四、控制学生攻击性行为的方法

（一）创造非攻击性的环境

创造能将冲突发生的可能性最小化的环境，是减少学生（尤其是低年龄段学生）攻击性行为的一种简单而有效的方式。比如，家长和老师可以拿走带有攻击性色彩或具有攻击性线索的玩具，如刀、枪等。此外，限制学生接触暴力视频或电子游戏也可以降低学生的攻击性。

（二）消除对攻击的反馈

这种方法最重要的就是要识别攻击性行为的强化因素，可能不同形式的攻击性行为需要不同的干预方式。主动型攻击者采用的是强制策略，因为这些策略便于实施而且常常很得逞。因此，鉴别出起强化作用的结果，消除他们，并鼓励学生用其他可替代的非攻击性方式实现自己的目标。如，忽视所有的攻击性行为（不包含非常严重的），取消"关注"带来的奖赏。同时，对合作和分享行为进行强化。此外，隔离策略也是一种有效方法。把欺负者从受强化的情景中转移，直到他准备做出恰当的行为为止。

（三）认知干预

这类方式更适合年龄大一些的学生，主要是教他们如何控制自己的愤怒，提高共情能力，改变他们的敌意性归因倾向。

心理服务篇

XINLI FUWUPIAN

第五章

心理健康与评估

随着医学技术的发展，在某些方面，人们正变得越来越健康。然而，仍然有相当一部分青少年学生感到倦怠和压抑，因此而产生各种问题和情况。即使有一些被临床医学认定无病的青少年学生也并非真正健康，因为他们总是感到潜能得不到有效发挥，难以尽享日常生活的乐趣，或是不能保持高水平的状态和精力。其实这是一种叫"心理疾病"的东西在悄悄侵袭青少年学生的心灵。事实上，心理困扰在症状出现之前就已经存在了，症状不是问题，而是解决问题的开始。

第一节　心理健康的标准与识别

心理健康不是一个静止的理想标准。可以肯定地说，绝对、永远心理健康的人是没有的。绝大多数人都处在健康与不健康的边缘状态，有人称之为"第三状态"或"亚健康状态"。社会医学家的观点是：90%的就医者可能没有病，或是无病呻吟，或是以病人的角色换取他人的同情与关注；而90%的正常人也许有病，他们正遭受现代社会的各种应激与压力，如升学、就业、求职、下岗……他们随时会成为病人。这种观点辩证地阐明了健康的相对性。

一、心理健康的标准

从广义上讲，心理健康是一种持续高效而满意的心理状态；从狭义上讲，心理健康是知、情、意、行的统一，是人格完善协调，社会适应良好。迄今为止，关于心理健康还没有一个统一的概念，国内外学者一般认同心理健康标准的复杂性，既有文化差异，也有个体差异。一般而言，判断个体心理健康与否，主要从四个方面来把握：

（一）经验标准

即当事人按照自己的主观感受来判断自己的健康，研究者凭借自己的经验对当事人的心理健康进行判定；重在关注当事人的主观心理感受。由于个体先天的遗传及后天的环境不同，经验标准更强调其个别差异。同样的生活事件，当事双方由于自我认知不同，自我体验不同，自我评价也不尽相同。

（二）社会适应标准

以社会中大多数人的常态为参照标准，观察当事人是否适应常态而判断其心理是否健康。例如：学生根据生理、心理与社会发展应当具有独立生活与处理生活中面临的事务的能力，而如果有的学生生活能力低下不能打理自己的日常生活，这便需要引起重视。

（三）统计学标准

依据对大量正常心理特征的测量取得一个常模，把当事人的心理与常模进行比较。这个标准更多地应用于心理学研究之中，一般而言，我们都要将个体的心理测验结果与常模对照，来判断其心理健康状况。

（四）自身行为标准

每个人在以往生活中形成的稳定的行为模式，即正常标准。事实上，心理健康与否其界限是相对的，企图找到绝对标准是不现实的，学生心理健康标准的掌握也同样存在这样的问题。

如何把握标准？我们认为应掌握三个标准，即相对性、整体协调性和发展性。我们在研究学生整体心理健康时，应将目光投向发展的健康观，即更多的学生在发展中面临的许多人生课题，心理危机与心理困难也都是在发展的大背景下产生的。有的心理困惑属于某一群体所特有的，比如多重压力之于学生，他们的人生期望、职业抱负、学业期待引发的学业压力、就业压力、情感压力等都需要应付。有些心理问题具有阶段性，当个体心理成熟后会自愈。

二、正确认识心理健康标准

人的心理健康是指一种持续的、积极的心理状态。个体在这种状态下，能够与环境有良好的适应，其生命具有活力，能充分发挥其身心潜能，就可被视为心理健康。据此，人的心理健康水平大体可分为三个等级：

一是一般常态心理。表现为心情经常愉快，适应能力强，善于与别人相处，能较好地完成与同龄人心理发展水平相适应的活动，具有调节情绪的能力；

二是轻度失调心理。表现出不具有同龄人所应有的愉快，与他人相处略感困难，生活自理能力较差，经主动调节或通过专业人员帮助后可恢复常态；

三是严重病态心理。表现为严重的适应失调，不能维持正常的生活和工作，如不及时治疗可能恶化成为精神病患者。

正确理解学生心理健康的标准应重视以下几个方面：

一是标准的相对性。事实上，心理健康与不健康也并无明显界限，而是一个连续化的过程，如将正常比作白色，将不正常比作黑色，那么在白色与黑色之间存在着一个巨大的缓冲区域——灰色区，世间大多数人都生存在这一区域内。这说明，对多数学生而言，在人生的发展过程中面临心理问题是正常的，不必大惊小怪，应积极加以矫正。与此同时，个体灰色区域也是存在的，学生应提高自我保健意识，及时进行自我调整。人的健康状态的活动是一个发展的问题，一个人产生了某种心理障碍并不意味着永远保持或行将加重；在心理上形成心理冲突是非常正常的，而且是可以自行解决的。

二是整体协调性。把握心理健康的标准，应以心理活动为本考察其内外关系的整体协调性。从心理过程看，健康的人的心理活动是一个完整统一的协调体，这种整体协调保证了个体在反映客观世界的过程中的高度准确性和有效性。事实表明，认识是健康心理结构的起点，意志行为是人格面貌的归宿，情感是认识与意志之间的中介因素。从心理结构的几个方面看，一旦它们不能符合规律地进行协调运作时，就可能产生一系列的心理困扰或问题。从个性角度看，每个人都有自己长期形成的稳定的个性心理，一个人的个性在没有明显的剧烈的外部因素影响下是不会轻易发生变化的。从个体与群体的关系看，每个人在其现实生活中可归属于不同的群体，而不同群体间的心理健康标准是有差异的。

三是发展性。事实上，不健康的心理可能是人的发展中不可避免的发展性问题，随着个体的心理成长会得到逐渐调整而趋于健康。

三、心理健康的识别

（一）健康的识别

世界卫生组织（WHO）提出，健康是一种生理、心理与社会适应都臻于完满的状态，而不仅是没有疾病和摆脱虚弱的状态，并进一步指出健康的新概念：

①有充沛的精力，能从容不迫地担负日常工作和生活，而不感到疲劳和紧张；

②积极乐观，勇于承担责任，心胸开阔；

③精神饱满，情绪稳定，善于休息，睡眠良好；

④自我控制能力强，善于排除干扰；

⑤应变能力强，能适应外界环境的各种变化；

⑥体重得当，身材匀称；

⑦牙齿清洁，无空洞，无痛感，无出血现象；

⑧头发有光泽，无头屑；

⑨反应敏锐，眼睛明亮，眼睑不发炎；

⑩肌肉和皮肤富有弹性，步伐轻松自如。

健康是生理健康与心理健康的统一，二者是相互联系，密不可分的。当人的生理产生疾病时，其心理也必然受到影响，会产生情绪低落、烦躁不安、容易发怒，从而导致心理不适；同样，长期的心情抑郁、精神负担重、焦虑的人也易产生身体不适。因此，健全的心理与健康的身体是相互依赖、相互促进的。

（二）心理健康的识别

心理健康的人通常具有以下特征：

①一般的适应能力：灵活性，把握环境的能力，适应和对付变化多端的世界的能力，阐明目的并完成目的的能力，成功的行为，顺利地改变行为的能力；

②自我满足的能力：生殖欲（获得性高潮的能力），适度满足个人需要，对日常生活感到乐趣，行为的自然性，放松片刻的感觉；

③人际间各种角色的扮演：完成个人社会角色，行为与角色一致，社会关系适应、行为受社会的赞同，与他人相处的能力，参与社会活动，利用切合实际的帮助，托付他人，社会责任，稳定的职业，工作和爱的能力；

④智慧能力：知觉的准确性，心理功能的有效性，认知的适当，机智，合理性，接触现实，解决问题的能力，智力，对人类经验的广泛了解和深刻理解；

⑤对他人的积极态度：利他主义，关心他人，信任，喜欢他人，待人热情，与人亲密的能力，情感移入；

⑥创造性：对社会的贡献、主动精神；

⑦自主性：情感的独立性，同一性，自力更生，一定的超然；

⑧完全成熟：自我实现，个人成长，人生哲学的形成，在相反力量之间得以平衡，成熟的而不自相矛盾的动机，自我利用，具有把握冲动、能量和冲突的综合能力，保持一致性，完整的复杂层次，成熟；

⑨对自己有利的态度：控制感，任务完成的满足，自我接受，自我认可，自尊，面对困难充满解决问题的信心，积极的自我形象，自由和自决力，摆脱了自卑感，幸福感；

⑩情绪与动机的控制：对挫折的耐受性，把握焦虑的能力，道德，勇气，自制力，对紧张的抵抗，道义，良心，自我的力量，诚实，率直。

第二节　青少年心理健康状况

一、青少年常见心理健康问题

根据有关调查，青少年群体的心理健康状况总体是好的。但依然存在以下八方面的问题，如果这些问题得不到重视以及恰当的帮助，容易对他们的成长成才带来各种负面影响。

（一）学业问题

1.学习动力不足

学习是青少年阶段生活的主体，青少年群体普遍面临着学习的压力。在访谈中问到学生为什么学习时，学生淡淡地说："为学习而学习"。也有学生说道："学习始终不能进入状态，总感到是在巨大的考试压力下被动地学"。

2.学习目的不明确

很多同学为了应付不得不参加的考试或不能不做的事而学习。有的学生甚至直截了当地回答：为了考试能够过关。至于为什么学心中没有底。

3.学习成绩不理想

学习困难的学生虽然在学生群体中占的比例并不大，但他们的负性情绪，对成长是不利的，有的学生上课注意力无法集中，有的学生不适应学生生活。

（二）情绪问题

1.抑郁

表现为个体心中持久的情绪低落为主，常伴有身体不适、睡眠不足等，心情压抑、沮丧、无精打采，什么活动都懒于参加，什么事也提不起精神来，逃避参与。

2.情绪失衡

学生的社会情感丰富而强烈，具有一定的不稳定性与内隐性，表现为情绪波动大，高低不定，喜怒无常，会因一点小小的胜利而沾沾自喜，也易为一次考试失败、情感受挫而一蹶不振，甚至无法控制自己的情绪，特别是负性情绪的控制相对较弱。个体负性情绪表现为情绪高低不定、易怒，难以驾驭自己的情感，不能保持一种常态的情绪。如一次考试失败，有的学生很难从失利的阴影中走出。群体负性情绪往往是校园事端的直接制造者。

（三）人际关系问题

1.人际关系不适

部分学生对师生关系、同学关系、异性之间的关系显得很不适应。一位学生感叹说："在学校没有一个可以谈得来的朋友，心里真的感到好孤独。"有的学生在父母的呵护下成长，对于如何关心别人，得到朋友的关心想得较少。

2.社交不良

部分学生缺乏在公众场合表达自己思想的能力与勇气，面对各种各样的活动，充满了兴趣，却又担心失败，只是羡慕而积极参与时不多。久而久之，这些学生开始回避参与，直接影响了他们潜在能力的充分发挥。

3.个体心灵闭锁

学生从家门到校门，缺乏人际交往经验，而自身在人际交往中的不自信又不利于增加自身的人际魅力，妨碍了良好的人际交往圈的形成。与此同时，由于个体间的正常的交往不够，又易引发猜疑、妒忌等，不利于学生的健康成长。

（四）焦虑问题

1.自我焦虑

青少年时期比任何年龄阶段更关注自己在他人尤其是异性心目中的形象，学生受很多因素的影响，如长相、胖瘦、高矮、能力、魄力、魅力等，会产生各种各样的焦虑。有的学生担心自己长得不够漂亮，不能获得异性的好感，甚至部分女生因没有男生追求而苦恼；有的学生总感到自己的先天条件不够理想，因而非常自卑，不能建立自己的社交形象与公众形象。

2.考试焦虑

考试对于部分学生来说成为沉重的话题，许多学生坦率地承认，考试前基本都睡不好觉，一想到考试心里就非常紧张，总担心下一门依旧会失败，不能自我调节。

（五）情感问题

1.爱情困扰

青少年学生正处于春情萌动期，正确处理爱情与学业的关系是学生的一门必修课。

2.友情困扰

友情是人生路上的重要方面，校园这种独特的文化氛围与人文氛围滋长着学生各种情感的发展。

3.亲情问题

很多家长也感到亲情受到空前的挑战，发出了"难道与孩子之间的联系仅是经济上的"的感慨，对父母给予的关心、爱护，学生认为是理所当然的，感恩心理不足。

（六）性教育问题

1.性生理适应不良

青春期性生理的成熟，必然带来相应的心理变化，渴望获得异性的好感与承认，产生性幻想、性冲动等。由于性教育的严重缺失，很多学生不能正确认识自我的性反映，产生了堕落感、耻辱感与性罪错感。

2.性心理问题

青春期性心理与性生理密切相关，对异性的好感，希望在异性心目中确立良好的形象，获得对方的认可。

（七）特殊群体学生的心理健康问题

1.独生子女心理健康问题

独生子女学生有着自身的特点，由于在家庭中受到过多的呵护，他们的独立生活能力、自立能力、进取意识显得不足，对集体生活不适应，考虑他人较少，而考虑自己则很多。

2.特困生心理调适

近年来，特困生的思想教育、生活受到社会各界的广泛关注。不容忽视的是，困难学生不仅仅是经济困难，他们的心理问题也值得引起高度重视。尤其是"双困生"，学业成绩不理想，家庭经济又很困难，心理负担很重。经济条件影响与制约着他们的成长，自卑、过多的自责使部分学生不能走出家庭经济条件困苦的阴影。

（八）适应问题

1.生活自理能力弱

作为社会一员，学生普遍不能够很好地处理自己的事务，这不仅表现在独生子女身上，也同样表现在困难学生身上，学生连简单的劳动都不愿做，衣服找人洗、被子请人洗，有的学生宿舍集体请"钟点工"，帮助收拾内务，清洗衣物。

2.应对挫折的心理承受力弱

目前物质条件总体较好，在学校"老师宠着"，在家庭"父母捧着"。面临学业、生活、感情方面的挫折，学生显得无所适从，感到失去了生活的意义，甚至怀疑人生。

二、影响青少年学生心理健康的主要因素

从当前的普遍情况来看，多数学生的心理是健康的，但也有相当一部分学生的心理健康状况不容乐观。而人的心理健康是一个极为复杂的动态过程，影响心理健康的因素是各种各样的，既有个体自身的心理素质，也有外界环境因素的影响。就当前青少年学生的具体现状而言，影响其心理健康的因素主要体现在以下几个方面：

（一）环境变迁

心理学研究表明：个体所处的环境的巨大变迁也会使个体产生心理应激。虽然环境变迁也是生活事件的一部分，但这种变化对个体适应的影响比较突出。

生活环境的变迁对新生是一个不小的挑战。这种变化的主要方面就是要自己独立生活，应付一切生活琐事。例如，几个同学共住一间寝室，彼此生活习惯、作息安排包括语言隔阂，都需要去面对和适应。尤其很多新生有远离家乡、亲人的问题，要适应起来还需一段时间。在适应过程中，不仅存在一个适应外部环境的问题，同时，更重要的是他们也面临一个如何进行自我调适的过程。而以前的新生入学教育更多注重的是前者，对后者则相对不太重视。实际上，后者对他们的心理健康状况影响更大。总的来看，无论是对学习和生活环境的适应，还是人际关系、自我地位变化的适应，都会极大地影响到学生们当时的心理健康状况。

（二）学业期望

许多学生有着较高的学业期待，又面临着学业期待的变化、学业优势的失落及对自己的学业正确评估和定位的问题。如果学生缺乏足够的思想准备，不能恰当接受和对待学业成绩，就会出现自信心下降、自卑感上升，甚至还会出现强烈的嫉妒心理和攻击性行为。

（三）人际关系

学生的人际关系更为广泛与深刻，角色呈多元化。但学生与人交往和相处的经验相对较少，在短期内建立起一种和谐的人际关系往往需要很多的技巧，而学生们往往只感受到这一问题的重要性及其压力，却缺乏必要的经验和技巧。人际关系更多地反映出人们的一种性格特点和交往模式。

（四）自我认知

处于青春期前后的学生已强烈意识到"自我"，也注意到了自我的脆弱，因而产生出强烈的充实自我、发展自我的需求。有的同学在追求发展自我中顾此失彼，没能达到期望的目标，从而产生了不良心理反应。还有的同学，在发展自我过程中放大了自我弱势、忽略了自我优势，由于害怕暴露自己的弱点而采取防御机制，缺乏必要的社会支持，甚至产生严重的烦恼和恐惧不安等。

（五）心理冲突

心理冲突是指个体在有目的的行为活动中，存在着两个或两个以上相反或相互排斥的动机时所产生的一种矛盾心理状态。心理冲突常常会造成动机部分地或全部地不能满足，同时也使动机所指向的目标的实现受到阻碍。动机与挫折相关，也是造成挫折和心理应激的一个重要原因。青少年学生时期同时是心理断乳的初始期。心理断乳意味着个人开始离开父母家庭的监护，切断个人与父母家庭在心理上联系的"脐带"，摆脱对家庭的依赖，成为独立的个体，完成自我心理世界的建构。当多重发展任务同时落到学生身上时，必然会产生各种各样的心理冲突。

（六）生活事件

生活事件指人们在日常生活中遇到的各种各样的社会生活的变动，生活事件不仅是测量应激的一种方法，也是一项预测身体和心理健康的重要指标。大量的研究表明：即使是中等水平的应激事件，如果他们连续发生，对个体抵抗力可以累加，因而也非常严重。关于生活事件与心理健康之间的关系的解释是，一般认为生活事件的产生会增加个体适应环境的能力。个体每经历一次生活事件，就必须付出精力去调整由于这一事件的发生带来的生活变化，这也带来了个体抗挫折能力的提高。

（七）家庭环境

家庭的影响主要包括家庭的情绪氛围、父母的教养态度及家庭结构、家庭经济状况四个方面。家庭是人生的奠基石，父母是孩子的第一任老师，对学生的成长与成才的影响是长久而深远的。家庭的情绪氛围是良好心理素质形成的前提，家庭成员间的语言及人际氛围，直接影响着家庭中每个成员的心理，对个性逐渐成熟的学生影响更具有特别的意义。父母的教养态度和教育方法直接影响孩子的行为和心理，民主、平等而非命令、居高临下的，开明而非专制的，潜移默化而非一味娇宠的教养态度与教育方法有利于学生心理的健康发展。家庭结构的变化如单亲家庭、重新组合家庭等因素必然会对正在读书的学生心理产生一定影响。家庭经济状况特别是困难甚至贫困家庭的学生易产生心理不适感。由家庭环境带来的学生心理问题影响是深远而长久的。

第三节　维护心理健康的基本途径

保持健康的心理不仅有利于学生的生理健康，有利于提高学习效率，而且有利于促进心理健康发展。因为影响心理健康因素来自于生物、心理、社会文化诸方面，为此，维护学生心理健康的途径也需要引起学生、家庭与社会的关注。

一、引导学生以"FVN法"促进心理健康

"FVN"是英文的缩写，意思为健身、和谐、营养。这是一种在国外日渐兴起的健康家庭生活方式。

F——健身。是指家庭成员每天进行30分钟的体育锻炼，包括5分钟的热身

活动，如慢跑、牵引练习等；20分钟基本运动练习，如跑步、打球、健美操、跳绳、散步等；5分钟的整理活动，主要是一些牵拉和放松活动。在进行活动时，要注意运动量由小逐步增大，一般每周3—5次，运动形式经常变换，以提高运动兴趣，改善人体机能，对强身健体大有裨益。

V——和谐。这里指心理的放松。快节奏高强度的工作方式极易导致各种疾病。因此，必须保持轻松的家庭环境，以便经过一天的紧张工作和学习，回到家后，能从体力上、心理上彻底得到休息。和谐的生活方式包括定期的家庭成员聚会与交流、郊游、野餐、共同做家务、组织家庭游戏、压缩看电视时间、保证足够的睡眠等。通过这种家庭成员间的亲密交流，可解除一天工作、学习的疲劳和烦恼，使心情调整到一个最佳状态。

N——营养。这里指合理的营养。合理营养的原则为适宜的碳水化合物，中等量的蛋白质，低脂肪。具体饮食时注意多吃鸡、鱼、豆制品、奶等动植物蛋白质食物，少吃油炸的高脂肪食物；多吃新鲜水果和蔬菜，少吃加工类食品；多吃富有纤维素的食物，少吃高盐类食品等。做到既有丰富的营养物质摄入，又有科学的营养结构，保证身体对营养的全面需求的平衡吸收。

FVN家庭生活方式是现代人、现代家庭抵抗"现代都市病"的有力武器。而健身则是促进家庭成员沟通交流、调节身心的有效手段，并且在健身中可以消耗人体内过剩的营养物质，维持营养物质的供需平衡。因此，要使家庭生活内容丰富，具有现代色彩，健身已成为家庭生活不可缺少的组成部分。从这个意义上讲，健身进入家庭是现代家庭生活的一个重要标志。

二、以良好的家庭教育促进心理健康

家庭是一个系统，孩子与家庭的关系是瓜与藤的问题，在这个链条中，我们可能要追述个体成长的一切相关的信息。一个人现实的人际关系是他的内心世界向外投射的结果，而他的内心世界又是在早年的时候与其父母亲的关系中形成的。如果你爱一个人，那个人某些品质一定和你父母有某种相关性，恨也是。

（一）用科学理性的态度看待孩子

在教育过程中要用科学的、理性的、孩子乐于接受的、循循善诱的教导以及家长孩子间的悄悄话等形式进行。多看孩子的优点，欣赏其闪光点。事实上夸大孩子的正面性就等于缩小孩子的负面性，也就等于让孩子的心灵永远沐浴在阳光下。不要随便打骂孩子，伤孩子的自尊心。用拳头解决问题只能适得其反。

（二）学会换位思考

多站在孩子的角度看问题，就能够了解孩子为什么"烦"，并能理解孩子，以便更好地帮助孩子。家长还要摆正自己的心态，处处为孩子树立学习的榜样。行动重于说教，不能教育孩子要"心胸开阔、心地坦荡"，自己遇事却心胸狭窄、嫉世妒人。因为孩子无时无刻不在模仿父母，学习父母。

（三）要尊重和理解孩子

尊重和理解是正确教育孩子的前提，尤其对于青春期的孩子更是如此。他们有了自己的看法，自己的观点和自己的感情世界。孩子的每一个情绪的反应，都有他这个年龄段充分的理由。这些理由在我们看来可能有些是小题大做，十分夸张。但对于孩子来说，都是真切的情感体验。家长只有站在尊重和理解的角度，才能进行科学合理的指导。

（四）要鼓励孩子表达和宣泄

既要鼓励孩子表达自己的爱，又要鼓励孩子表达自己的情绪。不论孩子提出的问题是大是小，都要用心倾听他所说的话，这样，既有助于赢得孩子的信任，又有利于及时发现问题，解决问题。同时还要给孩子发泄的机会，因为消极情绪如果得不到及时的宣泄，可能后患无穷。

（五）帮助孩子树立正确的价值观、人生观

父母要主动将基本的价值观和行为方式教给孩子，帮助孩子树立正确的人生观、世界观。当然身教胜于言教。如果我们生活态度积极，有远大的理想和抱

负，并为之不懈努力，遇事能正确对待，及时化解问题，就会对孩子产生潜移默化的影响。

（六）教孩子学会克制

要让孩子懂得在合理宣泄的同时，也要懂得克制自己。如果孩子缺少这一认识，结果也是令人担忧的。孩子在遭受失败而痛不欲生时，父母一定要给予安慰，表示同情。但还要让他懂得：在哪儿跌倒，就要在哪儿爬起。如果从此自暴自弃拒绝努力，将是十分愚蠢的。要让孩子明白这样一个原则：人不能让消极的情绪驱使，而去伤害自己和他人。

三、学校开展心理健康教育，提高学生心理素质

（一）学校教育中应着重于"五学"教育

即"学会生存，学会生活，学会关心，学会学习，学会发展"。在我们的教育中，存在重道德灌输，轻道德践约；重成才教育，轻成人教育；重知识传授，轻养成教育的倾向。学校要培养的是"社会人"与"文化人"，社会人必然是具有健康心理的人。教会学生适应环境，能够妥善处理自身事务，学会遵守社会规范，成为一个适应社会需要的社会人是前提；学会关心，关心国家大事，关心国际局势，关心我们生存的社会，关心朋友，体谅父母，珍惜友谊，善待爱情，以热情、积极、主动的态度介入社会生活中；学会学习就是教会我们的学生不仅学习书本知识，还要学习观察问题、解决问题的方法与途径，学习将书本知识转化为社会实践的能力。人的发展是永恒的课题，可以说，自我塑造、自我发展、自我完善是人生中非常重要的内容。

（二）逐步形成学校、社会、自身共同关心学生心理健康的良好氛围

目前我国教育部门普遍认识到心理素质在人才培养中的重要作用，建立了相应的机构，加大了心理健康教育的力度，部分学校将心理健康教育纳入课堂教学中，使心理健康教育逐步走上科学化、规范化的轨道。学生也逐步认识到心理健

康的重要性，开始注重自身心理素质的培养与提高，以主动的姿态调整自身的状态，以适应社会的需要。家庭教育中也在逐步重视学生的心理健康教育。在校园中营造宽松的心理气候，建立良好的班风、学风、校风，消除不良文化的影响，逐步形成积极向上的校园文化，人人重视自身心理健康的良好氛围。

（三）建立以发展咨询为核心的大咨询观念

很长一段时间内，人们对心理咨询的认识停留在心理疾病的治疗上，事实上，有严重心理障碍的学生毕竟是少数，更多的学生面临成长与成才、情感与事业、日常生活事件的处理等问题，而这些问题并不构成心理疾病的主要方面，但又直接影响着学生的心理健康与学生的健康成长。发展咨询应当成为教师教书育人职责中的重要组成部分，以引导学生正确处理生活中的一些事件；将发展咨询贯穿于学生成才的始终，是一项非常繁重的任务，值得引起重视。

第六章
心理测试与建档

开展心理健康测试与普查，建立学生心理档案是学校心理健康教育的一个基础环节，它是全面准确了解学生心理发展状况的重要手段，是实施心理健康教育的必要基础和客观依据。不仅如此，建立学生心理档案还可以为心理健康教育工作效果的评估提供参考指标。美国学者泰勒（R.W.Tyler）曾指出，心理辅导是一个动态的系统过程，包含辅导目标、辅导活动和辅导评价三个相互作用的子系统，辅导评价是其中的反馈和矫正系统。要想提高学校心理健康教育工作的有效性，就必须重视对工作效果的评估。而学生心理档案直接记录和反映了学生心理的发展变化，是评估学校心理健康教育工作效果的一个重要指标。

第一节　学生心理档案的建立与管理

一、学生心理档案的主要内容

按照资料的来源，学生心理档案可以分为个人档案和团体档案两类。个人档案是指对学生个体行为与心理表现的记录。团体档案是指反映群体学生行为与心理表现的资料，它是在个人档案的基础上，以某个群体（如班级、年级、专业、性别等）为单位形成的统计分析资料。

为全面反映学生的心理健康状况，个人档案的内容应包括：

（一）个人综合背景资料

1.个人基本情况

如姓名、性别、出生年月、籍贯、班级、民族、政治面貌、宗教信仰、联系方式、个人简历等。

2.生长及健康资料

如出生状况（是否为早产儿、难产儿等）、身体发育状况、健康状况（心理疾病史、大脑损伤史、有无生理残疾等）、基本体能测试情况、生活习惯（对食物的偏好、睡眠的好坏、运动的兴趣等）。

3.家庭环境资料

如家庭的结构和类型（单亲家庭、父母离异、分居、再婚、收养关系、留守儿童、家庭里子女的个数、出生顺序等）、家庭的气氛（父母的关系、兄弟姐妹之间的关系、亲子之间的关系、父母在家庭中的地位、学生本人对于家庭的态度等）、家庭经济状况、居住环境（居住在城市还是农村、邻近的社会环境等）、家庭成员的基本情况（职业、学历、收入、联络方式等）、家长的教养方式、家长对子女教育的关心程度、家族心理病史等。

4.重大社会生活事件

如家庭成员重病或死亡、父母离异、与教师或同学关系紧张、家庭暴力、恋爱失败、生活条件改变、重大挫折等。

5.其他个人资料

如学业成绩、兴趣、爱好、人际交往情况、对学校和专业的满意度、对自己的满意度、担任学生干部情况、获奖情况等。

（二）心理测评资料

心理测评资料是指在校期间所接受的各种能力、人格、心理健康等测试的结果。每次测试都应记录下心理测试的名称、时间、场所、施测者、结果分析与解释。本章第二节简要介绍了症状自评量表、中学生心理健康综合测量量表、中学生心理健康量表、Achenbach儿童行为量表、Zung氏抑郁自评量表、Zung氏焦虑自评量表、儿童抑郁量表、青少年生活事件量表、儿童十四种人格因素问卷、家庭环境量表、青少年病理性互联网使用量表、自杀态度问卷等中小学心理健康评估常用量表。

（三）心理咨询记录

包括咨询的时间与次数、主述、症状表现、诊断意见、原因分析、咨询方法与过程、咨询效果、追踪记录、转介情况、接待老师的签名等。

（四）其他资料

其他有助于了解学生心理状况的资料，如日记、可代表学生某种情感表达的文学及艺术等作品，或学生在日常学习生活中遭受重大创伤性事件或异常行为的相关记录材料等。

由于心理建档应遵循经济适用的原则，学校最好能对于不同类型的学生实施分层建档。通常情况下，所有学生的心理档案内都应涵盖个人综合背景和心理测评两项资料。通过初次建档筛选出来的可能存在严重心理问题的学生还应进一步填写相关的诊断资料，如抑郁自评量表、社会支持评定量表、父母教育方式评价量表、自杀态度问卷等。心理咨询记录和其他资料也应纳入其心理档案内，以便作进一步的诊断、咨询和治疗。

二、学生心理档案资料的搜集方法

（一）问卷法

问卷法是通过书面形式，以严格设计的问题或表格，向研究对象收集资料和数据的方法（如表6-1）。根据问题的不同提问方式，问卷可分为三种，即开放式、封闭式和半封闭式问卷。

在所有搜集学生心理资料的方式中，问卷法运用得最为频繁和广泛。这是因为问卷法经济方便，能以较小的投入，在较短的时间获取广泛的心理资料；获得的材料更容易进行量化分析和整理；匿名性强，能收集到较为真实的材料，比较适合搜集涉及人们隐私或内在心理的资料。

但是问卷法也存在一定的局限性，例如缺乏灵活性，问卷设计的问题比较固定，因此所收集到心理资料也相对有限；很难像访谈法那样对复杂问题进行深入的探究；缺乏与问卷填写者的直接互动，难以控制问卷填答的质量。

在设计问卷时应注意：问题要简短、清晰明确、无异义，以便让被试能够迅速地阅读和理解问卷内容，并毫不困难地选择一个答案；要避免双重问题以及带有倾向性的问题和词语；多采用正面肯定的方式提问，不要使用假设句、反问句和否定句。

表6-1　　　　　　　　　**学生家庭情况调查问卷**

1.家庭居住地：①城市　②城镇　③农村

2.在家中是：①独生子女　②老大　③老小　④其他

3.父亲_____岁，职业是_____，文化程度是：①大学以上　②大学③高中　④初中　⑤小学　⑥小学以下

4.母亲_____岁，职业是_____，文化程度是：①大学以上　②大学③高中　④初中　⑤小学　⑥小学以下

5.与母亲的关系：①亲生母亲　②养母　③继母

6.与父亲的关系：①亲生父亲　②养父　③继父

7.家庭经济状况：①富裕　②一般　③贫困

8.父母婚姻状况：①离异　②一方去世　③分居　④正常

9.父母间的感情：①很融洽　②一般　③经常发生矛盾冲突

10.父母的教养方式：①民主型　②放纵型　③专制型

11.6岁以前抚养我较长时间的人是：

12.家人曾患的疾病（生理疾病与心理疾病）：

13.重大家庭事件：

（1）

（2）

（3）

（二）心理测量法

心理测验法即依据一定的心理学理论，使用一定的操作程序，用数字对个体的心理和行为加以确定的方法。与其他方法相比，心理测验法客观量化，经济便捷，因此成为学校心理建档中最常使用和最主要的方法。但心理测验毕竟是通过测量人们对测验题目的反应来推论其内在的心理特征，具有间接性的特征，其有效性会受到被试者的身心状态、主试的特征、测验的实施方式、周围环境等诸多因素的影响。如果在建立心理档案时仅仅依赖于这一种方法，获得的资料必然是不足的。所以应当将心理测量法与观察法、访谈法、作品分析法等其他方法结合起来，将量化资料与非量化资料加以综合，多层次、多方面、多角度地对学生的心理健康状况进行评定。

在使用心理测量法时，最为关键的是慎重地选择恰当的测量工具：首先要考虑所选的测量工具是否为标准化的心理测验。这些工具是否具备标准化的指导语、题项、施测程序、评分标准及常模资料？是否具有良好的信度、效度、难度与区分度等心理测量学指标？要避免随意选择科普杂志上刊登的或自编的、未经信效度检验的问卷作为心理建档的工具。其次，要根据测验目的选择相应的测量工具，如需了解学生的人格特点可选用儿童十四种人格因素问卷（CPQ）或艾森克人格问卷（EPQ），如需调查学生的抑郁水平则可选用Zung氏抑郁自评量表（SDS）或儿童抑郁量表（CDI）。最后，还应考虑测量工具的适用范围。应避免将只适用于成人的量表用来测试中学生的心理，或将只适合于个别施测的问卷用于团体施测等。

（三）观察法

观察法即有目的、有计划、有系统地观察和记录个体或团体的特定行为活动，从而收集研究资料的一种方法。

观察法的优点在于：实施方便，可以在课堂教学、课外活动、日常生活等任何情境中随时运用；在行为发生的当时做即时记录，而不是事后追忆。因此获得的资料更为客观、全面和准确；能保持被观察者的心理表现的客观性和自然性；对于一些害羞、胆怯、不善于言语或防御心理强的学生，观察法可以获得更多较真实的资料。

观察法也有自身的局限性：由于观察法对被观察者不做任何控制，仅对自然状态下所呈现的心理事实进行考察，因而观察者经常处于消极等待的被动地位，所获得的材料具有偶然性与片段性特征；观察结果的质量在很大程度上依赖于观察者的能力和其他特征（疲劳等）；观察法需要耗费较多的人力、物力，成本较高。

在心理建档中最常用的观察记录法有：

1.轶事记录法

即教师将学生生活中、无意中表现出来的一些有意义的行为，做具体而扼要速写式的事实描述。轶事记录表（见表6-2）一般分为事实、解释和建议三栏，将教师对事实的客观描述和主观评价分开记录，保证轶事记录的相对客观性和正确性。

表6-2   **学生轶事记录表**

姓　名		年　级		学　院	
班　级		记录者		记录时间	
事　实					
解　释					

建议	

2.评定量表法

即教师采用量表对学生个体或团体的心理与行为加以评定。这种方法常用于对学生的领导能力、学习能力、合作、助人、诚实、乐观、主动、负责等特质的描述。以下是两个例子：

攻击性行为　　从不　　很少　　有时　　经常　　极频繁

助人　（　　）从不帮助别人

　　　（　　）虽然偶尔会帮助别人，但不主动提供帮助

　　　（　　）有时会主动帮助别人

　　　（　　）经常而且很乐意主动帮助别人

使用评定量表时，最好是多位教师评判同一对象，而且事先讨论量表所列特性的含义，对评定结果予以平均，最大程度避免评定的主观性。

3.频率记录法

即记录下在某一特定时间段内某一特定心理与行为出现的频次。例如：

表6-3　　　　　　　　　　**违纪行为观察记录表**

姓　名		学　院			
班　级		观察者			
观察时间 （周次）	违纪行为出现频次				
	旷课	不交作业		打架	夜不归宿
第1周					
第2周					
第3周					

（四）访谈法

访谈法即通过面对面的口头交流来收集学生心理资料的方法。访谈的对象不仅包括学生本人，也可以包括他的同学、老师、父母等与其有密切接触的人。

访谈法最大的优点在于灵活性大，控制性强。由于直接与访谈对象接触，访谈者可以根据具体情况随时调整问题的顺序和访谈的时间，灵活决定是否需要进一步问一些与调查主题有关的问题，从而获得额外有价值的资料；当访谈对象有顾虑时，可以通过诚恳的交谈和必要的解释打消其顾虑；当访谈对象对问题不理解时可以通过重复提问或进一步解释而得到可靠的材料。同时，访谈者还可以根据访谈对象在访谈过程中的非言语信息，对所获得资料的可靠性进行评估。

但是访谈法也有自身的缺点：费时、费力、费用开支大；访谈面对面接触，匿名性低，访谈对象因顾虑而不作真实回答；访谈法获得的资料由于标准化程度低，材料难以量化，容易产生偏差。访谈质量极大地取决于访谈者与被访谈者之间的相互信任和建立的友善关系。访谈者的态度、表情、语调，甚至性别、服装、外貌都可能使访谈对象产生知觉偏差，而影响资料的真实性。访谈者本身也可能由于注意力不集中而产生错记、漏记，甚至由于措辞不当，出现倾向性的问题等等，使访谈调查出现偏差。

若要避免以上缺陷，使用访谈法时就应注意：事先根据访谈的目的编制好访谈提纲；访谈问题的设置应遵循"漏斗顺序"的原则，由一般性、非敏感性的问题逐步过渡到具体的、敏感的、非常私人化的问题；访谈的语言要通俗易懂，避免使用过分专业的术语；注意与被访谈者建立良好的关系，访谈前应尽可能消除他们紧张、抵抗和顾虑的心理，赢得被访谈者的理解、支持和合作；访谈者注意控制访谈节奏，一边做好访谈记录，一边细心观察对方的非言语动作。

（五）作品分析法

指借助学校的各种评定和记录以及学生的作品来搜集心理资料的方法。作品包括的范围很广，例如学生的心得、笔记、作文、日记、自传、博客文章、论坛发帖、网络空间日志、各种作业、试卷、模型和其他创作作品。透过对这些作品的分析，可以增进对学生的生活经历、生存状态和内心情感等的了解。

三、学生心理档案的管理

（一）学生心理档案的记录

1.新生入学时建档，完成基本资料的初步填写

正式实施建档施测之前，最好先通过讲座、宣传手册等多途径对学生开展相关的心理健康教育，帮助学生树立正确的心理卫生观，打消学生对填写档案的顾虑。如果条件不允许，至少应在正式施测前，花几分钟来强调心理建档的意义与注意事项，让学生知道心理建档是用现代心理科学的成果来了解自身、获得帮助的一种权利，而不仅仅是一种负担；心理档案资料是保密的，完全可以放心、大胆地填写；心理测试不是考试，没有对错之分，只要按照自己的真实情况填写就行了。

首次建档的时间最好安排在新生入学正式上课后一两个月，因为刚入学时都会有自我防范意识，测评很容易失真。正式上课一段时间后，多数学生已基本适应新环境，进入学习的正常状况，获得的资料可以反映学生较为平常的水平。形式上，建议以小班或院系为单位集体施测。为确保建档的科学性，施测人员最好由心理辅导老师担任，如果人员不够，也可由班主任来协助完成，但在施测前一定要进行相关的培训，确保他们了解建档的基本程序、具体要求及注意事项。

2.以后每学期或每学年教师将新资料和变动情况逐渐补充填写

个体的心理健康状况是一个动态变化、不断发展的过程，尤其是中小学生的心理尚未成熟，学习和生活环境的改变很可能带来他们心理上的迅速成长或变化，因此学生心理档案的建立应该是一个长期和动态的过程。但由于人力和财力投入的严重不足，目前多数学校都将建档时间设在新生入学第一学期，此后便无任何跟踪记录。这种静态的心理档案显然不能准确、完全地反映学生的心理变化。因此，应重视动态化心理档案的建设，比如每年定期普查或不定期抽查学生的心理健康状况，班主任或班级心理委员及时反馈同学的异常行为和心理表现等。

3.毕业时完成各项资料的填写，并做总检查一次

（二）学生心理档案的保管

资料的保管通常有集中式和分散式两种。鉴于心理档案的保密性和动态性，最好采用集中式保管，即在学校心理健康教育机构提供专门的档案室存放，并配有专业人员管理，资料分类存放，不断记录补充、经常使用，最大限度地发挥心理档案的价值。心理档案管理人员必须具备相应的职业资格，如必须是心理学专业本科毕业，或具备相应的资格证书，或接受过系统的心理测量与评估的专业培训，并具有一定的心理档案管理经验等。

随着计算机技术的发展，有越来越多的学校开始引入心理档案电子网络管理系统，这不仅提高了心理档案管理的自动化水平，方便快速检索查询，有利于及时动态更新，而且多数系统都提供了便捷的统计功能，协助没有心理统计学专业基础的教师进行数据统计分析和结果解释，有效弥补了当前心理建档人员专业化水平不高的问题。但是电子档案也存在病毒攻击、信息泄露、停电即停工等缺点，所以不能完全用电子档案取代文本档案，建议采用以电子档案为主、文本档案为辅的方式。

（三）学生心理档案的保密

心理健康档案涉及学生个人隐私，如果将这些资料公开，会给学生带来极为严重的心理伤害。《中国心理学会临床与咨询心理学工作伦理守则》中明确规定了心理档案的保密性原则："心理师专业服务工作的有关信息包括个案记录、测验资料、信件、录音、录像和其他资料，均属于专业信息，应在严格保密的情况下进行保存，仅经过授权的心理师可以接触这类资料。"心理档案管理的管理应严格规范，管理人员不能随意公开学生心理档案的内容，不能允许领导、班主任、科任老师、家长随意查看学生的心理档案；不将心理档案放入学籍档案中；避免在教学和咨询过程中随意透露某学生的测试结果，给学生造成负面影响等。但是心理档案提供的很多信息在心理健康教育、教学与管理等方面都应该发挥重要作用，过于保

密，限制过严，也会有碍于心理档案的有效使用。那么到底学生的心理档案该如何使用呢？中国台北著名心理学家冯观富认为，是否该给予保密，应视资料的性质和资料公开对学生的影响而定，并指出了七项保密资料的原则：

1.保密之义务应视情况而改变，并非绝对一成不变。例如，当某个学生的现状危及其个人身心健康、生命安全，或者将会给别人甚至社会造成严重的危害时，可以向有关个人或组织做最小限度的心理档案资料披露（只披露有必要的信息），以便将危害降到最低，为成功进行危机干预提供基础性数据；学生要求查看自己的心理档案时，工作人员也应满足学生的要求，并对档案内容给予科学的解释，帮助学生从科学的角度理解档案中的数据与内容，帮助学生更好地了解自己，完善自己。

2.资料是否保密应视其性质而定，若该资料已是公开或很容易成为公开之资料，则不须保密。

3.资料本身不具任何伤害性，则不须保密。

4.若资料对辅导人员或机构具有使用的价值，且为必需使用者，则此资料不受保密限制。例如，心理健康教育机构可以将不涉及个人隐私信息的班级、全校心理测试的报告呈现给相关班主任、教师、学院和校级领导，并为学生的教育和管理提供指导建议，从而促进教学和管理工作取得更好的效果。

5.资料的保密应对当事人的权益与名誉为主，即使与法律相违，辅导人员亦应保障当事人的权益。

6.资料的保管亦应考虑辅导人员的声誉及权益，使其不受伤害或攻击。

7.资料的保密亦应考虑无辜的第三者及社会的权益。

（四）学生心理档案的销毁

学生心理档案经过年年累积，数量会变得非常庞大。若永远保存这些档案，学校可能会不堪重负。恰当的做法是：学生毕业离校后，大部分学生的心理档案保存一定期限（一般至少一年）。然后进行统一鉴定，对日后学校心理健康教育工作具有重要参考价值的档案可以进行永久保存，一般性的学生心理档案就可以进行销毁。

第二节　常用心理健康评估量表

一、症状自评量表

症状自评量表（Symptom Check list 90，简称SCL-90，**详见附录1**）由Derogatis编制于1973年，是为了评定个体在感觉、情绪、思维、行为，直至生活习惯、人际关系、饮食睡眠等方面的心理健康症状而设计的。SCL-90因为具有容量大、反映症状丰富、更能准确刻画被试者的自觉症状等特点，被广泛应用于心理健康状况鉴别和团体心理健康普查。

该量表包括90个题项，共10个因子，即躯体化、强迫症状、人际关系敏感、抑郁、焦虑、敌对、恐怖、偏执、精神病性和其他。各因子中任一因子分≥2分，可考虑筛查阳性，需进一步检查。SCL-90既可以用于自评，也可以用于他评，采用5级评分制，一般20分钟内可以完成。自评量表受年龄和文化程度的限制，只适用于初中以上文化程度的被试，低年级的儿童不适合使用。

二、中学生心理健康综合测量量表

中学生心理健康综合测量量表（简称MHT，**详见附录2**）是周步成在日本心理学家铃木清等人编制的中学生《不安倾向诊断测验》基础上修订的，主要用于诊断个体的焦虑水平及哪方面的焦虑问题较大。该量表采用2级评分，适用于小学四年级至高三年级的学生，一般40分钟内可以完成。共100个题项，由1个效度量表和8个内容量表（学习焦虑、对人焦虑、孤独倾向、自责倾向、过敏倾向、身体症状、恐怖倾向、冲动倾向）构成。每一个内容量表的得分可以转换成标准分，八个内容量表的标准分相加即为全量表总焦虑倾向的标准分。 MHT测验中若总标准分≥65分， 表示这个人在日常生活中有较严重的不适应行为，可认为其存在着较明显的心理健康问题；如果学生总标准分不到65分，但是在某一个或几个内容量表上的标准分在8分以上，表示他在这项内容上存在着适应不良，需对其制订特别指导计划。

三、中学生心理健康量表

中学生心理健康量表（Mental Health Inventory of Middle-School，简称MSSMHS，**详见附录3**）由王极盛编制于1997年。该量表由于覆盖面广，筛选率高，题量少，用时较短，被广泛应用于测查中学生的心理健康状况。MSSMHS共60个题项，包括10个分量表，每个分量表由6个项目组成。这10个分量表分别是强迫症状、偏执、敌对、人际关系敏感、抑郁、焦虑、学习压力感、适应不良、情绪不稳定、心理不平衡。由被试根据自己近来心理状况的真实情况进行自评，采用五级评分制。总量表与分量表的得分越高，表示被试心理健康方面的问题越大。一般20分钟内可以完成。

四、Achenbach儿童行为量表

Achenbach儿童行为量表（Child Behavior Checklist，简称CBCL）是由Achenbach及Edelbrock根据转诊问题儿童和健康儿童之间的鉴别点为基础编制的。由于其易于操作、评分简单，在短时间内可以收集到许多有用的信息，因而被广泛用于儿童、少年的临床和研究领域，是国际上最常用且内容较全面的儿童行为评定量表之一，主要用于识别和评价行为和情绪高危儿童，但并不能给出心理障碍的诊断。CBCL分为三种表格：家长量表、儿童自评量表（适用于智龄10岁以上儿童）和教师量表。

1980年我国引进了适用于4-16岁儿童的家长量表，在上海及其他城市做了

较广泛的应用，并总结出了我国常模的初步数据。该量表主要用于儿童社交能力和行为问题的筛查，由熟悉儿童的父母或抚养者填写。量表包括三部分内容：①一般项目：包括姓名、性别、年龄、年级、父母职业等个人基本信息。②社交能力：共7个题项，包括参加体育运动、课余爱好、参加团体、课余活动或劳动、交友情况、与家人及其他小孩相处和在校学习情况，共7大项。③行为问题：共113个题项，包括退缩、躯体主诉、焦虑、抑郁、社交问题、思维问题、注意问题、违纪行为、攻击性行为、内向性问题、外向性问题和行为问题。

五、Zung氏抑郁自评量表

抑郁自评量表（Self-Rating Depression Scale，简称SDS）由Zung编制于1965年。由于操作简便，能相当直观地反映被试抑郁的主观感受，目前被广泛地应用于衡量抑郁状况的轻重程度及其在治疗中的变化。

SDS量表采用4级评分制，包含20个题项，其中8个为反向评分。该量表主要反映抑郁状态的四组特异性症状：精神性——情感症状（抑郁心境和哭泣）、躯体性障碍（情绪的日间差异、睡眠障碍、食欲减退、性欲减退、体重减轻、便秘、心动过速和易疲劳）、精神运用性障碍（精神运动性迟滞和激越）和抑郁的心理障碍（思维混乱、无望感、易激惹、犹豫不决、自我贬值、空虚感、反复思考自杀和不满足）。判断指标为"抑郁严重指数"=各条目累计分/80。其中抑郁指数在0.50以下为无抑郁，0.50-0.59为轻度抑郁，0.60-0.69为中度抑郁，0.70以上为重度抑郁。

六、Zung氏焦虑自评量表

焦虑自评量表（Self-Rating Anxiety Scale，简称SAS）由Zung于1971年编制，从量表构造到具体评定的方法，都与抑郁自评量表（SDS）十分相似。它仍然采用了4级评分制，其中15个正向评分，5个为反向评分。共20个题项。主要用于评估焦虑者的主观感受，可以评定焦虑症状的轻重程度及其在治疗中的变化，只适用于疗效评估，不能用于诊断。按照中国常模结果，SAS标准分的分界值为50分，其中50-59分为轻度焦虑，60-69分为中度焦虑，69以上为重度焦虑。

七、儿童抑郁量表

儿童抑郁量表（Children s Depression Inventory，简称CDI）是Kovacs根据成人的贝克抑郁量表改编的用于测量儿童青少年抑郁情绪的量表，是西方最早出现的儿童抑郁量表。该量表适用于7-17岁儿童，对儿童阅读水平的要求很低，一般能在15分钟或更短的时间内完成，具有较高的信度和效度，在多种文化背景下得到广泛的应用。该量表共27个项目，主要来自于重性抑郁症的诊断标准，但未包含精神运动性激越和迟滞两项指标，此外加上了不顺从和躯体忧虑两项症状。采用4级评分。能够有效区分抑郁症和其他行为问题或厌食症等心理疾病。

八、青少年生活事件量表

青少年生活事件量表（Adolescent Self-Rating Life Events Check List，简称ASLEC）由我国学者刘贤臣于1987年编制，主要适用于青少年尤其是中学生和大学生生活事件发生频度和应激强度的评定。具有较好的信度和效度，而且简单易性，可以自评，也可以访谈评定。被广泛运用于精神科临床、心理卫生咨询和心理卫生调查与研究。

该量表将青少年常见的负性生活事件主要概括为人际关系、学习压力、受惩罚、丧失、健康适应和其他6个方面，共27题。统计指标包括事件发生的频率和应激量两部分。一般10分钟内可以完成。

九、儿童十四种人格因素问卷

儿童十四种人格（个性）因素问卷（简称CPQ）由Porter和Cattell编制，能在40分钟左右的时间测量出14种人格特征，适用于8-14岁的中小学生，是公认比较好的一种儿童人格测验量表。

1987年由华东师范大学修订的中国版儿童十四种人格因素问卷共140个题项，每题有两个或三个可供选择的答案，要求在50分钟内完成。不但能确切地描绘出14种基本的人格因素（乐群性、聪慧性、稳定性、兴奋性、恃强性、轻松性、有恒性、敢为性、敏感性、充沛性、世故性、忧虑性、自律性和紧张性），还能根据公式推算几种可以形容人格类型的次级因素，如适应与焦虑型、内向与外向型；神经是否过敏等。

十、家庭环境量表

家庭环境量表（FES）由Moss等于1981年编制，广泛应用于描述不同类型正常家庭的特征和危机状态下的家庭状况，评价家庭干预下的家庭环境变化，以及对家庭环境与家庭生活的其他方面进行比较研究。

家庭环境量表的中文第三次修订版（简称为FES-CV）共有90道是非题，结果按0、1记分，分为10个分量表，分别评价10个不同的家庭社会和环境特征，即：亲密度、情感表达、矛盾性、独立性、成功性、文化性、娱乐性、道德宗教观、组织性和控制性。

十一、青少年病理性互联网使用量表

青少年病理性互联网使用量表（Adolescent Pathological Internet Use Scale，简称APIUS）是由雷厉和杨洋于2007年编制的，主要用于青少年网络成瘾的诊断。该量表是一个自评量表，包括突显性、耐受性、强迫性上网/戒断症状、消极后果、心境改变、社交抚慰6个维度，共38个题项，采用五点评分制。APIUS的项目平均分≥3.15分者界定为PIU群体（即病理性使用互联网群体，也可以理解为网络成瘾群体），项目平均分≥3分且<3.15分者界定为PIU边缘群体，项目平均

分＜3分者界定为正常群体。

十二、自杀态度问卷

自杀态度问卷（Suicide Attitude Questionnaire，简称QSA）由我国学者肖水源、杨洪、董存惠等人于1999年编制，可用于了解存在抑郁情绪及情绪波动性较大的学生是否存在自杀倾向，并及时采取措施。共29个题项，分为对自杀行为性质的认识、对自杀者的态度、对自杀者家属的态度、对安乐死的态度4个维度，采用5级评分制。

十三、学习障碍儿童筛查量表

学习障碍儿童筛查量表（The pupil rating scale revised screening for learning disabilities，简称PRS）是由美国心理和语言学家Myklebust HR于1981年编制的，Myklebust认为学习障碍儿童的缺陷特征主要表现在语言和运动能力两个方面。因此该量表从这两方面入手，对儿童在言语和非言语两方面的行为表现评定计分，以筛查出有疑似学习障碍的儿童。PRS具有良好的信度和效度，以及较好的鉴别作用，被译成多个国家的版本，广泛应用于临床和教育中。1994年静进等人修订了PRS的中文版本。该量表适用于3~15岁的儿童，一般由教师或医生进行评定，采用5级评分制，由言语和非言语2个类型评定表及5个行为区构成，5个行为区分别是：A区（听觉理解和记忆）、B区（语言）、C（时间和方位判断）、D区（运动）和E区（社会行为），共24个题项。评定分型分为言语型学习障碍和非言语型学习障碍两类。其中量表总分＜65分者，即为学习障碍可疑儿童。言语型（A区和B区）得分＜20分者为言语型学习障碍。非言语型（C区、D区和E区）得分＜40分者，为非言语型学习障碍。

第七章

个体心理咨询

··

个体心理咨询是青少年心理辅导过程中的重要组成部分，是帮助青少年克服心理困扰、增进自我了解和探索内在潜能的有效途径。个体心理咨询的核心要素是运用心理学的理论、方法和技术实现"助人自助"，即帮助当事人自己解决自己困扰。通过本章的学习，我们可以了解心理咨询的一般程序、基本技术、职业规范与伦理。

第一节　心理咨询的一般程序

一、心理咨询的内涵

一天，三个打鱼人相约聚在河潭边钓鱼。河水很急，三人正待鱼儿上钩，忽见有人从上游被急流冲下，掉进深潭并挣扎求救。于是，有一打鱼人跳进潭中把落水者救起。不久又有一人被冲进深潭，被这个打鱼人再次救上岸。就这样接连救起五个落水者，第一个打鱼人累极了。第二个打鱼人忽然想起什么，他离开现场来到上游，告诫戏水者河有漩涡急流，劝说他们不要在此游泳、戏水，并立警示牌一块，然而还是有人无视警告入水落难，需要救助。第三个打鱼人思来想去：如果人们都识水性，会游泳、潜水就好了，万一落水了也会自救，不会溺水而死。于是，该打鱼人回去开办了一所教授游泳的学校。从此，再也没有发生溺水事件。

三个打鱼人的故事生动形象地提示了心理治疗、心理咨询与心理教育三者的关系。第一位打鱼人跳入水中不顾自身生命危险的举动可喻为心理治疗，是事后的补救工作，要花费更大的努力。第二位打鱼人的劝说工作就好像心理咨询，只对特殊对象、具体问题产生影响。第三位打鱼人"教人习水性"就如心理健康教育，他找到了"落水者"需要求助的根本原因。

心理咨询是对人的心灵进行探索的历程，旨在使所有的来访者无保留地公开自己的隐情，宣泄自己的情绪，反省自己的思想，最重要的是促使他成长。这里的成长并非指生理上的生长，而是指心理学意义上的人格成长，它含有心理成熟、增强自主和自我完善的意思。

我们说心理咨询是运用心理学的知识、理论、技术和方法，针对正常人或者轻度心理障碍者的各种适应和发展问题，通过咨询师与来访者的讨论、分析、协商、研究和指导过程，帮助来访者认识自己面临的问题，并寻找解决问题的可行性方法，用以消除来访者的不良情绪和心理障碍，促进来访者自立自强，增进健康水平，提高生活质量的过程。

对于这个定义，需要说明的问题有以下几个方面：

第一，心理咨询的对象主要是正常人，解决的是正常人在人生发展过程中出现的各种各样的困扰和问题，比如学习、工作、人际交往、恋爱、婚姻家庭等等过程中出现的不适应和困扰等问题。具有轻度心理障碍的人也是属于心理咨询的工作对象，但这种情况在寻求心理咨询的人员当中是少数。

第二，心理咨询运用的是心理学的知识、理论、技术和方法，主要通过语言交谈来影响和促进来访者产生改变，消除来访者的问题。

第三，强调来访者个人的力量与价值；强调来访者认知因素，尤其是理性在选择和决定中的作用。

第四，咨询心理的作用在于清除来访者正常成长过程中的障碍，帮助来访者得到充分的发展。

第五，我们对心理咨询所做的定义，更多的是从认知学派和行为学派心理咨询的理论和方法来概述什么叫心理咨询。从其他心理咨询理论的角度来看，比如从精神分析学派等的观点来看，这个定义可能就不十分适用，这正是心理咨询至今还没有统一定义的根源。也就是说从不同的心理咨询理论体系，从不同的角度，我们可以对心理咨询做出不同的解释和理解。读者也可以自己对心理咨询下一个定义，做出我们自己对心理咨询的理解。

二、心理咨询的过程

心理咨询工作是怎样完成这一转变的呢？通常要经过以下步骤：

第一，真诚地接待来访者，建立起良好的咨询关系，取得来访者的信任。

第二，引导来访者谈出自己的问题，这样，一方面咨询师了解到对方问题之所在；另一方面，来访者通过倾诉自己的问题，宣泄了被压抑在内心的消极情绪。

第三，分析、讨论来访者的问题，理清来访者的情绪、认识以及面临的现实困难。

第四，改变不合理的认知，消除不良情绪。

第五，尽可能解决面临的现实问题。要共同讨论并制定解决这些现实问题的具体方法，明确如何面对现实问题，确立今后的生活方向。

知识链接：心理咨询简化程序

内心状态可以从言语中侦察，因此，改变说话方式，也可以改变内心状态。很多人的内心困境，其实往往是本人的一些错误的信念造成的。以下的五个步骤可以帮助处于困境中的你，变得积极进取，有更清晰的行动目标和途径。

第一步（困境）：我做不到A。（因为没时间指针，说出来就像是一句永恒的真理一般，正是这样的信念，使得我们无法突破）

第二步（改写）：到现在为止，我尚未能做到A。（那只是过去的事，未来可以改变，看到一个充满希望的未来）

第三步（因果）：因为过去不懂得……所以到现在为止，尚未能做到A。（找出具体的原因，明白问题所在）

第四步（假设）：当我学懂了……我便能做到A。（找出改变困境的方法）

第五步（未来）：我要去学……我将会做到A。（这时，不仅有改变现状的目标，还有清晰可行的途径去达到目标，所说的话，充满了动感，已恢复正常的自己控制自己人生的状态了。）

三、心理咨询的形式

生活中一般的劝慰又无法让学生彻底解开心结，那么就得考虑求助专业的心理咨询，那么心理咨询有些形式呢？

（一）面谈咨询

首先应该向学生推荐这种咨询形式，与咨询老师直接交往和相互沟通，能更好地从挫折中认真反省自我，总结经验教训，增强生活智慧，以能够更好地应付日后生活中可能出现的各种不快经历。

（二）团体辅导

是在团体情境下进行的心理咨询，它是通过团体内人际交互作用，促使个体在交往中通过观察、学习、体验，认识自我、探讨自我、接纳自我，调整改善与他人的关系，学习新的态度与行为方式，以发展良好适应行为的过程。团体咨询的特色在于培养人的信任感和归属感。

（三）书信咨询

由于书信咨询不受居住条件限制，有心理困扰的学生可以随时通过网络或信件诉说自己的苦恼或困扰。许多学校心理咨询中心都会向学生宣传自己的电子邮箱及详细地址，这对于那些不善口头表达或较为拘谨的人来说，书信咨询的优点更是显而易见。

（四）电话或网络咨询

大部分学校都开设了心理咨询热线或者网络心理咨询，针对一般的心理问题提供服务，这种咨询的形式也常用于紧急情况的处理。

第二节　心理咨询的基本技术

心理咨询的根本出发点和归宿是促进学生心理健康发展，提高心理素质，为全面提高学生素质奠定基础。但是如果在学校心理咨询过程中，在技术方法的运用上不够熟练，或是没有找到适用于中学生的技术方法，而是简单地照搬其他咨询的技术方法，就会使咨询的效果大打折扣，也会削弱学生求询的热情，使学校心理咨询陷入僵局。

什么是心理咨询技术？对于这个耳熟能详的概念，但要想用文字介绍不是一件容易的事，还是通过一个简单的案例来进行介绍吧。

何伟是一位初中二年级学生，文静、瘦弱。他来心理咨询中心的时候，一脸的迷惘和无奈。他说，他觉得自己有病，不正常。"我常常会担心寝室门窗没有关好，会重复检查很多次仍然不放心。……"明知没有必要，还是反复去做，在这种思想和行为的双重矛盾下，觉得很痛苦。

心理辅导老师与他交谈过程中发现，他从小家教很严，母亲在教育过程中常以"棍棒底下出孝子"为信条，从不许他越雷池半步，父亲性格懦弱，对母亲也是百依百顺，他从小就养成谨小慎微的处世态度，处处追求完美，一旦有差错就自责不已，并产生焦虑情绪。他曾经有一次没有锁好门，小偷溜进他的家里，虽然没有造成什么损失，却被母亲痛打了一顿，这成了他心灵中最敏感的伤疤。

心理辅导老师采用了心理分析的技术，找到他深层次恐惧的根源，通过暗示、解释、分析等心理咨询的技术引导他认识强迫症形成的原因，从而为以后的纠正认知提供了一个良好的前提条件，接下来的心理咨询中，采用意象对话技术帮助他释放原始的恐惧，消除他"一朝被蛇咬，十年怕井绳"的恐惧心理。

在我们看来，在所有的心理咨询技术当中，积极关注应该是首先需要掌握的，积极关注也叫作正向关注、积极关怀等。意思是对来访者的言语和行为的积极面、光明面或长处予以有选择性的关注，从而使来访者向积极的方面发展和变化，拥有正向价值观。

一、积极关注

积极关注的观点涉及对人的一种基本认识、基本情感。如果你想帮助来访者，首先你就必须相信他是能够改变的，而且他现在自身就已经具有某些积极的因素。如果咨询师认为来访者一无是处，没有任何积极的因素，那么，我们也就不会有信心去帮助对方。在实际工作过程中，要对咨询对象永远充满必胜的信心，相信他们的能力就像心理辅导老师相信自己的能力一样。为此，作为心理健康工作者应该始终如一地保持耐心和信心，永远不要对向心理辅导老师前来寻求帮助的人感到失望，如果我们对他们感到失望，他们也就对我们和对他们自己感到失望了！

因为，来访者身上总会有这样那样的长处、优点，并且每个人的身上都有潜力存在，都存在着一种向上成长的动力，如果通过自己的努力、外界的帮助，每个人都可以变得更加成熟、完美起来。所有有效的咨询框架都认为他们可以在来访者生活中导致积极、正向的改变。

这是各种心理咨询理论的基本观点，持有和坚信这一观点，对于一个咨询师来说是非常重要的，也是必不可少的。不仅作为咨询师，任何教育工作者，或者任何一个人，都应当对他人具有这种信任的观点。有一位辅导员，各方面都不错，可就是人际关系不好，尤其是学生对他评价不高。因为他总是批评学生。有一次，心理辅导老师建议辅导员在与学生沟通时，多用大拇指少用食指，也就是说多肯定少指责，一段时间后，情况大为改观。

积极关注既是一种观念，也是一种方法。咨询师对来访者的积极关注不仅有助于建立咨访关系，促进沟通，而且本身就具有咨询的效果。尤其是对那些自卑感强或因面临挫折而"一叶障目不见泰山"的来访者，咨询师的积极关注往往能帮助他们全面地认识自己和周围，看到自己的长处、光明面和未来的希望，从而树立信心、走出迷雾。对陷入极度自卑、悲观、绝望情绪之中的来访者，咨询师积极发掘来访者的长处、优点和潜力，更多地从欣赏和肯定来访者的角度去看来访者，寻找建立来访者自信的突破口，常常能起到很好的效果。这一点是非常值得咨询师注意的。

但积极关注，也要避免盲目乐观。有些人片面理解积极关注的含义，表现出对来访者的过分乐观，如这样的反应："我发现你身上有好多长处，你所面临的困难算不上什么，黑暗过去就是光明。"这样的反应就其本身来说还是可以的，但整个面谈中都这样，就变成了一种形式的、教条的反应了，淡化了来访者的问题，同时表现出对来访者缺乏共情。一般来说，咨询师不应泛泛而谈，而应针对来访者的实际问题，客观地分析现有的不足，同时，帮助来访者分析他自身拥有的潜力和优势。有些来访者面临挫折时往往只看到失败、缺点，并用放大镜把它们扩大，陷入糟糕至极的情绪之中而难以自拔。咨询师的工作就是要把来访者的观点从只注意失败而转到客观分析形势，立足自己长处，立足自己所拥有的资源上来。

二、无条件尊重

无条件的尊重就是要尊重来访者的现状以及他们的价值观、人格和权益，予以接纳、关注、爱护，这是建立良好咨访关系的重要条件，也是咨询产生良好效果的基础。

人本主义咨询理论的代表人物罗杰斯非常强调尊重对咨询的意义，为此提出了著名的"无条件的尊重"的原则，并把这一原则列为使来访者人格产生改变的关键条件之一。

他认为：来访者找你是想得到你的帮助；为了得到帮助，他们需要知道你是否能够理解他们的想法及感受；他们也想知道你怎样看待他们，包括他们的现状以及他们的过去，总之，他们很想了解你对他们的整体印象；根据双方接纳和了解的程度，来访者开始透露自己的情感及要求；如果来访者感到你要改造他们，很可能感到压力而拒绝你的帮助。尊重来访者，其意义在于可以给来访者创造一个安全、温暖的氛围，这样的氛围使来访者可以最大程度地表达自己。尊重来访者，可使来访者感到自己受尊重、被接纳，获得一种自我价值感，特别是对那些急需获得尊重、接纳和信任的来访者来说，尊重具有明显的帮助效果，是咨询成功的基础。

有些资历较浅的咨询师往往对某些来访者的某些所言所行难以接纳，比如，当双方的价值观、人生观和生活方式相去甚远时；当来访者某些见解很片面、滑稽、甚至无理，却又一味地自以为是、固执己见时；当来访者身上有令人厌恶、痛恨的恶习时，有些咨询师可能就难以以尊重的态度接受，会不由自主地产生不满、反感甚至厌恶。一个生活态度积极向上、充满活力的咨询师，面对一个浑浑噩噩、醉生梦死却又事事怨天尤人的来访者时，有可能会流露出对其的不满、指责。

此外，尊重还意味着一视同仁。来访者有各种各样的人，有年轻的、年老的，男的、女的，城市的、农村的，漂亮的、平常的，高学历的、低学历的，富裕的、清贫的，善谈的、木讷的，等等，对咨询师来说，他们都是咨询对象，是朋友，都应予以尊重，不能厚此薄彼，不能有奉承或轻视。

三、真诚

真诚是指在咨询过程中，咨询师应该以"真正的我"出现，没有防御式的伪装，不会把自己藏在专业角色的后面，不戴假面具，不是在扮演角色，或像完成例行公事一样，而是表里一致、真实可信地以真正的自我投身于与来访者的关系中。

真诚在咨询活动中具有以下两方面的重要意义：

第一，咨询师的真诚可信以及共情、尊重，可以为来访者提供一个安全自由的氛围，能让他知道自己可以坦白地表露自己的软弱、失败、过错、隐私等等而无须顾忌，这是因为来访者切实感到自己被接纳、被信任、被爱护。

第二，咨询师本身的真诚坦白为来访者提供了一个良好的榜样，来访者可以因此而受到鼓励，以真实的自我和咨询师交谈，坦然地表露自己的喜怒哀乐，获得情感的宣泄，也可能因而发现、认识真正的自己，并在咨询师的帮助下，面对和改进自己。咨询师的坦诚会促进来访者的相应改变，而这种改变会减少面谈过程的混淆和模糊，并使双方的沟通更加清晰和准确。

当然，真诚不等于说实话。真诚与说实话之间有联系，但不能画等号。以为真诚就是有什么说什么，想到什么说什么，否则就是不够真诚，其实这是一种误解。对咨询师来说，真诚应符合一个基本原则，这个原则就是，我们的任何一项活动都要对来访者负责、有助于来访者的成长。

"你的有些言行容易引起一些人的误解，引起矛盾，不知道我的这种感觉对不对？"这样叙述，一来表达了咨询师的感觉，二来容易为来访者所接受，三来更准确、更符合理性的判断，避免了给人贴标签和过分概括化、绝对化的现象。

此外，真诚不是自我发泄。曾经有这样一个事例，一位失恋的咨询师，在咨询过程中因来访者的叙述勾起了她伤心的往事，于是她花了半小时滔滔不绝地、非常激动地向来访者叙述了她的失恋经过及其痛苦。虽然咨询师是有感而发，真诚流露，是真诚的分享，但她忘记了咨询时间是属于来访者享有的，咨询师不应随便地占用来访者的时间；咨询师流露自己的真情，表示自己的真诚，其目的是帮助来访者，而不是宣泄自己的感情，或宣传自己的主张，表明自己的立场；再者这种表达似乎是强迫来访者在听，可能会产生负面效果，使来访者对咨询师的形象发生动摇。因此，真诚不应变成自我宣泄。

四、共情

共情是心理咨询的核心技术。简单地说，共情就是咨询师用来访者的眼睛看世界。按罗杰斯的观点，共情是体验别人内心世界的能力。共情被认为是心理咨询中咨访关系建立的首要因素，是心理咨询最基本的特质。

共情包括三个要素：

第一，咨询师借助于来访者的言谈举止，深入来访者内心去体验他的情感、思维，站在来访者的立场看问题；

第二，咨询师借助于自己的知识和经验，把握来访者的体验与他的经历和人格间的联系，了解导致来访者问题的因素，以便更好理解问题的实质；

第三，咨询师运用咨询技巧，把自己对来访者的理解、感受传达给来访者，也就是把对来访者设身处地的理解让来访者知道，以影响来访者并取得反馈。

共情不等于认同和赞成当事人的行为和看法。在心理咨询中，咨询师对来访者的共情，是在对来访者的观察、聆听的过程中，推断出来访者的感受、信念和态度，并有效地将这些感受传达给来访者，使来访者感到咨询师很理解他，明白他，从而产生一种温暖、被接纳以及舒畅的满足感。这就创造出一种充满理解、体谅、关心、温暖和爱护的气氛。在这种良好的气氛之中，来访者才能有效地探索自己，获得改变。

咨询师不仅要明白来访者的感受、信念、价值观等等，而且要善于把对来访者的共情传达给对方。然而，不同的咨询师所表达的共情会有高低层次的差异。不同的层次代表了不同的共情质量，会产生不同的咨询效果。

卡可夫把共情分为5种不同水平，下面，我们举例说明这5种层次的反应。

来访者对咨询师说：我觉得很难过，因为我从来没有担心过考试，就算想，也只是估计自己能不能取得优异成绩。唉！想不到居然会不及格，真是越想越气。

心理辅导老师有以下5种共情层次，第一层，"你为什么感到如此悲伤呢？"对于这位来访者的谈话，在第一层次的回答中，咨询师似乎根本没有留意当事人所说的话，而他问来访者为何这样悲伤，是个很不妥当的问题，反映了他不但没有留心倾听，而且还完全忽略了来访者所表达的重要感受。

第二层，"你一向成绩很好，但想不到却考试不及格了"这样的回答中，咨询师的反应虽然在内容上和来访者表面所说的一致，但他只注意了来访者表面的感受，因此，在反映中只有内容上的复述，缺乏感情的响应。从他的反应中，可以看出他的倾听不很准确，以致了解得不够全面。

第三层，"因为考不及格，所以你感到很失望、很难过。"在第三次层次的回答中，咨询师的反应与来访者所表达的意义和感受比较一致，但未能对来访者较深的感受做出反应，也就是没有对隐藏于言语背后的感受做出共情反应。在咨询过程中，如果想要产生有效的结果，咨询师最起码要具有第三层次的共情。

第四层，"因为考试不及格，所以你感到很失望、很难过，也不清楚前面的路该如何走，心中很混乱。"这样的回答，共情的程度较高，在咨询师的反应中，他所表达的感受已深于来访者所能表达的，也就是咨询师把来访者深藏于言语背后的感受也表达了出来，因此，来访者可以由此来体验和表达起初未察觉和未能表达的感受，同时也因此可以掌握到这些感受背后的含义。

第五层，"你一向成绩很好，从来没想到高考会失败，因此你感到特别失望与难过，也有点气愤。与父母商量后，似乎非读书不可，但自己实在有点不甘心，因而内心很矛盾。"这是最为准确遥共情方式，既有理解，又有指导和行动。

心理咨询工作是一项实践性很强的工作，需要在咨询实践中不断总结经验，灵活掌握。

知识链接：心理咨询的影响技术

1.先要建立良好的关系。

2.了解来访者的情况、问题、个人言行和感受等方面。

3.选取切合来访者处境而需要运用的影响技巧。

4.用简单、清楚及来访者可以领会的水平的语句和方式去表达。

5.留意来访者以言语和非言语行为做出的响应。

6.不宜对来访者情况未有清晰了解前便过早使用各种影响技巧。

7.以坦诚的态度与来访者沟通。

8.尊重来访者有不同的意见及选择的自由。

第三节　心理咨询的职业规范与伦理

心理咨询的主要形式是面谈，这种面谈是一个复杂的人际沟通过程，无论是一次完成还是多次完成，都要经过以下三个阶段和若干个步骤。这是咨询中的重要阶段，直接决定着咨询的效果。不同的咨询理论和方法在此阶段的咨询步骤是不同的，这里仅强调与帮助来访者改变其认知或行为等有关的问题，掌握相应的职业规范及伦理非常重要。

一、心理咨询的职业规范

（一）对心理问题进行初步分析

分析可以从来访者的发展状况、心理状况、工作状况、健康状况及人际关系五个方面进行，以便弄明白困扰形成的原因。咨询师在接待来访者时，通过简单的交谈，如果感觉到来访者的问题比较典型，问题比较严重，通常都要根据来访者的情况，选择两三个心理测验让来访者做，以便客观全面、方便快速地了解一些重要信息，作为参考，这样做很有效。

（二）确立咨询目标和方案

在进行心理咨询时，咨询师要与来访者共同制定咨询目标。也就是让来访者明确：通过咨询，希望解决什么问题，应有什么改变，达到什么程度等。咨询目标的制定应注意以下几点：第一，具体。例如，"我希望很快乐"这个目标就不具体，"我希望掌握一些与人交往的技巧"就很具体。第二，目标应切实可行。"我希望通过咨询使学习成绩提高"，这个目标是不切实际的。

（三）建立良好的咨询关系

咨询关系是指来访者与咨询师之间在心理咨询过程中建立起来的关系。在心理咨询过程中，双方是平等、合作与同行的关系。来访者是和咨询师一样的人。他只是由于某个原因暂时落入低谷、走进误区。

（四）明确双方的职责

咨询师应让来访者明确什么是咨询师的责任，什么是来访者的责任。有些来访者认为咨询师是个万能的人，什么都知道，把自己的问题全部推给咨询师去解决。实际上，咨询师应注意避免扮演这一角色，而应成为来访者在心理咨询过程中的管理者。

（五）促进来访者的领悟

这种领悟的第一个作用是，可以使来访者认识到他的问题并没有那么严重，并能建立使来访者心理真正强健起来的心理平衡，此时，许多来访者的问题虽然仍然存在，但他已经开始有所改变了。领悟的第二个作用是，可以为他改变其外显行为提供心理依据，产生强大的彻底解决自己的问题的动机。

（六）反塑造

在咨询过程中，咨询师往往采用奖励、期望、对峙等方式帮助来访者达到某种领悟，改变来访者的认知和行为。反塑造是指来访者采用同样的方式来影响咨询师。

对所有的人来说，他人的影响都可能会在自己身上产生某种作用。因此，咨询师也应注意来自来访者的各种影响。有时，来访者这种影响咨询师的企图可能并不比咨询师少，他们可能会有意无意地奖励或惩罚咨询师。

（七）移情

移情意味着来访者可能把以前生活里与他人关系中产生过的情感、态度等主观体验移植到咨询师身上。比如，当咨询师以一个权威者的面目出现时，对方可能表现出过去对某一权威的种种心态：敌对情绪、防御反应或者迎合等。来访者对咨询师的移情反应既可能是积极的，也可能是消极的，既可能是直接的，也可能是间接的。不论对方的反应如何，咨询师都应对此保持较强的洞察力，认识到移情有可能成为某种有利于咨询的积极因素，也可能成为某种形式的咨询阻力。

（八）反移情

反移情是指咨询师以不适当的行为来对待来访者在咨询中的某些行为表现。这种反移情同样既可能是积极的，也可能是消极的。比如咨询师可能并没有什么特别的原因，就表现出对来访者的特别关心和注意，或者来访者并没有任何行为不当之处，咨询师却对他感到反感，并表现出厌烦。反移情对于咨询师来说，既有有利的一面，也有不利的一面。有利的一面是，当咨询师认识到自己反移情倾向的存在时，会因此学会更好地认识自己；不利的一面是，因为咨询师一旦把自己的情绪带入咨询过程中，就必然削弱自己的判断能力，失去必要的反应形式和帮助对方的方式的客观性，产生一定程度的消极主观影响。

（九）中断

中断指的是经初次或数次面谈之后，尚未取得预期效果，来访者不再来谈的情况。中断的原因很多，如身体不适、抽不出时间等，但这种情况大多数都是托词，咨询中断的主要原因可能有两个：一是咨询人员对来访者不能充分接纳；二是来访者感到不安与威胁，加以防范。当发现有中断危险时，必须重新建立咨询关系，提高来访者的动机与信心，否则有可能导致咨询关系的结束。

（十）解释

解释是为来访者提供关于现实世界的另一种看法，解释被认为是咨询师在咨询过程中最常用、最有力的"武器"。解释根据各种不同的学派，其理论也各不相同，如心理分析学派偏重于压抑在无意识中的内容，认知学派则注重理性地、现实地帮助来访者认识世界。但无论如何，在进行解释时，咨询师首先要知道向对方解释的内容应该是什么，其次要注意什么时候解释以及怎样应用解释。因为只有在适当的时机解释，才能收到良好的效果。

二、心理咨询的职业道德

作为心理咨询师的职业道德，主要体现在以下6个方面：

①为来访者严守秘密。对求询者吐露的个人隐私，咨询师有责任为之守密，这是咨询工作者职业道德的又一重要方面。尊重求询者的隐私，为求询者保守秘密，这是心理咨询工作者应当遵循的基本原则。能否为来访者保密，关系到来访者的切身权益，为此，必须引起咨询人员的高度重视。咨询交往的各种资料，包括会谈记录、来往信件、测验资料、治疗记录、调查材料等，咨询人员均应妥为保管，不得遗失或泄露。若因工作需要不得不引用咨询实例时，对引用的材料要进行适当处理，不得公开被引用者的真实姓名、单位或住址，被引用者自愿公开的除外。

②不利用咨询关系谋求正常报酬以外的利益。

③不利用咨询关系满足自己的精神需求，如爱、尊重、控制、指导等精神需求。

④充分尊重来访者自由选择的权利，不把自己的观点强加于人。

⑤必要时及时转介。对于自己难以解决的问题，应当及时介绍给善于处理这类问题的咨询师，或者介绍给专门的心理咨询机构。这是对来访者负责的重要表现。

⑥必要时采取保护措施。若来访者有明确的自伤计划，我们应及时进行危机干预。若来访者有明确的伤人目标，我们有必要履行公民的义务，向有关机构和个人报警。

三、心理咨询师的自我保护

从事心理咨询的工作人员，都有一些共同点，就是心地善良、仁慈，关心别人，愿意付出，愿意帮助人；但同时，心理咨询师也是一个有血、有肉、有感情的个体。他们会带着自己过去成长环境、背景的影响，带着对社会、对自己、对别人、对生命的理解，带着自己内心的需要和对理想的追求来到工作的岗位上，而这些，都自然而然地反映在与来访者的关系中。

在咨询工作中，如果遇到的一些人、事、物与自己"合得来"，就会感到愉快、顺利，成就感自然产生；但是如果遇到无法"合得来"的情形，则会产生倦怠、讨厌、不顺利、挫折、焦虑的感觉。而心理咨询工作，来访者的类型和问题多种多样，千差万别，咨询师能够主动选择的机会不大。由于来访者基本上都是带着消极问题来的，因此，咨询师所遇到的人和事能让自己"合得来"的情形就会比较少。可想而知，如果不注重自己的心理保护，心理咨询师的职业寿命必然会降低。

曾有资料显示，美国精神科大夫的自杀率在各行业中占了领先地位。很多人觉得很惊讶，因为他们认为这些人是专家呀，怎么会这样呢？事实上，这是可以理解的，因为心理咨询与治疗行业的人员是处理一般人的"心理问题"的，或者也叫作处理"心理垃圾"，这种垃圾不像一般的垃圾可以清除得干干净净，它可能会一点一滴地影响和破坏心理咨询工作人员良好的心理状态，会影响心理咨询师的健康，造成心理咨询师自身的衰竭。这里所说的"衰竭"，指的是咨询工作不再能给咨询师带来满足，而是使人感觉精疲力竭。表现为：对来访者的热情开始冷却，对来访者的问题开始缺乏关注和兴趣，感觉疲倦和过度劳累，不想面对来访者，不想再接案例，注意力难以集中或者开始感觉不耐烦，健康不佳，咨询时情绪容易烦躁，有时甚至会对来访者产生敌意以及反复出现自己是否适合做心理咨询师的念头等等。

那么，是不是为了避免不健康的情形产生，为了避免"衰竭"现象的出现，最好不要去做心理咨询的工作了？不是的。事实上，人们在生活、工作的任何方面都有可能出现"合不来"的情形，都有可能影响健康，有可能形成衰竭，我们不可能都去逃避。

第八章

心理危机干预

如果把一颗橡树种子埋进土里，在它长成参天大树之前，它可能会遭遇虫噬而无法发芽，可能会因为风雨而半路夭折，也可能因为电击而被拦腰斩断。心理学家卡伦·霍妮（Karen Danielsen Horney）说："如果移除了障碍，人自然会发展为成熟的、充分实现自我的个体，就像一棵橡树种子成长为一株橡树。"青少年在成熟的道路上，难免会遭遇许多现实挫折和心理冲突，因为生活如同一朵玫瑰，每片花瓣代表一个梦想，每根花刺昭示一种现实，当处理不当时，这些困境就会演变成危机，带给人伤痛，甚至绝望，而危机干预则是帮助他们紧急移除障碍的过程，类似于心理急救，帮助他们以最大的勇气去直面困境，借助外在的力量，激发内在的潜能，从危险中发现机会，得到成长。

第一节　危机与危机干预

一、危机的内涵

1954年，美国心理学家卡普兰（Gerald Caplan）首次提出心理危机的概念，他认为，当一个人面临困难情景，而他先前的处理危机的方式和惯常的支持系统不足以应对眼前的处境时，这个人就会产生暂时的心理困扰，卡普兰把这种暂时性的心理失衡状态称为心理危机。

由此定义可见，危机是个体的一种认识，个体对当前境遇及自身解决境遇的能力进行综合评估，如果不能及时应对或解决，危机则可能出现，除非及时缓解或转移，否则危机会导致情感、认知和行为方面的功能失调甚至紊乱。如认知方面：注意力下降、否认事实、自罪自责、消极自我评价等，容易出现认知狭窄。情绪方面：一过性震惊、恐惧、沮丧、怀疑、悲伤、绝望、愤怒、焦虑等，容易出现极端负面情绪和情绪失调。行为方面：攻击、社交性退缩、哭泣、药物或酒精滥用、反应亢进或迟钝等，容易出现行为特点反常和失控，有时会伴随食欲不振或暴饮暴食、睡眠障碍等生理症状。危机既是危险，也是机会，如果来访者能顺利渡过危机，他可以学会处理困境的新方法，反之可能在心理上留下潜抑的伤痕，或者陷入神经症或精神疾病，最糟糕的结局就是他会伤害自己或他人。

除了少数境遇性危机（如洪水、火灾、交通事故、重病、丧亲等个人无法预测和控制的罕见事件）外，青少年经常遭遇的危机是发展性危机和存在性危机。

发展性危机是指在正常成长和发展过程中，急剧的变化或转变所导致的异常反应。对青少年而言，学业压力过大、考试不及格、留级、竞选班干部失败、校园霸凌、人际关系紧张、青春期发育、早恋都可能会给他们带来压力，促成危机。

存在性危机指伴随着的重要的人生问题，如关于人生目标、责任、独立性、自由和承诺等出现的内部冲突和焦虑。如高中生对人生意义的考虑，对学业的倦怠，沉溺网络，逃避人生等都有可能会发展成存在性危机。存在性危机可以是基于现实困境的，如青少年如果不能将自己的过去、现在和未来整合成有意义的"自我整体"，区别自己和他人，就可能发展成自我同一性危机。存在性危机也可以是一种压倒性的、持续的感觉，如北京大学徐凯文教授提出的"空心病"概念，很多优秀的学生学习好、工作好，但是他们不知道为什么而活着，总是对自己不满足，总是想让自己在各方面做得更好，所以他们有着强烈的孤独感和无意义感，他们从小到大都是别人眼中的好孩子、乖孩子，他们也特别需要别人的称许，但是他们有强烈的自杀意念，不是想自杀，而是不知道为什么活下去，活着的意义和价值是什么。他们想不通或者找不到答案的时候就可能发生存在性危机。

青少年心理危机在发展过程中会受年龄、生理、心理、家庭、学校、社会等多方面因素影响，会不断发生变化，不同个体对危机的感觉、认识以及应对能力都表现出不同的差异。每个孩子都是特别的，所以他们遭遇的发展性危机也是独特的，教师需要了解和懂得这种独特性，再以独特的方式进行评价和处理。

二、危机干预的内容、目标和职责

普里尔（Puryer）认为危机干预是给处于危机中的个人或家庭提供有效帮助和支持的一种技术，通过调动他们自身的潜能来重新建立和恢复其危机前的心理平衡状态。危机干预与普通心理咨询的显著不同在于它所提供的帮助强调及时性和迅速性，以短期内解决问题为目的，而非矫正当事者的性格特征和人格类型，有效行动是危机干预成功的关键。

学校危机干预的内容一般分为两类：

①有关社会生活中的危机干预。包括离家出走，抑郁状态和冲动行为，遭受暴力，自伤自杀等。

②涉及精神医学临床的危机干预。包括必须紧急处置的精神科急症，如精神紊乱、意识障碍导致的各种行为危机和急性药物中毒等。

学校危机干预的目的就是干预人员积极主动地向遭受危机的人群提供帮助，让他们知道向何处，如何去获取所需资源，从而降低急性、剧烈的心理危机带来的风险和严重后果。

基于危机干预的目标，可见危机干预者的主要作用在于启发、引导、促进和鼓励，而不是提供现成的公式。进一步讲，危机干预工作人员的职能是：

①帮助当事者正视危机。

②帮助当事者正视可能应对和处理的方式。

③帮助当事者获得新的信息和知识。

④可能的话，在日常生活中提供必要的帮助。

⑤帮助当事者回避一些应激性境遇。

⑥避免给予不恰当的保证。

⑦督促当事者接受帮助和治疗。

三、危机干预的对象和方法

在中小学，存在心理危机倾向与处于心理危机状态的学生是我们关注与干预的对象。确定对象存在心理危机一般指对象存在具有重大影响的生活事件，情绪剧烈波动或认知、躯体或行为方面有较大改变，且用平常解决问题的方法暂时不能应对或无法应对眼前的危机。危机干预通常遵循危机干预六步法。

（一）确定问题

从来访者的角度，确定和理解来访者个人所认识的问题。干预者的声音形象应镇定而温暖，在谈话中使用积极倾听技术：共情、理解、真诚、接纳，以及尊重，以建立起可信赖的咨访关系，帮助来访者觉察和宣泄自己的情绪。这其中可以多使用开放式问题，如"能告诉我发生什么事情了吗？你感觉怎么样？你是怎么想的？……"。谈话过程中既注意来访者的语言信息，语言内容和语调高低等，也要注意其非语言信息，比如面部表情，身体姿态等等。

（二）保证来访者的安全

危机是包罗万象的、连续的和动态进展的，在确定问题之后，需要同时对来访者的应付能力、所遭受的个人威胁以及是否失去能动性进行准确评估。评估的主要方面包括：

①评估危机的危险严重程度（危机的持续时间，对来访者的影响，依靠来访者的主观认识和干预人员的客观判断）。

②评估来访者目前的情绪状态和情绪能动性。

③评估来访者致死的风险水平（对自我或他人的伤害危险性多高）。

④评估替代解决方法、应付机制、支持系统和其他资源。

（三）提供支持

强调与来访者沟通与交流，让来访者认识到危机干预工作者是能够给予其关心帮助的可靠支持者，危机干预工作者是以关心的、积极的、接受的、不偏不倚的和个人的态度来处理危机事件。并通过口头语言和躯体语言向来访者表达危机干预者的无条件接纳，鼓励当事者通过宣泄将自己的内心情感予以表达。

（四）检查替代解决方法

帮助来访者认识及探索，还有许多可变通的应对方式可供其选择，促使来访者积极地搜索可以获得的环境支持、社会支持、可资利用的应付方式，以往应付类似问题的成功经验，在来访者康复过程中有哪些经济、社交、学习和个人方面的障碍或问题，发掘积极的、建设性的思维方式，从而改变自己对问题的单一消极看法并减轻应激与焦虑水平。这个过程保证来访者知道代替冲动和自我毁灭行动的解决方法，它有助于来访者"拓展"选择的视野，帮助他发现可能被忽略的潜在问题解决途径，看到希望。如"你觉得这次中考你一定失败吗？如果失败了，最糟糕的后果会是什么？如果它真的出现了？你有什么方法可以去应对吗？过去有没有碰到过类似的困难？那时你是怎么做的？如果有人能够帮助你解决这个问题，你觉得最有可能是谁"。

（五）制订计划

危机干预工作者与来访者共同制订行动步骤来矫正其情绪的失衡状态。这些计划应是来访者自主意愿的、现在能够采用的、在现实中可获得及时支持与帮助并能够实现的积极应付机制，目的在于通过让来访者将这些短期计划付诸实施以此恢复他们的自制能力和保证他们不依赖于支持者。

（六）得到承诺

帮助来访者向自己承诺采取确定的、积极的行动步骤，这些行动步骤必须是来访者自己想到的、愿意的、从实现的角度看是可以完成的或是可以接受的。在结束危机干预前，危机干预工作者应该从来访者那里得到诚实、直接和适当的承诺。如果干预者评估来访者的自杀风险很高，在一段时间内容易反复，而他自己并不能克制的话，干预者需要启动来访者的支持系统来从外界帮助他。如果他暂时又没有可供利用的社会支持力量去有效防止他的自杀可能，而他愿意在干预者的帮助下去对抗危机，花一段时间去寻找解决方法，那么此时需要与其签署不自我伤害协议。

不自我伤害协议的主要内容涉及以下几点：

①确定咨访关系，暂定一个长程的咨询时间段。

②来访者承诺在咨询期间，不做伤害自己的事情，如果有伤害自己的冲动，可以通过和心理辅导老师联系或其他方式寻求解决。

③如果来访者有伤害自己的冲动，在实施之前，必须和心理辅导老师取得联系。告知心理辅导老师的联系方式。

④如果来访者违反该协议，心理辅导老师有权终止心理治疗。

第二节　自杀的危机干预

自杀是指任何旨在结束自己生命的有计划的行动。在中国，自杀已经成为青少年排名第一的死亡因素，这是一个值得我们高度重视的问题。

一、青少年自杀的原因

青年学生作为一个特殊人群有其自身的特点，杨张乔将青年学生自杀分为以下三种类型：

（一）权意性自杀

所谓权意，就是对权力的一种意识。家庭和社会对处于过渡期年轻人权利的限制与其自身的权利意识发生矛盾与对立有可能引发权意性自杀，如早恋受阻，退学受阻引发的自杀等。

（二）自喻性自杀

自喻，是一种象征性的自我内省。在自喻的过程中，个体对于外界的事物或事件并未完全或真正了解，只是一种隐约的判断，并由此猜测出自我的范畴。自喻性自杀包括自尊性自杀和自怯性自杀两种，前者如与他人发生争吵被侮辱、与老师发生矛盾感觉自尊受挫、被家长辱骂感觉冤枉而发生的自杀；后者如有人因害怕即将到来的考试无法达到自己预期的目标、担心无颜面对父母和乡亲而自杀。

（三）胁迫性自杀

这类自杀是由于外部压力使个体无法随从的情况下发生的。如有学生由于所在宿舍丢失东西而被人怀疑，无法承受他人的异样目光，为表清白而自杀；有的学生生性软弱，在学校长期被他人欺侮甚至虐待，感觉孤苦无助，以自杀来解脱。

二、青少年自杀的危险性因素

学校自杀危机的干预工作强调在潜在自杀出现之前就应做好有效的预防工作。原则上依然遵循危机干预六步法，重点要关注自杀的危险性识别、评估及具体干预方法。

美国自杀协会主席希希尼亚·帕佛认为："防止自杀最好的办法不是注意自杀本身，而是应当更广泛地注意是什么因素导致了自杀的发生……"自杀是一种非常复杂的社会现象，它既与个体所处的社会现实环境（包括社会、学校、家庭处境及各种处境引起的压力）有密切关系，又取决于个体的内在本质特征（如个体的心理特点、人格特质、价值观念、危机处理经验、自杀态度等）。个体暴露的危险因素越多，自杀的风险性越高。

青少年作为一个特殊群体，一方面生理趋近成熟，具有较高的知识水平和认识能力，家人，包括自己对自己都抱有较高期望，自身对未来充满憧憬。另一方面，其心理发展尚未完全成熟，社会阅历不足，适应能力和心理承受力较低，情绪波动幅度大，在危机中更容易采取极端行为。

以下三类因素易导致青少年自杀事件的产生。

（一）应激事件

这些事件往往给来访者造成一定压力，很可能成为危机的诱因：

1.学业困难（如学习成绩不理想或考试失败、在考试前承受过多压力等）。

2.家庭变故（如家庭经济紧张、父母突然离异、父母失业、父母有重大健康问题、丧失至亲、家庭有法律或其他重大纠纷等）。

3.同辈人际关系紧张（如受到同伴排斥、孤立，恋爱关系破裂，与他人纷争等）。

4.发生违法违纪事故（如由于考试作弊、打架、旷课、偷窃或其他行为受到校规法纪处分，或经常旷课、沉迷网络等行为明显偏离常规）。

5.自身躯体伤害（如体像烦恼，受人欺负或迫害，堕胎，自然灾害引起伤残等）。

6.重病（包括慢性躯体疾病、神经系统疾病、肿瘤、酒精及毒品成瘾、抑郁等神经症、精神障碍、患艾滋病或其他性传播疾病等）。

（二）成长经历负面影响

这类因素将影响个体遭遇危机时能否寻找有效的支持系统及以往处理危机的经验。

1.父母本身的不良问题（如父母精神健康状态欠佳或患有精神疾病；

父母有酒精和物质成瘾，与外界隔绝；家庭自杀史或家族亲友中有自杀倾向等）。

2. 父母之间的关系问题（如父母时有争吵，家庭气氛紧张；家庭暴力史；父母离婚、分居或去世等）。

3. 父母对孩子的照顾问题（如父母或监护人过于专制或懦弱无能，缺乏威信；父母或监护人对子女照料不周；来自父母过高或过低的期望；父母忽略子女的情绪变化，未能及时解决子女的心理问题；家庭暴力等）。

4. 童年成长的负面经历（如曾经遭遇暴力侵犯或性虐待；家庭时常搬迁，导致环境陌生，缺乏安全感；长期寄养经历等）。

5. 过去有自杀的企图，曾有一次或多次自杀未遂史。

（三）消极人格特征

这类因素决定个体面临危机的思维方法及应对方式。

1. 情绪不稳定；容易陷入抑郁和绝望；易怒、易冲动；敏感，当出现轻微身体不适或情绪不佳时过度担忧、焦虑。

2. 认知及自我评价低。

3. 僵化的思维模式；认知存在偏颇，常对周围人抱有敌意。

4. 盲目的自大与自卑交替出现，以傲慢的态度对待他人以掩饰自己的自卑心理。

5. 容易自暴自弃、悲观失望。

6. 自认为代表公正、正义。

7. 性别或性取向混淆。

8. 性格有明显缺陷。

9. 有暴力倾向、攻击性行为、反社会行为。

10. 克服困难的能力较低；无法面对现实，生活沉浸在幻想世界。

三、自杀前的预兆识别

在自杀研究者中的"3P"（Perceptible, Predictable, Preventable），即可知觉、可预见、可预防中，要求对任何自杀的线索都很敏感。其中尤其要注意的是言语线索和行为线索。青少年自杀预兆包括：

（一）言语上的征兆

1.对周围人诉说自己无助和想死的念头或在日记、空间日志、微博、微信、绘画中表现出来。

2.直接向人说："我想死。""我不想活了。"

3.间接向人说："我所有的问题马上就要结束了。""现在没有人可以帮助我。""没有我，他们会过得更好。""我再也受不了了。""我的生活毫无意义。"

4.谈论与自杀有关的事或开自杀方面的玩笑，谈论一些可行的自杀方法。

5.谈论自杀计划，包括自杀方法、日期和地点。

6.流露出无助或无望的心情。

7.突然与亲朋好友告别。

8.喜好谈论应激或压力。

9.明显减少与其生活中的重要人物的交流。

（二）行为上的征兆

1.出现突然的、明显的行为改变（如中断与他人的交往或出现很危险的行为，或无故由冷漠变得异常敏感而热情或者相反，个人卫生习惯的改变，退缩和独处更加明显等）。

2.抑郁的表现（如情绪低落、无故哭泣、食欲下降、失眠、对所有事情都丧失兴趣、自虐行为增加等）。

3.有条理地安排后事（如写遗书、将自己珍贵的东西送人、无来由地向他人道歉或致谢等）。

4.频繁出现意外事故（如学习成绩骤降、上课无故缺勤、迟到早退、回避与人接触、与集体不融合、过分注意别人等）。

5.饮酒或吸毒的量增加。

四、自杀评估

在危机干预法的第二步中，干预者要对危机严重程度进行评估，其中很重要的一点就是评估自杀的风险，干预者需要保持冷静和耐心去认真倾听来访者所传达的信息，如果对方已经流露出轻生的念头，或者在谈话中隐约涉及自杀的想法，要直接、坦诚、从容、专业地询问对方，与一个想自杀的人公开讨论自杀将可能使其产生相信的感觉，愿意花时间重新获得控制。

在谈及自杀伊始，可以运用正常化技术有意识地消除来访者对自己被看作异常的、懦弱的，或是不道德的人的担忧，如温和地告诉他："世界上几乎所有的人对生活感到绝望的时候都曾经想到过自杀，有30%左右的人计划过如何去自杀，有2%左右的人尝试实施过自杀，当你特别绝望的时候，你是否有过类似的念头？"这可以让来访者知道其他人也拥有和他类似的想法、感受或痛苦。当来访者谈及自杀想法或经历的时候，干预者需秉持无条件积极关注的态度，以一种不带侵入性的会谈方式询问具体的想法内容和行为细节。如"你对未来如此绝望，你有没有想过自杀？你想过怎样去做？"当来访者承认有过自杀的想法时，就应该继续探查自杀想法持续的时间、频率和强度，如果有自杀计划，干预者要在具体询问中探查来访者自杀计划的细节、可行性和致命性。

具体评估当事人自杀风险时，我们可以遵循4P模式：

（一）Pain，痛苦

1.这个人受到多大伤害？（1一点儿－10严重伤害）

2.这痛苦能忍受吗？（1一点儿－10完全不能忍受）

3.他具有这种感受多久了？这痛苦与其他痛苦不同吗？

4.以前有过类似的感受吗？以前是怎么处理的？

5.他感到无助和绝望的程度如何？

（二）Plan，计划

1.他有无自杀的计划？他对这个计划准备了多久？

2.计划的具体内容是什么？这计划是致命的吗？

3.他是否准备去实行他的计划？

4.是否定下了日期？是否是什么特殊的日子？

5.他是否谈论到他将离开？

6.他在谈论自杀时的语调、语气、态度如何？

7.他是否做了人生的最后安排？

（三）Previous History，既往史

1.以往有没有想过自杀或自杀过？

2.过去是否遭遇亲人死亡？

3.有没有身患重病？

4.有没有遭遇情感关系破裂？

5.有无身体和心理上的创伤？

6.有无遭遇性侵犯？

（四）Pluses，附加情况

1.有无支持？

2.希望和梦想？

3.活下去的理由？

既往有自伤自杀经历；自杀计划越详细越明确，致死性越高；当前现实压力越大；目前可利用的内在资源（如来访者悲观的人格特点，缺乏处理相关问题的经验、对未来的希望和积极信仰）和社会支持资源（如来访者的社会支持系统的

数量、质量、可利用性）越少；被诊断为抑郁症等精神障碍，这五项因子，每叠加一项，自杀风险就越大，自杀危险性越高。

五、自杀干预的要点

干预当事人自杀行为时，干预者可以使用危机干预六步法来帮助他们接受"他们能够控制自己的想法，感觉行为的事实"，同时告诉他们别人不能为他们做出选择。令人信赖的诚恳帮助可以使危机者感到有力量，并重新获得希望。不要试图通过一次干预就能让来访者停止自杀的想法。所以在学校自杀危机干预过程中，重点是行动干预，即保证危机者的安全是第一重要的。

（一）遵循危机干预流程

心理辅导老师的危机干预谈话过程可以遵循危机干预六步法，与来访者讨论他的自杀想法，接纳并鼓励他宣泄情绪，强调情绪低落是有其周期的，自杀是不可逆的决定。当一个人孤立无援处于情绪危机中，自杀的危险性会大大提高，应启发他寻找并充分利用合适的内部资源（个人的、心理的）和外部资源（环境中的，家庭、朋友的）。

（二）保证危机者的安全

谈话后，如果你认为他的自杀危险性很高，不要让其独处，需要启动24小时监护制度，保证其安全。

（三）必要时进行直接干预

根据问题的严重程度采取相应的处理方式，对有引发自杀可能的问题需进行直接干预，让来访者感到他的问题是可控的，如他因抑郁症想自杀，可以安排其住院治疗，或者在药物治疗的同时接受专家的心理治疗、家长陪读，在治疗前安排他信任的人陪伴等。

（四）避免过早放松警惕

处于危机中的人经常会因为讲出了自杀的念头而感到放松，干预者容易错误地以为危机已过。然而问题往往会再次出现，这时的自杀预防工作就更为重要。比如，要特别注意那些很快"反悔"的人。

第三节　学校危机干预流程

20世纪50年代以来，国际社会普遍认为，仅认识到危机干预反应性策略的重要性是不够的，还要认识到发展积极的、系统的、预防的危机干预模式的重要性。

一、学校危机干预职能体系

中小学应成立"学生心理危机干预工作领导小组"。领导小组由学校校长任组长，成员由思政处、教务处、保卫处、校医院、后勤集团的领导、班主任和学校心理咨询中心负责人组成，职责是：全面规划和领导学校学生心理危机预防和干预工作，督促有关部门或单位认真履行危机干预工作的职责，为重大危机事件的处理做出决策。学校全体教职员工在学生心理危机预防与干预中均负有责任和义务。

可在班级设立心理委员，有条件的学校可在学生公寓设立心理辅导室，充分发挥班级学生干部、学生党团员的骨干作用，主动关心、广泛联系同学，通过多种方式了解同学的思想动态和心态，一旦发生异常情况，及时向班主任报告。

学校心理咨询中心要把向学生提供专业、有效的心理危机预防与干预作为主要工作内容之一，专、兼职心理咨询人员要牢牢树立心理危机预防与干预意识，对危机状态的学生予以及时处理，有必要时需向校心理危机干预工作领导小组和有关部门报告，并正确处理正当泄密。

二、学校危机干预流程

（一）危机预警

学校应建立心理危机排查制度，危机排查的时机如下：

1.新生心理健康普查

对初一、高一新生开展心理测试，建立心理档案，对高危学生进行心理约谈，并列为重点关注对象，定期进行电话回访。心理咨询中心一般会将严重的危机者的情况反馈给班主任。

2.特殊时段排查

特殊时间段进行排查，主要包括：每学期开学初、期末考试前后，对学习压力大和成绩不及格学生的排查；春季心理疾病高发季节，对情绪不良和有异常心理反应及外在表现学生的排查；学校危机事件发生后的危机排查。具体排查由班主任和心理委员及班级学生干部完成，在这些特殊时间段，必须密切观察班级学生心理动态，对存在心理危机危险因素的同学需重点排查，详细指标参见第三节"自杀的危险因素"。心理委员可以负责每周班级学生心理动态报告表的工作。

排查期间，班主任可以向学生宣传以下内容：遇到让你很痛苦或影响你的学习或社交功能的心理问题时，不要等待，主动寻求帮助；要相信会有人愿意帮助你。但是你得将自己真实的困难和痛苦告诉你所信任的人，否则他们对此一无所知；如果你的倾诉对象不知道如何帮助你，可以向学校心理咨询中心寻求帮助；解决心理危机通常需要一个过程，可能你得反复多次地约见咨询人员或心理医生；不要冲动行事，强烈的痛苦会使你更难做出合理的决定。

在排查期间，学校心理辅导老师可以以讲座或新媒体网络的形式给学生普及危机自查、危机识别和危机自我干预等心理保健知识，增强学生的危机识别能力及自我保健能力。

3.心理咨询筛查

在日常心理咨询中，由心理辅导老师对高危个案进行识别筛查。

（二）危机干预（报告，干预，转介）

对于排查出的心理危机学生，启动危机干预流程，具体步骤如下

1.不单独处理

报告给学校危机干预领导小组，请求相关部门协助。

2.及时转介

第一时间转介至学校心理咨询中心；心理辅导老师遵循危机干预六步法进行初步评估，对于自杀风险高的学生，疑似精神障碍的学生，及时转诊至精神专科医院；同时通知家长，在家长到校之前启动24小时随身监护机制。心理咨询中心填写《心理高危学生报告表》一式两份，一份报送给危机干预领导小组组长，一份存档。

3.正确委婉通知家长

遵照我国新精神卫生法第三十二条至第三十六条规定，疑似精神障碍者必须由其监护人送往医院就诊或安排住院治疗。通知家长来校的作用，一方面在于尊重家长的知情权，让家长对孩子危机形成的前因后果及学校对危机处理的程序有所了解，并能积极配合，充分利用孩子在家庭中能获得的社会支持，引导其脱离困境；另一方面可以减少学校不应该承担的一些责任，危机的后果并非能够完全预测，为了避免不良后果造成日后部分家长的纠缠和无理取闹，应在第一时间通知家长，让家长明白理解学校的责任所在。

家长暂时无法到达时的处理：

①要让家长感受到学校对学生的关心，不要让家长产生学校推脱责任的误解；

②要理解与接纳家长对孩子担心的情绪，向家长介绍有关自杀及精神疾病的知识，消除家长对精神疾病的恐惧；

③说服家长尊重专业的诊断和治疗建议；

④让家长承担其作为监护人应当承担的法律责任。

4.24小时贴身监护

在家长到来之前，班主任要部署好危机学生的24小时监护工作，不要让其独

处，不把伤身工具放在企图自杀者、暴力攻击者可获得的地方，保证危机者的安全。可以安排与来访者关系亲近的同学或者班干部组成四人监护小组，轮换陪伴，对该生进行安全监护。监护地点最好选择安排在一楼的单独宿舍或宾馆。

5.同时建立阻控系统

对于学校可以调控的引发学生心理危机的人、事或情景等刺激物，高校应协调有关部门及时阻断，消除对危机个体的持续不良刺激。如对于危机个体遭遇刺激后引起紧张性反应可能攻击的对象，保卫处应采取及时的保护或回避措施。

6.转诊医院

必要时，由班主任陪同家长及该生到所在地市精神专科医院进行鉴定、治疗。就诊时，班主任应向医生反映自己所了解到的客观情况，就诊后班主任应及时复印保留相关病历及医治资料。

当危机学生的行为已构成对自身及他人的威胁，严重影响学校秩序，家长还没赶到学校时，学校可以联系公安部门，强制将其送到精神病医院监护，待家长到来后，由家长办理就诊事宜。

（三）住院，休学，退学

根据精神专科医院的诊断鉴定结果，给予对应安排。对心理危机程度较轻，能在学校坚持正常学习者，由心理咨询中心专职人员对其进行危机干预，危机稳定后对其进行长程心理辅导；如经医院诊断需要配合药物治疗的，应坚持正规长程药物治疗，定期复查。同时，班主任应多加关注，及时了解该生的心理与行为状况。对于症状严重，需住院治疗或不适合在校继续学习者，学校应做通学生家长的思想工作，劝其休学治疗，必要时家长陪读监护或者作退学处理。

（四）后期追踪

因心理危机休学的学生申请复学时，除按学校学生学籍管理办法办理外，还应出具学校认可的二级甲等以上医院的心理疾病康复证明。复学后，新旧班主任要做好交接工作，新班主任要对其学习和生活及时关注，妥善安排，加强家校沟通合作，促进学生更好适应。校心理咨询中心要将其作为重点关注对象，指派专人提供康复期的辅助心理咨询服务，并定期通过班主任对学生的心理健康状况进行回访。

三、对于已发生自杀事件的应对

对于已经发生的自杀或危机事件或其他影响整个学校的危机事件，学校应设置专门的"危机事件处理小组"，通常由校内"心理危机干预工作领导小组"承担，建立如下危机应对程序。

（一）现场处理：建立救助系统，及时报告（班主任和年级组长负责）

对于正处在危机当中，正在实施自杀的学生，此时，在场者第一个紧急通知的应是学校保卫处和校医院，作为心理危机干预体系的成员单位，他们在赶赴现场的过程中应迅速通知危机干预领导小组的相关负责人及学生班主任，学校派出专门的危机干预心理谈判专家与当事学生进行对话与交流，在进行对话的过程中，学校与各相关部门要积极有序地采取营救措施，必要时通知所在地的社会机构进行现场援救，如公安局、120救护车、消防部门等，务必将危机事件的严重后果降到最低。

对于突发学生自伤自杀事故，已经造成死亡事实的，年级领导和有关部门应立即赶赴现场，进行最后的现场援救；同时要保护、勘察、处理现场，防止事态扩散和对其他学生的不良刺激，并配合、协调有关部门（如保卫处、公安机关）等对事件的调查。

（二）通知家长，与家长沟通（年级组长负责）

事件发生后第一时间通知家长立即到校，妥善接待家长，细致周到安排好在处理危机事件中家长的生活（包括饮食住宿、提供车辆安排家长看望学生遗体等）。应由危机事件处理小组负责人主动与家长进行沟通，沟通时须注意：

1.不对家长发表结论性意见：由学校保卫部门帮助家长与公安部门联系，由公安部门直接向家长宣布刑事调查结论。学校只起配合作用，不进行中间的信息传递。

2.不讨论责任：事故责任需要通过法律程序来认定。

3.充分理解家长的情绪：如果个别家长过分冲动，其行为影响了学校正常的教学秩序，则请公安部门按法律程序处理。原则上理性化解家长冲突。

4.对家长不合理要求坚持政策原则进行疏导。受伤害学生的监护人、亲属或者其他有关人员，在事故处理过程中无理取闹，扰乱学校正常教育教学秩序，或者侵犯学校、学校教师或者其他工作人员的合法权益的，学校应当报告公安机关依法处理；造成损失的，可以依法要求赔偿。

（三）媒体协调（宣传部负责）

危机事件发生后，对于媒体的采访，学校要采取与媒体合作、主动引导的策略。

1.由学校指定一人担任新闻发言人，统一接待记者采访。

2.向媒体强调报道谨慎：为了避免因媒体报道不当，可能诱发与自杀者有同类问题或有心理疾病的人自杀，同时也为了保护学生和公众的安全，报道要特别谨慎，使媒体的报道不至于在无意中渲染了自杀事件，造成对学校和社会的负面影响。媒体报道时具体应注意：

避免对自杀作感性报道：避免渲染夸大之词，避免用头条新闻报道自杀案件。

避免对自杀方法的详细描述：此举对大众存在负面影响。

切忌把自杀行为描述成扑朔迷离，引人入胜的悬案，但也不能过于简单地归结于某一件事引发的悲剧。自杀行为通常是许多负性事件积累的结果，明确自杀的诱因，强调未雨绸缪更有利于保护公众的心理健康。

切忌在报道中暗示自杀是人们面对重大人生困惑如失恋、考试失败，或被性虐待等的唯一解决方法。

在报道时应提到自杀者的行为对其亲属心理方面的伤害。

客观描述自杀未遂者的健康状况亦可防止学生盲目模仿自杀行为。

报道中应提供自杀相关信息的救助机构，如学校心理咨询中心、相关精神健康机构的电话及地址，媒体可以借此充当协助公众防止自杀的积极角色。

广为宣传自杀行为前的征兆；告知心理疾病虽然可能与自杀密切相关，但并非唯一原因，并且早期救治效果较好。

3.同时关注校园内外网络，防止对事件的不良渲染和恶意歪曲，也防止学生中恐惧等消极情绪的散播。

（四）调查危机事件发生原因（学校保卫处负责）

由学校保卫处通知公安机关，配合调查自杀学生的日记、遗书、日志、博客、浏览网站内容、手机信息、生前人际交往等情况，分析自杀原因。与自杀学生有关的个人材料应准备复印件，与家长和有关部门交涉的重要对话应予以录音，作为危机事故处理过程中的证据资料，提供给学校心理危机干预领导小组和校保卫部门备案。

（五）正确告知相关学生，做好事后监控（年级组长负责）

自杀事件发生后，所在班级学生的反应可能最为激烈，为防止学生间信息误传引起不必要的惊慌和自责等消极情绪蔓延，年级组长应向当事者所在班级和学院的老师澄清事件，正确解释事件发生的可能原因，避免胡乱猜疑和肆意渲染。传达过程中需注意以下事项：

1.第一时间召开教师集体会议和学生班会，统一告知他们自杀事件的发生，不要叙述过多关于自杀的细节，特别是自杀的场景描述，因为这会导致很多胆小内向的孩子发生恐惧情绪，若无法排解，他们会在独处及睡眠时不断想象此场景，诱发严重失眠等心理障碍。切勿个别告知学生，由学生自行播散消息。

在向教职工宣布此消息时，务必叮嘱他们不要在课堂上公开谈论此起自杀事件，更不能任意把它作为教学案例，处理不当会引发学生不良的消极情绪散播，甚至引发本来有心理危机的同学效仿自杀。

2.在解释自杀的原因时，应解释"自杀是一种复杂的社会现象，通常由多种因素综合导致，与个体人格特征、对待生命和挫折的态度、承受能力、情绪的调节方式、家庭亲子关系、遭遇的现实压力、生物因素等都有关联，自杀是个体心理长期处于病态环境中的结果"，必要时可以公布公安部门的相关调查结果，但对于被调查的学生和老师，应对其相关隐私进行保密，以防不明真相下恶劣的舆论攻击。

3.应向学生说明，任何一种心理障碍都不是一朝一夕形成的，所以它也不是短时间可以治好的，需要来访者配合心理医生，一起努力面对。应启发学生对心理障碍、心理咨询有一个客观正确的认识，鼓励他们在心理困惑早期就及时发现并及时求助。公布心理咨询中心的详细地址、电话和求助程序。

4.危机事件发生后的三个月，班主任、班长和心理委员需要多监测班级学生的心理动态，给学生鼓励和心理支持，帮助他们意识到创伤事件后的应激反应（悲痛、愤怒、恐惧、怀疑、无助等）都属于正常的情绪反应，不需要刻意压抑，需要的时候随时寻找同学、老师或者心理辅导老师倾诉。发现异常，要及时与心理咨询中心取得联系。

（六）心理关怀与心理辅导（心理辅导老师及班主任负责）

1.保护被调查学生和老师，避免媒体和外界民众对其猜测和调查引发的个人隐私泄露及心理压力过高。

2.对受危机事件影响的学生（主要是宿舍室友、同班同学、好朋友等）进行团体心理危机干预，对个别心理创伤较严重者进行个体危机干预；心理咨询中心一般也会对危机知情人员进行团体辅导和个体咨询干预。

团体心理危机干预涉及面广，可以同时对几十人进行干预，其主要目的在于：

①澄清自杀事件，消除同学们对此事可能存在的误解和消极散播。

②提供身心应激反应的基本信息，引导同学们进行健康的情绪管理；包括鼓励同学们对内在的悲伤状态进行描述，鼓励各种情绪的表达；解除某些平时和当事学生发生过各类冲突或者与当事者关系良好学生的内疚自责心理；消除同学们可能存在的对生命的悲观情绪。

③观察评估与当事者有关的学生的心理状况，识别出高危个体，对其心理伤害和情绪冲突进行进一步的个体心理辅导。

④提倡健康的应对方式；鼓励学生思考对待危机事件的应对方式，引导相关讨论，提倡对积极有效应对方式的分享和学习。鼓励他们学会利用自己身边的社会支持系统（包括老师、家人、朋友、班集体、专业心理咨询机构、社会组织等）渡过这次危机和未来可能遇到的挫折事件。

团体干预的时间通常控制在一个半小时左右，之前要制订完善的计划，进行充分的准备。

3.对受危机事件影响的教职员工进行心理辅导。

4.在全校学生进行危机排查，警惕模仿自杀发生。

（七）后事处理（思政处负责）

包括学生遗体的处置，是否安排学生举行告别仪式，慰问金发放等。

（八）恢复常态、三生教育（心理辅导老师及班主任负责）

当危机事件处理完毕，各班级应对广大师生进行三生教育：

"生命教育"：让每一个人都认识生命、尊重生命、珍爱生命，关心自己和家人；

"生活教育"：提倡珍视生活，了解生活常识，掌握生活技能，养成良好生活习惯，关心他人和集体，树立正确的生活目标，懂得幸福的真正意义；

"生存教育"，强调学习生存知识，正确对待人生挫折，保护珍惜生态环境，关心社会和自然，强化生存意志，提高生存的适应能力和创造能力。

相较于大学而言，中小学的自杀率和危机事件发生率更低，精神障碍的发病率也更低，发展性危机更多，因此，学校危机干预的重点应该是危机前预警，包括心理危机保健知识和求助途径的宣传普及教育以及"三生教育"；其次是危机的早期筛查与风险评估。做好这两块的工作，有助于提高学生的心理素质和抗挫折能力，最终极大地降低中学危机事件的发生率。

辅导活动篇

FUDAOI·HUODONGPIAN

第九章

团体心理辅导

随着社会经济的迅猛发展，我国对心理健康教育越来越重视，然而心理健康教育师资力量的缺乏极大地限制了中小学心理工作的开展，怎样让有限的师资力量服务更多的学生，团体心理辅导是一种不错的选择。与个体咨询相比，团体心理辅导具有参与人数多，一次可从几人到数百人，适用面广，活动形式多样，生动有趣，学生乐于参与；耗时短，效率高，效果好等诸多优点，迅速成为学校心理健康教育的重要渠道。

第一节　团体心理辅导的基本理论和技术

一、团体心理辅导的概念

团体心理辅导，简称团体辅导，是指心理辅导人员运用适当的辅导技术和团体的动力，协助个体了解自我、发现自我、实现自我的过程。心理学中有两个术语与"团体心理辅导"概念相近，关系紧密，分别是"团体心理咨询"和"团体心理治疗"。

团体心理咨询又名团体咨询、集体咨询、团体心理辅导、团体咨商。它是在团体的情境下，运用各种心理咨询和治疗的技术，通过团体内的人际交互作用，促使成员在团体中观察、学习、体验、认识自我、接纳并调整自我，改善与他人的关系，发展人格的助人过程。

团体心理治疗，简称团体治疗。美国团体治疗协会定义为少数个体在经过培训的治疗师指导下，自我帮助和互相帮助，改善来访者的认知模式和不良行为。团体治疗是心理治疗的一种特殊的形式，主要对象是一些有心理障碍的群体。

团体心理辅导、团体心理咨询和团体心理治疗三者本质区别不大，或者可以看成一个连续体。它们都是在团体情境下，利用团体动力和成员间的互动来开展的一种心理干预活动，运用的心理学理论和方法大致相同，不同之处在于三者的工作力度、对象、层次和目标。

表9-1　　　团体心理辅导、团体心理咨询和团体心理治疗的区别

	团体心理辅导	团体心理咨询	团体心理治疗
对象	正常人	正常人或有轻度心理问题的人	有严重心理问题或心理障碍的人
目标	获得知识和信息，调整观念	调整想法、情绪和行为	人格改变和矫正
功能	预防性、发展性	补救性、发展性	矫正性
指导者	心理辅导老师、培训师	心理辅导老师、培训师	心理治疗师
心理层面	认知层面	认知、情绪和行为层面	意识和潜意识层面
动力	不太重视团体动力	重视团体动力	重视团体动力
方法	一般教学活动技术	咨询技术和团体咨询技术	治疗技术
规模	以班级为单位	6-12人	以人数少为原则
地点	学校、培训机构	咨询机构	医院心理科
时间	短期	短期	长期

二、团体心理辅导的类型

团体心理辅导的分类很多，通常根据以下标准进行分类：

（一）根据辅导的功能分类

可分为成长性团体心理辅导、训练性团体心理辅导和治疗性团体心理辅导。在中小学的心理健康教育中，成长性团体心理辅导和训练性团体心理辅导运用得最为广泛。

成长性团体心理辅导，是通过成员间的互动来克服一些成长中遇到的困扰，互相学习和借鉴，取长补短，获得心智成长，偏重于个人的成长。例如：提高自信心团体辅导、自我探索团体辅导等。

训练性团体心理辅导，是为成员提供一个实验场所，协助成员认识自己的行为，改善非适应的行为，并在团体中验证自己的行为与预期的目标是否达成一致，找到适合自己的行为方式。例如：亲子沟通训练营、人际沟通训练营等。

治疗性团体心理辅导，是对一些异常的行为，如焦虑、抑郁、恐惧等问题，为成员提供一种支持、温暖、宣泄的氛围，去思考过往经验及潜意识对现有行为的影响，改变其人格，达到康复的目的。与成长性、训练性的团体心理辅导不同之处在于，它处理的问题更严重，持续的时间也较长。例如：哀伤治疗小组、人际交往障碍矫正小组等。

（二）根据团体计划分类

可分为结构式团体心理辅导与非结构式团体心理辅导。

结构式团体心理辅导是事先做了计划和安排，按照团体领导者预设的目标和固定的程序来实施活动。这类团体的优点在于参与的人数比较多，成员人数可达几十人或几百人，参与者进入团体的压力和焦虑较小，并且可以根据自己的需要来自由地选择学习的内容。

非结构式团体心理辅导学习的内容没有限制，随着成员在团体互动时自然而然产生的情绪和行为，来决定团体的目标和过程，形成议题。领导者在团体中的领导角色不明显，主要任务是催化团体进程、为成员提供支持。参与人数通常在10人左右，一般适合心智年龄比较成熟的人。

（三）根据团体参与成员的背景分类

可分为同质团体心理辅导与异质团体心理辅导。

通常中小学生的团体心理辅导属于同质团体心理辅导，他们年龄相似、文化程度相当、生活环境和社会文化背景大致相同，成长过程中遇到困扰时，更容易产生共鸣。

异质性团体指的是成员自身的条件、问题的差异、年龄、经验、文化背景等相差比较大，不容易互相信任，却能提供多元化的价值观。

（四）根据成员固定程度分类

可分为开放式团体心理辅导与封闭式团体心理辅导。

开放式的团体心理辅导成员没有固定，可以不断更新，加入新成员，也有老成员退出，取决于参与者的个人情况和意愿。

封闭式的团体心理辅导通常从第一次聚会到最后一次活动结束，成员保持不变。一般情况下，团体心理辅导采用封闭式的辅导形式。

三、团体心理辅导的功能

团体心理辅导的功能有很多种，主要包括：

（一）教育功能

团体心理辅导中成员间的互动，能增进自我了解、自我选择和发展，进而促进自我实现。

（二）发展功能

团体心理辅导的活动方式能促进成员的自我发展，协调人际关系，培养健康的人格。

（三）预防功能

团体心理辅导能预防心理问题的产生或降低心理问题的发生概率。

（四）治疗功能

团体心理辅导能减轻或消除一些不正常的心理和行为。

在中小学心理健康教育的基本宗旨里，发展和预防比矫治有更积极的意义。中小学团体心理辅导的参与者通常是一些身心健康的青少年，他们在平时的学习生活和人际交往中，会存在一些成长方面的困扰，帮助他们预防成长过程中遇到的困惑，发展健全的人格比出现心理问题后再去矫治更有意义，受益面也更加广泛。

四、团体心理辅导的基本要素

（一）参与的人数

通常，小型团体的参与人数以10-20人为宜，每5人为一小组，设立一个领导者。大团体可以班级为单位，每8-10人为一小组，设立一个领导者。领导者可以轮换，让每个学生都有机会去体验和锻炼。

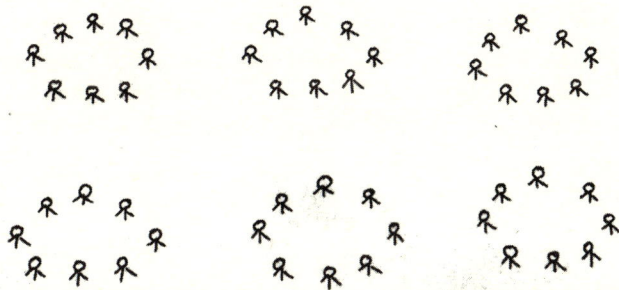

图9-1　团体心理辅导分组（48名成员被分成6个小组，每组8人）

（二）时间和次数

根据辅导的主题和对象的不同，每次辅导时间控制在45-90分钟为宜，辅导次数不等，通常为6-12次，每周开展一次或一天开展多次。

（三）领导者

团体心理辅导的领导者通常为一人，但经验告诉我们，如果有两位有经验的领导者共同带领，关注面会更广，评价也会更客观，更有利于团体工作的开展。

五、团体心理辅导的常用技术

团体心理辅导中所用到的很多技术与个体咨询的技术是相似的，徐西森将团体中常用的技术分为两类：初层次指导技术和高层次指导技术。其中初层次指导技术包括催化、非言语、解释、共情、倾听等，高层次指导技术包括保护、面质、再陈述、建议、处理沉默、阻止、自我表露等。与个体心理咨询的不同之处在于，使用这些技术时，团体心理辅导需要从个人层面、人际层面和整体层面三个方面做考虑，以促进团体动力的发展。此外，团体动力学、社会学习理论以及团体中的人际沟通理论都为团体及团体的发展提供了理论和依据。

（一）催化

指领导者运用言语或非言语的技巧带领活动，协助成员朝着有助于团体目标的方向去探讨。例如：提供一种安全和接纳的氛围，邀请成员参加活动，协助成员表达一些情绪，鼓励成员自我暴露等。

（二）非言语

指领导者通过眼神、语气、语调、姿势等非口语技术来引导成员参与团体。例如：用眼神鼓励成员发言，用身体的转动来表示对成员的关心。

（三）解释

指对团体中的某些行为、想法、感受提供适当的解释。例如：团体进行到第五场，成员讨论的内容仍然是与团体无关的事和人，回避探讨自己的问题，领导者可以这么说："大家都在谈与自己无关的事，是不是觉得彼此之间的信任还没有达到谈及自己的程度呢？"。

（四）共情

指站在成员的立场，设身处地理解他的情绪、感受和想法。例如："你似乎想要向她说出你的内心感受，又担心对方不能接受，为此感到很无力和沮丧，听上去，要把真实感受表达出来，对你来说有些难度。"

（五）倾听

指领导者不作评判，专注于沟通过程中的言语和非言语的行为。

（六）保护

指领导者保护成员不受伤害、批评和攻击，不过早进行自我暴露。

（七）面质

指领导者通过共情协助成员面对自我扭曲、否认、逃避、矛盾等行为，以促进成员的自我了解。由于面质是一项高风险和高难度的技术，在使用时需要考虑以下因素：时机是否恰当，成员能否接受，面质的内容是否具体且正确，面质的目的是关怀和尊重、帮助成员，而非个人成见。例如：在保证成员能够接受并且信任领导者的前提下，对成员说："你希望大家都不要把注意力放在你身上，这会让你不自在。然而，大家把话题从你身上移开后，你却很失落，不知道你自己发现了没有？你愿意说说吗？"

（八）再陈述

指将成员的话，重述一遍，可以使用不同的措辞，以确认其意思。

（九）建议

指领导者提供方法、观点、信息帮助成员发展取代性的思考和行动。例如：一位成员在刚进入团体时，喜欢看着地上说话，在后面的团体活动中，领导者告诉他："当你面朝我们坐着，说话时与我们有眼神的交流，我们会觉得靠你更近。"

（十）处理沉默

指当成员思考、沉默时，领导者对其进行干预，促发成员对上述行为的察觉。

（十一）阻止

也称为阻断，指领导者对团体中无建议性的言行，用恰当的方法制止。例如对成员出现垄断话题、攻击他人、和成员耳语、侵犯他人隐私等行为进行"阻止"。

（十二）自我表露

亦称为"自我开放"，是对团体中发生的事情，表达自己的感受和想法，或分享个人类似的经验，领导者的自我表露能催化团体气氛，建立信任感，激发更深层次的互动。例如：领导者："刚才有3名成员都谈到了和父母的关系，我也曾有过和你们类似的经验……现在我能明白，他们并非不关心我，只是用了他们认为最好的方式而已。"

作为一名团体心理辅导的领导者，需要掌握一些带领团体的技术，才能更好地实现团体的目标，有效地指导成员。介绍团体心理辅导的书籍有很多，技术也有很多种，这里不一一列举，但对领导者而言，掌握的技术越多，越能灵活使用。

第二节　团体心理辅导方案的设计与实施

团体心理辅导方案的设计是领导者必备的能力，一个合适的团辅方案是团体心理辅导顺利进行的必要保证，如同设计规划图，引领团体达成目标。

一、团体心理辅导方案的基本要素

在制定团体心理辅导方案时，需要考虑以下几方面的因素：

（一）团体目标

为什么要组织这一主题的团体心理辅导；辅导的目标是否合理，能否满足学生的心理需求，符合其心理发育的特点；主要任务是什么，以及用什么方法和活动能够达成目标等。

（二）团体分工

谁是组织者，谁是领导者，活动器材和道具的准备等。

（三）团体的性质

活动如何进行，是封闭性还是开放性，是发展性还是治疗性等。

（四）参与者

团体的成员是什么人；他们的年龄、特点、文化背景如何；设计的方案是否符合他们的年龄特点，满足他们的需要等。

（五）活动时间和地点

什么时间在哪进行，持续时间，活动次数等。

（六）招募程序

招募海报设计和宣传，如何筛选成员等。

（七）评估

活动结束后，如何评估辅导的效果，评估的标准是什么，能否量化等。

（八）理论依据

团体心理辅导方案设计的理论依据是什么，操作过程中应遵循什么规律。

知识链接：团体心理辅导方案的内容（樊富珉设计）

1.团体性质与团体名称（结构化程度、学术名称、宣传名称）

2.团体目标（总目标、阶段目标、活动目标）

3.团体领导者（学术背景、带队团体经验、领导者人数）

4.团体对象与规模（参与者特征、团体成员人数）

5.团体活动时间（计划总时间、次数、间隔）

6.团体活动场所（活动场所要求、环境布置、座位排列）

7.团体设计理论依据（理论名称、主要观点）

8.团体计划书（团体过程规划、单位执行计划）

9.团体评估方法（评估工具、评估时间、评估内容）

10.其他（招募广告、财务预算、所需设施、完成条件）

二、设计团体心理辅导方案应注意的问题

（一）避免为了活动而活动

团体心理辅导中的活动是一种工具和手段，而非目的，要重视分享与交流。

（二）避免依葫芦画瓢

不能照搬他人的方案，需要明白方案设计的目的和意义，亲身实践一遍。

（三）避免不当的活动

活动的安排需要循序渐进，层层深入，否则会阻碍团体的发展。

（四）接受督导与同行的探讨

团体中的移情和反移情、复杂议题的处理、领导者个人的成长等都需要定期接受专业的督导，或者至少需要在适当的时候与同行探讨（**详见附录4**）。

第三节　常用结构式团体心理辅导活动

在团体心理辅导中，为了吸引团体成员的积极投入和参与，往往会刻意地设计一些团体的游戏和练习，以推动团体的发展，带入主题。特别是结构性的团体心理辅导中，适当团体游戏和练习的加入，有助于活跃气氛，达成目标，但要谨记游戏和练习只是一种工具和手段，而非目的，重要的是练习时的体验和结束后的分享与交流。下面是一些练习的分享，供大家参考。

一、团体相识篇

良好的开头，等于成功了一半。对于初相识的成员来说，采取一些轻松的活动，识记成员的姓名，能活跃气氛，有效地降低成员的焦虑，增进彼此的了解，产生信任感。

（一）串名字游戏

活动规则：

①小组成员围成一圈，任意提名一位成员自我讲解班级、姓名。

②第二名成员轮流讲解，但是要说：我是×××后面的×××，第三名成员说：我是×××后面的×××的后面的×××，依次下去……。

③最后讲解的那名成员要将前面所有成员的名字、班级复述一遍。

（二）面对面的讲解

活动规则：

①将所有人排成两个同心圆，随着歌声同心圆转动，歌声一停，面对面的两人要相互自我讲解。

②排成相对的两个同心圆，边唱边转，内外圈的旋转方向相反。

③歌声告一段落时停止转动，面对面的人彼此握手寒暄并相互自我讲解。歌声再起时，游戏继续进行。

（三）谁在布后

活动规则：

①所有人围成一个大圈逐一念出自己的名字。

②分成两组，各坐在场所的一边。

③老师和助手把布拿着隔开两组人，每组在布拿起时各派出一人坐在布两边的中间。

④两边都坐好人后，数到三跟助手一起把布给放开，两边被派出的人必须很快地叫出对方的名字，叫得比较慢的就输了，一直持续下去。

（四）大树与松鼠

活动规则：

①事先分组，3人一组。2人扮大树，面对对方，伸出双手搭成一个圆圈；1人扮松鼠，并站在圆圈中间；老师或其他没成对的成员担任临时人员。

②老师喊"松鼠"，大树不动，扮演"松鼠"的人就必须离开原来的大树，

重新选择其他的大树；临时人员扮演松鼠并插到大树当中，落单的人表演节目。

③老师喊"大树"，松鼠不动，扮演"大树"的人就必须离开原先的同伴重新组合成大树，并圈住松鼠，临时人员应临时扮演大树，落单的人应表演节目。

④老师喊"地震"，扮演大树和松鼠的人全部打散并重新组合，扮演大树的人也可扮演松鼠，松鼠也可扮演大树，临时人员亦插入队伍当中，落单的人表演节目。

二、团队建设篇

团体的成员在初步的相识后，就需要进一步地接触和了解，逐步建立起信任感，增强团体凝聚力，增进成员之间的互相信任，促进成员在活动中体验、感悟和反思。

（一）信任之旅

活动规则：

①把所有成员分为两组，一组做"盲人"，一组做"拐杖"，两人为一组。

②"盲人"戴眼罩行走，"拐杖"可以牵手或搀扶，但不能使用语言提示。

③到达目的地之后，"盲人"和"拐杖"角色互换，新的"盲人"戴眼罩行走，新的"拐杖"牵手或搀扶，但不能使用语言提示。

④活动后讨论：当你是"盲人"时，看不见之后有什么感觉，你对"拐杖"是否满意，为什么？你对自己有什么新发现？当你是"拐杖"时，你是怎样帮助你的伙伴的？

（二）共同进退

活动规则：

①在平地上划一个直径2米的圆圈，圆圈里面随意写上1-10的数字。

②老师现场向队长讲解规则：所有人进入起点线后不能讲话或发出声音，只能有一个人在圆圈里面按1-10的顺序拍数字，一定要进入圆圈里面才能拍数

字，活动过程中，除了正在执行任务的成员的手之外，其他任何身体部位都不能触碰到数字或者圆圈。讲清楚之后给两分钟时间由队长在起点线外向成员传达规则。

③活动开始，所有成员必须进起点线，活动完成后，以所有成员出起点线为计时结束；

④小组成员需要进入指定区域按1-10的顺序依次用手拍打一遍每个数字，并返回起点线。每次活动过程，老师都会监督是否有犯规行为，但不会提醒哪里犯规。最后老师会宣布所用时间，并告知成绩是否有效，并给时间让成员讨论哪里犯规。

三、自我探索篇

自我的了解和接纳是建立良好人际关系的前提，通过活动促进成员自我探索、深化自我认识，提升自我察觉和察觉他人需要的能力，不仅能帮助成员个人成长，还能帮助成员和团体共同成长。

（一）我是谁

活动规则：

①准备好一张白纸，写出20个以"我是"开头的句子。

②小组交流练习的感受

（二）诺亚方舟

活动规则：

①请团体所有成员选出一种动物代表自己。

②选一人先当诺亚，并抽出这人的椅子。当诺亚的人要一边绕着圈子，一边说：我是诺亚，我要带（动物的名称）。被叫的代表动物的人要跟在诺亚的背后一起绕圈子，等到当诺亚的人不想再带动物的时候，就喊：船沉了！然后所有的人就要开始抢位子，没有抢到位子的人就当下一回合的诺亚。

③组员互相分享：为什么选择这种动物代表自己，有哪些地方和自己是相似的，哪些地方是不同的。

（三）生命线

活动规则：

①准备好一张白纸，一支颜色鲜艳的笔和一支颜色黯淡的笔（比如一支红笔和一支蓝笔），用颜色区分心情。

②把纸横放好，然后从中部画一条长长的横线，加个箭头在末端。在原点处标上0，在箭头处标上你为自己预计的寿数。然后在白纸的顶端写上×××的生命线。

③根据规划的生命长度，找到目前所在的那个点，标出来。比如说成员现在13岁，就标出13岁的那个点。在这点的左边，代表着过去的岁月；右边，代表着未来。

④请成员把过去对自己有着重大影响的事件用笔标出来。比如7岁上学了，就找到和7岁对应的位置，填写上学这件事。如果觉得是快乐的事，就用鲜艳的笔来写，并要写在生命线的上方。如果觉得十分快乐，就把这件事的位置写得更高些。又比如10岁时生了一场大病，就找到10岁对应的位置，填写上这件事。如果这件事让自己觉得悲伤、痛苦，就要用颜色黯淡的笔写在生命线的下方。这件事越让人痛苦，位置就要越低。依此操作，用不同颜色的笔和不同位置的高低，记录自己过去的生命历程。

⑤思考、讨论与分享：找到你目前所在的点，对比过去已经走过的人生之路和未来要走的人生之路，你有何感想？当把生命线画完后，怎么看待过去已经发生过的事、走过的路？生命线上面的事件多，还是线下面的事件多？如果大部分都是在线以下的，是否可以考虑调整一下自己看世界的眼光？如何理解生命的"长度"与"宽度"？

四、活动结束篇

有经验的团体领导者会很重视团体心理辅导结束的活动练习，利用活动回顾自己参加团体的历程，做一个总结，体会成员间积极的情感，珍惜友谊，使团体活动在温馨的气氛中结束。

（一）真心祝福

活动规则：

①每一个成员发放一个彩色卡纸和小夹子。

②所有人围成一圈，后面同学给前面同学写下自己的祝福语并签上自己的名字。

③通过握手或拥抱的方式与小组其他成员告别。

（二）礼物大派送

活动规则：

①请每位成员在送礼单上写下准备送给小组内其他成员的"礼物"名称。这个礼物可以是抽象的，也可以是具体的，但是必须是其他成员所需要的。例如：快乐、汽车等。

②先由一位成员开始接收其他成员送给自己的"礼物"，送礼物的同学简单说明送这件礼物的理由。接收人记下，并说"谢谢"，接收完所有礼物后，谈谈自己的感想。

③再由下一位成员接收礼物，由此类推。

团体心理辅导中使用团体练习能够促进人们的沟通，在练习中能发现自己的问题所在，或通过别人的经验分享反观自己。常用的团体练习类型有纸笔练习、身体运动、接触练习、阅读练习、心理剧、生活演练、娱乐性练习、团体外的作业等多种形式，在选择时，可以多种形式组合。最后，分享一例具体的团体心理辅导过程给读者（**详见附录5**）。

第十章

心理素质拓展训练

··

　　心理素质拓展训练寓教于乐，为学习者提供轻松自然的学习氛围，设置具有挑战同时又充满趣味的活动，促进团体成员相互交流分享，不仅可以丰富和更新自身的知识结构，培养独立思考的能力，而且有助于体验者探索和挖掘自身潜能。心理素质拓展训练以活动为载体，以学员为中心，参加者通过亲身体验达到挑战自我的目的，从而改变个人态度。

　　态度决定行为，行为决定习惯，习惯决定性格，性格决定命运。

第一节　心理素质拓展训练的理论基础

一、心理素质拓展训练的起源

　　拓展训练也称体验式培训，起源于二战期间英国水兵的生存训练（Outward bound），原意为小船驶离平静的港湾，执着地投向未知旅程，去迎接各种挑战。二战期间，英国船队在大西洋频频受到德国潜艇攻击，伤亡重大。事件中人们发现从海中生还的往往并不是那些身强体壮的人，而是一些具有丰富野外生存经验，意志坚强，且具有良好团队精神的人。这一现象引起了军事、教育、心理学专家的兴趣，1942年，德国人库尔特·哈恩（Kurt Hahn）和英国人劳伦斯·霍尔特（Lawrence Holt）在英国创办了阿伯德威海上训练学校，这种训练利用野外活动的形式，模拟现实的环境，对海员进行心理意志及生存能力训练，取得了巨大的成效。

心理学表明："阅读的信息，我们能记住10%；听到的信息，我们能记住15%；但所亲身经历过的事，我们能记住80%以上。"当全球教育培训机构力图寻找一种效果持久的培训方式时，体验式学习以其寓教于乐和效果持久的优势照亮了渴求者的眼睛，心理素质拓展训练由此快速蔓延开来。

二、心理素质拓展训练的主要特点

（一）学员是训练过程中的主角

在心理素质拓展训练的整个过程中，学员扮演着主角，学员始终是活动的中心，学员通过自己身体力行的活动来感受，并从中悟出道理。培训师的讲解是基于所有学员反馈的基础上展开的，而不是单向的阐述，这样的学习方式充分保证了学员的高度投入。

（二）活动中蕴含深刻的道理

小活动，大道理。心理素质拓展的很多活动看上去都非常简单，实际上这些活动绝大多数都是经过几十年心理学、管理学、团体科学等方面的论证，能够对个人心理素质起到有效提升的效果。

（三）学员之间的情感距离被迅速拉近

参加心理素质拓展训练的成员通常被分成若干个小组，自己选队长，取队名，制定队旗、队歌和口号。每个项目都需要小组成员在组长的调动下密切沟通协作，参与竞争，这个过程使得学员之间的情感距离被迅速拉近。

（四）良好的培训环境使人身心放松

心理素质拓展训练通常选择安静的户外开展互动，远离喧嚣，投入山水，有时甚至引入露营、徒步等训练手段，其目的是给学员营造一种更加投入的参加培训的气氛，不仅仅是身心放松、开阔视野、增长见识和增进感情。更重要的是，通过训练提升个人和团体的素质，其核心在于对学员综合素质的提升。针对这一领域的培训方式是非常少见的，这就给予心理素质拓展训练一个非常广阔的生存空间。

1. 心理素质拓展训练不同于体育

虽然训练以户外活动为载体，但无论是训练目标，还是训练手段，都与体育存在着较大的差别。体育是以身体锻炼和竞技为核心目的的，而拓展训练强调学员心理素质的提升。从训练手段而言，拓展训练通常以限时完成任务为标准，要求团体成员共同解决问题，而体育训练则主要以重复性强化训练为形式。

2. 心理素质拓展训练不同于娱乐

拓展训练具有极大的趣味性，但仍不同于娱乐。娱乐的一个突出特征是没有明显的目的，解决的是心理上的某种满足感。而拓展训练的某些项目恰恰是以克服心理障碍、完成心理挑战为目标的。

3. 心理素质拓展训练不同于传统培训

轻松自然的野外环境，开放接纳的心理状态，真实模拟的情境体验，与以往不同的共同生活经历——与传统的室内训练不同，野外拓展训练借助自然地域，通过使学员亲身体验经过定向设计的情景模拟项，评估学员的实际表现，暴露出学员及团体整体的优势及问题；然后在培训师的引导下利用团体的共同智慧成功找到改进的方向和方法。

三、心理素质拓展训练的教育功效

显性语言文字的记忆容易遗忘，隐性记忆深刻而长久。而体验式培训能同时激发这两种记忆，让我们学到的东西更持久牢固。国际上这种培训方式比较流行，因为不管你内心的知识沉淀和准备怎样，在同一个团体里，感觉、情绪、行为，是比较容易互动、共情、分享的。这种培训的技术关键是共情：建立团体的信任感、归属和共同感，通过躯体接触、内心开放、接纳与互动等环节让彼此形成一种合力。而且个体在群体中会出现一种盲目性或随同性，容易放弃自己固有的观念和态度，真正感受到自己潜在的能力，以及心理层面中自我的其他方面。

学员们在参加心理素质拓展训练时，常常会有"我从这些训练中能收获到什么"的想法，经过调查试验与统计，学员们通过培训师精心设计的项目以及情景模拟，可在以下六个方面获益：

1. 通过体验式培训，达到激发潜能，提高团体凝聚力的目的。

2. 在团体中营造的信任氛围会促进成员彼此态度和情感的分享。

3. 增进成员自我接纳感和自我尊重感；感觉自己是一个有价值的人，从而树立自信，克服自己的不足。

4. 协助成员摘下面具，勇敢地学习以真实的态度与他人相处，也可以学习面对真实的自我。

5. 协助成员学会正确解决问题和决策的技巧并承担责任。

6. 协助成员将团体中学习到的经验运用到自己的生活实践中。

一位学员多年来总觉得别人要么躲避他，要么干脆拒绝和他交往，在心理素质拓展训练中他了解到那是因为他总是抢着说话，而且唠叨不停，不着边际。多年之后他告诉我，他生命中最重要的一件事情就是，一个团体的成员告诉他："当你谈论你的感受时，我喜欢你，想和你靠得更近一些；但当你开始谈论那些事实和细节时，我就想离开房间！"

第二节　心理素质拓展训练的操作要领

一、培训师自我介绍

团体首次训练关系到未来的团体气氛，因为动力学家韦恩所说"培训师在他的每一道目光，每一个举手投足，每一个表情动作，每一句声音话语中，都在向成员表达他的性格特征，无法隐瞒，也无须隐瞒"。为此，培训师应将自己的情感、思想、经验等方面的信息告诉成员，与成员们共同分享。

一般来说，无论何种性质的团体，培训师在团体开始时最好传递温暖、信任、真诚、关心、助人、尊重等正性的信息，应尽可能避免自我陶醉式的迷你演讲。开始时，最好使用自我介绍。

（一）自我介绍的作用

1. 增加了培训师对成员的吸引力，提高了成员对培训师的认同感，强化了成员对团体的兴趣，有利于培训师与成员之间建立相互非常信任的开诚布公的关系。

2. 使成员感到有人分担他的困扰，促进了成员的自我了解和自我认识。有助于成员的自我接纳，使自我开放成为分享成功的必要条件。

3. 使成员感到培训师也是个普通人，也有普通人的七情六欲，使成员更加信赖培训师，当培训师向成员做出一定水平的自我暴露时，常常能引导出成员相同水平的自我暴露，当成员做出一定水平"自露"而没有得到培训师相应的行为时，成员的"自露"会受到抑制。

4. 培训师"自露"行为的增多，可以给成员树立一个榜样，使成员更多地自我开放。

5. 如果培训师在团体心理训练和分享的过程中做了与成员相关或相似的负性信息，成员会从培训师身上感到温暖、信任和通情达理。

（二）培训师常用的几种方法

1. 培训师描述团体性质与目标后做自我介绍

这种方式比较适合于教育团体、任务团体和成长团体。培训师用5分钟左右的时间描述团体的目标、形式、内容、自己的专业背景、以前带领类似团体的经验。

2. 培训师简述团体后，成员做自我介绍

培训师用1-2分钟时间做简要的经过事前设计好的开场白，然后请成员进行自我介绍。这种方式可以避免成员出现只是听而不发言的心态，使成员很快变得主动活跃起来，特别适合于成员彼此不熟悉的第一次训练场合。

3. 培训师长篇讲话后直接进入团体的内容

这种方式适合于团体成员已经很熟悉的讨论团体、教育团体、任务团体和分享团体。培训师介绍自己的专业背景和团体内容，一般需要4-5分钟时间，尔后直接进入到拓展项目。

4. 培训师简介团体后，成员进行两两配对

这种方式适合于成员不需要作自我介绍，成员已经清楚了团体的目标，并在团体中感觉很自在的任务团体、教育团体、讨论团体或支持团体。培训师简要地介绍团体后，请成员两两结对，以讨论团体内容或参加这个团体的动机。

二、协助成员相互熟悉

第一次训练时，培训师应当考虑怎样将成员们介绍给大家。如果成员们彼此不认识，那么在会面开始后不久即让他们彼此认识，通常都会很有益处。在了解了彼此的名字并花些时间彼此熟悉之后，成员们会感到更为放松。

而用在介绍上的时间长短依据团体的目的不同而有所变化。在那些需要交流个人情况的团体中，要花费较多时间帮助成员们彼此熟悉。因为成员们对那些将与之讨论私人问题的人总是好奇的。

（一）成员自我介绍

团体开始之后，培训师需要安排一些时间让成员相互认识，以消除成员之间的陌生感和新奇感。而且，一个完整有效的成员介绍有助于团体凝聚力与信任感的建立。培训师选择介绍活动时需要考虑的因素有：团体性质、团体规模、训练时间的长短、团体目标、成员彼此熟悉的程度。

团体性质制约着成员自我介绍的时间。对于治疗团体、自我成长团体和分享

团体来说，培训师要让成员有足够的时间彼此熟悉；而对于教育团体、讨论团体和任务团体，因为成员可能已经彼此认识而且在团体中并不需要涉及个人的问题，只需给予较短的时间让成员做自我介绍。

团体的规模、训练时间的长短也制约着介绍活动的选择。如果成员超过10人，培训师安排每位成员花2-3分钟做自我介绍，是不合适的。如果团体训练时间少于60分钟的话，培训师最好不安排超过5分钟的自我介绍活动。团体目标是决定成员自我介绍活动的最重要因素。如果团体的目的是属于教育的或讨论的，选用能帮助成员记住彼此姓名的介绍活动即可。在治疗团体、任务团体和支持团体中，培训师则可选择一些能够让成员彼此分享个人信息的活动，或直接分享他们参加团体的动机和期望。

（二）成员介绍的方法

培训师需要决定所选用的介绍活动是轻松、有趣或严肃的。常用介绍成员的方法有：

1. 自报家门

请成员简单地介绍自己，内容可以只说出自己的姓名，也可以多分享一些个人信息，如家庭住址、职业、专业、参加团体的原因、兴趣、嗜好、性格等。

大家第一次见面，不免有些拘束，谁先第一个介绍，可以由培训师抛球等活动方式来决定，然后依次类推。在介绍时尽可能将自己本质的、典型的特征介绍给大家。

2. 名字接龙

这是一个协助成员记住他人姓名的活动。培训师可以指定报名字的顺序，也可以不指定。当第一个成员说出了自己的姓名之后，第二个成员要说出第一个人的名字和自己的姓名，如此类推，直到最后一位成员说完自己的姓名为止。

3. 配对介绍

培训师请成员两两自由配对，并各自与对方分享一些培训师所建议的个人信息内容，然后面向团体介绍各自的伙伴。

4. 重复配对

请成员轮流和每一个成员配对，并用2-3分钟的时间分享他参加这个团体的动机和期望。此活动只适用于7人以下的小团体，尤其是治疗、成长、分享、支持团体。

5. 兜圈子

此活动适用于12人以上的大团体，可以让成员有机会和每一位成员接触，以加快彼此熟悉的速度。培训师安排5分钟时间，请成员兜圈子来互相碰面，并做简短的交谈。

像这样一个简单的活动，可以为成员们提供与其他成员接触的机会并加速熟悉的过程。当培训师正在等一两位成员到达而其他成员都在独自安静地坐着时，这种方法特别有用。应用大姓名牌可能是帮助成员们记住其他成员姓名最容易的方法。

三、检查团体成员的舒适度

（一）检查舒适度的原因

在第一次训练中，许多成员可能会有些担心和感觉不自在。面对这种状况，培训师需要花些时间用来检查成员在团体中的舒适感。通过询问成员在团体中的舒适程度，可以让成员知道培训师已经觉察到他们的焦虑，而且这些焦虑是在预期之中的。另外，成员通过分享活动，听到他人也感到焦虑，往往能降低自己的焦虑水平，削弱自己的孤单感。如果成员表现出很不舒服的样子，培训师可在训练的暖身阶段来讨论舒适感的主题。如果没有在训练一开始涉及此问题，培训师也可在训练的任何时候提出。

（二）检查舒适度的方法

培训师可以用下列活动来检查成员的舒适度：

1. 你会用什么样的字眼来形容自己在团体中的感觉，这种感觉代表的是你现在在团体的舒适度。

2. 我们用1-10的分数来评量你的舒适度，10代表非常舒适，1代表非常不舒适。你将会用哪个数字来表示你目前在团体之中的感觉?

3. 我并不十分确定大家在这个团体中是否舒适，我想请大家站起来。你最左边的墙代表你感觉很不舒适，最右边的墙代表你很舒服。也就是说，如果你很喜欢这个团体的感受，那你就一直站在墙的右边，反之则站在墙的左边。以此类推，大家明白吧? 好了，我数到3就移动。

4. 我想要你们与一个你想更了解的人配对，谈一下你在这个团体内的感觉，讨论一下你舒适的程度，以及为什么有这样的感觉。你们将有3分钟时间来谈，然后再回到大团体讨论。

四、强调拓展训练的目标

（一）强调训练目标的作用

培训师需要在首次团体训练时，向成员说明团体的目标。团体目标是培训师引导成员所依据的蓝图，培训师和成员必须清楚团体的总目标以及每次团体训练的特定目标。倘若团体的目标是含糊不清的，或培训师没有按照既定的团体目标来引领团体，则很容易导致团体的混乱、枯燥或无效。

（二）讲清训练目标的步骤

培训师澄清团体目标可遵循4个步骤：

1. 收集资讯与评估成员的需要；

2. 决定团体的性质，界定团体的性质能协助培训师确立团体的目标以及对团体行为和动力的期望；

3. 选择可用的主题、话题和活动；

4. 检查团体目标的适合度。

（三）讲清训练目标的原则

培训师在澄清团体目标的过程中需要明确的原则有：

1. 团体可以存在着不相矛盾的多重目标，例如，提供乐趣与信息、建立信任感、增加成员参与度、刺激成员思考、让成员有机会彼此熟悉、完成任务等。

2. 可以根据团体内容或团体功能两种途径来设定团体目标。

3. 团体目标需要具备灵活性与变通性，必要时可以更改。

4. 每次团体训练最好只实现一个特定的团体目标。

5. 培训师清楚团体目标，并不等于成员也清楚团体目标，因此培训师必须陈述团体目标。

6. 为特定性质的团体设定特殊的目标。

第三节　心理素质拓展项目的运用

一、心理素质拓展项目的特点

所谓拓展项目，是指培训师为了实现团体目标而精心设计，需要成员积极参与的有趣、活泼的体验性活动。好的心理素质拓展项目应该具备以下几个特点：

（一）自发性

从活动的动机来分析，不管处于哪个年龄阶段的个体，参加活动是出自内在的动机，是完全主动自愿的。也就是说，活动是由内部动机所控制的行为。这几乎毫无异议地被公认为是活动最内在的本质的表现，是活动区别于说教式、指令、灌输等其他活动的首要标志。

（二）自主性

从活动的过程分析，在活动中可以根据自己的意愿，确定活动内容，布置场景，选择活动伙伴、活动材料，决定对待和使用活动材料的方式方法，也可以根据自己的想法或通过与伙伴的协商，改变原有活动的操作程序，制定新的活动规则，根据自己的兴趣和愿望控制活动的过程与进程。也就是说，怎么玩，和谁玩，玩什么，都是自行决定的，我们成了活动的真正主人。

（三）趣味性

趣味是活动不可缺少的因素，活动对于成员的吸引力就在于活动本身具有趣味性，对成人来说他们所进行的活动是有意思的，他们在玩活动的过程中能够感受到发自内心的快乐，因此活动必须以它本身的趣味性吸引我们，促使我们主动参与活动，并收获快乐。

（四）虚构性

从活动的内容分析，活动是真实生活的反映。在活动中，个体有将自己的思想、态度、愿望、情绪、性格等个性特征，不自觉地反映于外界事物或者他人身上的一种心理。

（五）社会性和团体性

许多活动是真实社会生活的缩影，在活动中个体不仅作用于物，而且与人交往，可以学习掌握社会行为规范和人际交往的技能。活动的社会性突出表现在活动的主题内容和行动规则上。活动多半是集体性的，交流彼此的感受和体验，锻炼协商、互助、分享等技能，以求得活动可以进行下去。在拓展项目中，活动才能满足成员的归属感，获得和同伴亲密交往的需要。

二、心理素质拓展项目的功效

每一个心理素质拓展项目的设计和运用，都应该尽量实现以下（部分）功效：

☆促进团体讨论和提高成员参与感。

☆有助于团体聚焦，吸引成员注意力集中在团体主题或议题上。

☆团体焦点改变、转换的重要途径。

☆给成员提供体验性学习的机会，借由演出所谈及的事件来深化主题探究。

☆为培训师提供有用的讯息，如绕圈发言活动。

☆增加团体的舒适水平。例如，团体训练之初的相识活动、暖身活动、配合活动。

☆为成员提供乐趣，促进团体放松，能迅速改变团体活动的进行速度，如团体按摩、传送面具。

三、心理素质拓展项目的运用原则

为了有效地运用拓展项目促进团体发展，培训师应遵循6个原则：

☆活动只是一种手段而不是目的，活动的真正意义在于活动结束后的讨论和分享，避免为了活动而活动。

☆在充分考虑所带领团体的目标、阶段、主题、特点、时间、成员、团体气氛等因素的基础上，决定是否要运用活动、运用什么类型的活动、活动运用到什么程度。

☆预测拓展项目的可能后果。

☆最好运用自己熟悉的活动，对于不熟悉的活动最好在带领团体之前预演。

☆一次团体训练需要不少于一个活动时，最好考虑不同活动的安排顺序，以及如何衔接和过渡。

☆拓展项目使用的时机要认真选择。一般来说，在团体初期阶段、每一次团体训练开始或结束，以及团体工作阶段是利用拓展项目的最佳时机。

四、心理素质拓展项目的操作要点

培训师在操作心理素质拓展项目时，需要处理的事项主要包括：

（一）引导成员达成训练的目标

1. 引导有关话题或问题的分享与讨论。语句完成、书写活动、肢体运动、体验活动、阅读活动以及道德两难法等，活动结束后可做有益的讨论。

2. 引导成员深入探索思想与情感。培训师可用幻想活动、阅读活动、创造性道具活动来促使成员进行更深更具隐私性的思想探索。

3. 引导有关团体动力与运作方面的分享和讨论。例如，信任活动结束后的团体信任感的讨论；团体决策活动、体验性活动经常会引发对团体内部所发生的状况的讨论。

（二）保证项目操作所需要的时间

培训师要安排足够的时间来处理活动所预期达到的深度。对在活动中成员的反应要有充分的时间来讨论，避免活动过程与活动处理之间的时间分配不合理，防止导致成员沮丧、困惑以及肤浅的体验。

（三）选择合适的互动方法

当一个拓展项目操作完毕后，培训师需鼓励成员对拓展项目进行总结和分享，根据不同的场合和训练主题，可以选择以下不同的互动方法：

1. 配对分享讨论方式；

2. 绕圈发言方式；

3. 书写方式；

4. 大团体讨论方式；

5. 以上几种方式的组合。

（四）提出恰当的问题

培训师需要考虑以什么类型的问题来引出处理的焦点，使成员聚焦在活动本身、整个团体、议题主题或个别成员身上，避免所提的问题不具有协助成员做深度自我探索的错误。

（五）团体焦点的维持与转移

一般来说，拓展项目结束后最好能确保每一位成员都发言，之后再将团体焦点集中在某一成员或某个主题上，避免在第一位发言成员身上停留太长的时间。培训师要求成员反应时，还需注意第一位发言成员的真正动机，可能是焦虑过度，或引起他人注意，或赢得培训师的赞赏，因此这类成员对问题的反应很可能只是需求功能的表现，而非是对论题真诚的情感反应。

（六）处理"彼时彼地"和"此时此地"

虽然大部分活动是以现在为中心的，但仍有许多活动是用以帮助成员回想他们的过去，如家庭塑型、描绘原生家庭的住房等。培训师需要注意的是：

1. 活动关注的是过去还是现在并没有对错之分；

2. 通过探讨过去的事件、经历、感受来关注现在比单纯地关注过去对成员会有更大的收益；

3. 活动之后的分享与讨论应该建立起过去与现在的连接，即过去是怎样影响着现在，避免仅仅停留在对过去资料的挖掘而忽视此时此地的活动感受，以协助成员达成团体目标。

五、心理素质拓展项目后的分享

分享就是和别人分着享受（快乐、幸福、好处等）。我们可以把分享界定为在团体心理素质拓展训练活动中，团体成员通过言语、动作、表情等途径彼此交流在活动中获得的各种感受、领悟和发现，以达到相互启发、共同成长的目的。

分享是团体心理素质拓展训练的一个基本环节，也是完成团体的一项操作性极强的技术，它必须建立在一定的活动和体验的基础上才能进行。分享的形式可以不拘一格，一般以口头交流为主要形式，辅以书面语言、手势、动作、表情等具体形式，灵活安排在团体过程之中。判断辅导活动中分享的质量如何，可以考察其是否能很好地实现分享的具体功能。

（一）分享的功能

1. 促进相互学习和成长

成员在分享中学习，在分享中成长。"你有一个苹果，我有一个苹果，我们彼此交换，每人还是一个苹果；你有一种思想，我有一种思想，我们彼此交换，每人就拥有两种思想。"团体成员在活动中接触各种各样的人，了解他人的各种感受与经验，观察他人的各种行为，在团体这个小社会里观察学习。在各种活动之后的分享中，认识到人的个性差异，接纳甚至欣赏不同的个性风格，学习他人智慧，融百家之长，通过团体中他人的力量来提升个人的能力，丰富个人经验，具有事半功倍的效果。分享还可以促进团体的成长，形成团体的凝聚力。反过来，成长了的团体对个人也会产生积极的影响。

2. 聚焦重点，强化活动效果

分享是团体心理辅导中一个必不可少的环节，团体是一面镜子，而分享技术则是一面放大镜，通过分享使得某些问题或闪光点得以放大，从而引起团体成员的关注、讨论、模仿、借鉴，可以起到个别辅导所无法起到的作用。有时某个成员的观点说出了大家共同的感受，引起群体的共鸣，可以起到一石击起千层浪的作用；有时某个成员的想法有些争议，可以引发大家热烈的讨论，得到更为睿智的结果，最终达到的效果也是事先无法预料到的，收到了带着团体成员共同成长的奇效。

3. 增进人际信任和凝聚力

在团体心理辅导中，由于成员间的人际互动，他人的存在就像自己的一面镜子，有时自己不能清醒地认识自己，"不识庐山真面目，只缘身在此山中"。而他人的意见可以使自己反省，帮助自己更好地了解自己，并且成员之间互相交流、表露，可以让他人更好地了解自己，同时自己也对他人有了进一步了解，这对培养成员的同理心，与他人建立良好的人际关系都是有益的。成员之间在分享时交流感受与思想，自我暴露，加深了解和信任会产生一种"自己人"的心理认同效应，促进团体成员之间良好人际关系的形成。

4. 激发成员的成长动机

分享的过程其实质是一种社会比较过程，成员在比较中，能够更全面地认识自己、了解自己、接纳自己，使他们能够对自我有更为准确的看法，形成良好的自我概念。在比较中，成员认识到自己的优势，能增强自信；在比较中，成员知道自己的不足，由于自尊会主动追求改变，促进自我完善。

5. 获得心理疏导与疗愈

分享的过程可以帮助个体宣泄不良情绪，淡化、缓解、矫正及至消除某些心理问题。如，有人际交往恐惧倾向者或有考试焦虑倾向者，常常会感到紧张、恐惧、无助甚至绝望，并且常常认为自己是天下最不幸的人，是倒霉鬼。在个别辅导中，这些消极情绪虽经辅导者努力处理，但有时未必能真正消除。而在团体心理辅导情境中，局面会有所不同，这些成员在团体中经过交流和互动后发现，考试焦虑是学员常见的心理问题，和自己处境相同的人居然还不少，焦虑感和孤独感会降低，不再认为自己是天底下最可怜的人了。他们会发现彼此同是天涯沦落人，归属感和被接纳感增强，从而更有安全感，更有信心面对学习中的挑战。这种经验与感受的分享具有心理治疗的功能。

（二）促进分享的有效策略

1. 建立关系

良好的辅导关系是分享的基础，也是达到辅导目的的手段。充满信任、理解、安全、接纳、真诚和民主的辅导关系，会使学员处于一种安全、自由、平等的气氛中，不利于分享的阻抗会减少，学员多半会打开自己的内心世界。辅导者与成员之间、成员与成员之间应遵循平等和民主的原则，应做到真诚地关注，无条件地接纳，这样的关系有利于分享的顺利进行。作为团体的辅导员要不畏艰辛地去建立、发展和培育这种关系。

2. 营造氛围

和谐、宽松、安全的环境氛围不仅可以促进分享，还具有治疗的作用。宽容的态度、开明的观念和无条件的接纳可以产生和谐、信任的氛围，不随意评判的规则可以产生宽松的氛围，保密的原则可以创造安全的氛围，这样的氛围可以大大促进成员分享的动机。在某种特定的氛围中，通过团体的活动，可能会触发一些学员埋藏在心底的种种感受，如委屈、愤怒、歉疚、焦虑、嫉恨、恐惧等等，并不由自主地会将这些感受在团体面前加以宣泄，直至一吐为快。这种团体情境效应，有时候会催人泪下，有时候也会使某些人十分尴尬。心理辅导者面对这种情况时，应抓住教育的契机，细心地关注并了解当事人的心理状态，充分表达自己对倾诉者内心感受的理解，做出即时和诚实的反馈，并给以必要的引导。

3. 提供鼓励

①鼓励与赞美

团体成员在开始面对自己的心理困扰时，往往会抗拒或不愿意坦率地表达，辅导者要多鼓励，多支持，多肯定成员的优点，表扬其已有的进步，让他们感到安全，有信心。如，小王同学，你的看法如何？你上次的意见很有创意。小李同学进步真快，已经有两次主动向大家分享自己宝贵的经验，我们一起用掌声来祝贺他。

②心理支持

当成员陈述个人经历，探索痛苦的经验，尝试分享一些对个人与团体成长很有价值的信息但需要冒险时，给予心理支持最能缓解当事人的焦虑与担心，使其消除后顾之忧。例如，小刘同学，你的话使我很感动，感谢你对大家的信任，这正是你想突破自己的第一步。最好的支持是倾听和分享完毕后的掌声。

4. 制定规则

为了保证分享的正常运行，保障成员的权益，可以合理利用规则对团体内的成员进行必要的促动和限制。团体分享时常会发生这种情况：有些人很喜欢说话，滔滔不绝，总是占用别人的时间，而有些人即使有想法也不说。分享的机会不均等会影响更多成员的参与，指导者应该制定相应的规则来进行调节。如分享时，可要求成员坐成圆圈状，每个成员轮流发表意见。活动前，为了保证团体活动的正常进行，消除成员参与分享的后顾之忧，促进成员主动分享，需要制定共同的分享规则。心理素质拓展训练中需共同遵守的规则有：每个成员都必须参与分享活动；对于每个成员的分享，成员必须学会倾听、尊重、不妄加评断；不在团体以外宣扬团体里的事。必要的时候，为了限制有些成员说话过多，还可以这样说：由于时间有限，是不是每人说话以三分钟为限，让每个人都有机会表达意见，使大家听到更多不同的信息。为使合理的规则落实到位，辅导者可根据团体特点做好活动分组、座位排列等细节工作。

5. 积极暗示

以积极的暗示来促进团体成员的分享动机与行为。如，在团体中，付出越多，成长也越快，成长是需要付出代价的，某某同学由于积极参与，大胆分享，他的进步真快。为了加强暗示对团体成员的影响作用，辅导者有必要把一些有利于促进成员活动动机的经典话语确立为团体活动的精神理念，活动前要求大家集体背诵，并在活动中多次强化。如，挑战自我，超越自我，完善自我。

6. 合理发问

合理发问可以协助成员考虑个人观点和某些事先未曾想到的问题，同时也可以打破沉默尴尬的情境。为了使讨论深入，发问应尽量使用开放性的提问，也可以使用"抛砖引玉"的策略，先谈自己的体验与感受，以激起大家的思考与共鸣。发问的策略多用在团体活动中出现较长时间的沉默、气氛沉闷或有人欲言又止时。多用开放式提问，少用封闭式提问。开放式提问通常采用"什么、怎么样、除此之外、还有什么吗"等形式发问，显然，对此类问题，回答者不能报以是或否的回答，多半会引出其更多的感悟和发现。

7. 主动倾听

倾听是辅导的根本，渴望别人的关注与理解是人之天性，倾听是团体心理辅导中最有效的技术。倾听的主要技巧有：高度注意，耐心，不轻易打断对方，真诚的理解和必要的反馈，善于适时提问，使用肢体语言等。倾听并非仅仅用耳朵听，更需要用心去听，去设身处地地感受。倾听的技术包括观察分享者的非言语行为，如姿势、表情、举动、语调等。理解分享者言语中所传达的信息，注意分享者说话时的语境及所生活的环境，即倾听分享者整个人。

积极倾听，并给予准确反应。辅导者将心比心，设身处地地给予成员一种移情性理解，把这种理解恰如其分地表达出来并让成员知道，必然会加深成员被接纳的感受和团体的吸引力，有助于成员继续自我探索和分享。学员感觉到被理解了，就像找到了知音，倾诉的欲望就会加强。

8. 自我暴露

辅导者在活动中于适当的时机进行恰当的自我暴露，有利于团体成员消除顾虑，产生分享的安全感，从而参与到分享中来。当团体成员在参与某种活动之后，感慨良多但欲说还休之时，辅导者要把握好时机，适当进行自我暴露，有利于打开局面。但这种策略只能偶尔为之，不能当作常用策略，否则会起到负面榜样作用，而且过多占用了团体成员分享的时间，使团体成员成了被动的听众。

第十一章

校园心理情景剧

校园心理情景剧是一种艺术化的心理辅导活动形式和心理健康教育宣传方式，近年来受到青少年学生的普遍欢迎。校园心理情景剧从社会剧发展而来，具有戏剧小品的特点，比一般的心理剧具有更强的表演性，通常是学生在老师的指导下，运用心理剧的基本原理和方法，借助舞台再现校园生活中类似的情景和经历，并探索解决问题的方法。在校园心理情景剧的编排过程中，参与者不断地再现情景，体验各角色的感受，尝试不同的解决办法，同时与同伴交流、分享，形成解决方案。校园心理情景剧最后形成一个相对稳定的表演剧，通过舞台表演，让更多的观众、同学从中感受体会，从而给更多的人以启发和教育。

第一节　校园心理情景剧的价值与特点

一、校园心理情景剧的辅导价值

（一）校园心理情景剧可以使表演者得以宣泄

心理剧可以使表演者的负面情绪得以发泄，通过舞台演出自己的故事，释放自己，从而达到心理疏导的效果。比如，有人特别害怕在众人面前讲话，我们可以把这些人聚集在一起，让他们与健谈的人一起表演心理剧，并设计一些特定的场面，随时对他们不敢大声说话、表情羞愧、动辄向人道歉等行为通过艺术化的形式进行表演，目的是帮助参与者宣泄情绪，让他们感受到大家的支持、温暖与关爱。

（二）校园心理情景剧可以使观众受到教育

校园心理情景剧把学生在生活、学习、交往中的冲突、烦恼、困惑等，以小品表演、角色扮演、情景对话等方式编成小剧本进行表演。剧中融入心理学的知识原理和技巧，学生表演发生在他们身边熟悉的甚至是亲身经历的事，从中体验心理的细微变化，领悟其中的道理。作为观众，从别人的问题上，往往能够跳出来体会到很多自己平时看不到的东西。对一些有类似挣扎的人来说，分享别人的经验可以帮助他学习如何面对自己的问题。

（三）校园心理情景剧可以宣传普及心理健康知识

传统的一对一的心理咨询认可度和接纳度不高，加上传统观念的束缚，许多学生对心理健康认识不足，一些学生将心理疾病等同于精神病，羞于启齿。因此，不少学校心理咨询中心门可罗雀。以心理剧这种团体心理辅导方式作为突破口，可以让学生对心理辅导有一个深入的了解和认识。这种"润物细无声"的直接效果拆除了挡在学生与心理辅导、治疗之间的隔阂之墙。同时，同学们在表演和观看演出的过程中，参与者和观看者可在不经意间得到情绪宣泄和心理疏导。

（四）校园心理情景剧可以倡导助人自助的教育氛围

校园心理情景剧把心理健康教育搬上了舞台，将精神分析、行为主义、理性情绪疗法等深奥的心理治疗技术，融入舞蹈、音乐、朗诵等艺术形式中，用学生喜闻乐见的方式来反映和处理学生的内心冲突和情绪困惑，形式生动活泼，富有趣味性和启发性，学生乐于参与，也易于接受。同时，校园心理情景剧的形式轻松自由，在表演过程中心理问题以自由、轻松、戏剧化的方式展示出来，不会给学生带来心理压力和负担，学生能在良好的氛围中更好地自我探索和发展。

二、校园心理情景剧的主要特点

校园心理情景剧的舞台就是一个微社会，青少年学生在生活中发生的一切问题都可以通过心理情景剧表演的方式呈现在舞台上。通过夸张的表演、心灵的独白，让演员和观众在笑声和泪水中受到无形的启迪，这对于每一个人来说都是一次认知观念和行为模式的整合，同学们可以在较短的时间里更多地学习他人在现实生活中的经验，掌握更多的应对困难的方法和策略，这些都是在个体辅导中所难以达到的。因此，校园心理情景剧比其他的心理教育形式更加形象化、生活化和深入化。

（一）教育对象广泛

作为团体心理辅导的一种形式，校园心理情景剧的辅导对象不仅包括参与表演的学生，也包括现场观看的学生，因而就其辅导范围而言，校园心理情景剧的辅导对象更广泛，有更多的学生可以从中获得替代性经验，联系自身经历获得感受领悟，从而掌握问题解决的办法与策略，通过分享成长体验得到启发和教育。

（二）教育内容生活化

校园心理情景剧的素材通常来源于校园现实生活，内容贴近学生的生活实际，直接反映学生生活中常见的问题，如自信、人际交往、情感困惑、学习障碍等，因此它们更容易引起学生的共鸣，也更易于被学生接受。

（三）教育过程充满互动

与传统的心理健康教育方式相比，校园心理情景剧的一个重要亮点在于互动性强，它不是直接采用填鸭式、灌输式的方法给学生传授心理健康教育的理论，而是在心理剧的创作、编排、表演和分享过程中，让每个参与者主动地将自己的内心与心理剧建立起某种联系，引发其行为或情绪上的反应，促进其行为朝积极的方面发生转变。在整个过程中，心理辅导老师只是在起指导作用，学生才是真正的主体，他们主动参与剧本的编写、舞台效果的设计和角色的演出，可以说校园心理情景剧编排演出的过程也是学生自我教育的过程。

（四）教育功能突出预防

在校园心理情景剧中，一个心理问题的产生、发展和解决的全过程被完整地展示给观众。虽然它可以帮助那些正在经历这种心理困惑的人找到解决问题的方法，但是它更重要的作用在于：以剧为镜让那些还没有产生心理障碍的表演者和观众发现自己生活中应该注意的问题和细节，预防同样的心理问题在自己身上出现。也就是说，它更侧重心理问题的积极预防，重视学生心理自我调适能力的培养。

第二节　校园心理情景剧的要素与技术

一、校园心理情景剧的基本要素

（一）心理辅导老师

心理辅导老师在校园心理情景剧中发挥着导演的作用：根据当事人的叙述，决定在演出中使用什么样的心理技巧达到什么辅导目标；当事人在心理剧中袒露自己成长历程中的痛苦与隐私时，让他得到更多的正面信息，保护他并减少他受到的伤害；设计场景，合理调度各种道具、灯光和音乐，运用舞蹈、游戏等各种方式暖化当事人，以便他更开放、更轻松地表演；调动舞台的演出氛围，促进当事人情绪的宣泄，催化剧情的发展等。

（二）当事人

相当于心理剧的主角，是校园心理情景剧表演中最重要的角色，通常是正在经历或曾经历过心理困惑的学生，由他来产生或提供剧情故事。

（三）参与者

相当于心理剧中的配角，是除了心理辅导老师和当事人之外参与心理剧演出的成员。参与者通常饰演当事人生活中的重要角色，来帮助当事人更好地认识和解决问题。

（四）观众

他们并不参与心理剧的表演，只是观看校园心理情景剧的表演，因此，观众的支持力量对于当事人来说是非常重要的。对于观众自身来说，当演员在舞台上展现某个心理情景时，他们陪同演员一起落泪或大声喝彩，他们会对自己在生活中遇到的类似处境有新的认识和领悟，提升对自我成长的认识。

（五）舞台

是指校园情景心理剧演出的地方。舞台要求安静、宽敞、舒适，不要太大，有时也可在教室进行。在舞台上，可以使用一些道具，例如一把空椅子、一个代表着权威的雕塑、一棵象征着希望的大树等等，以辅助演员更好地表达自己的情感；也可以使用音乐来烘托气氛，或者借助灯光来激发各种情绪状态，例如用黑暗的灯光加强孤独的感觉，用红色的灯光暗示紧张的情绪等。

二、校园心理情景剧的基本技术

校园心理情景剧透过角色扮演的方式，将当事人的心理展示在舞台上。心理辅导老师应根据当事人的心理类型，选择恰当的角色扮演技术，促进情感体验。以下列举几种常见的角色扮演技术：

（一）角色转换

这项技术是心理剧里最常用和最有效的一种技术。即让当事人（或者说主角）与另一个角色相互交换，来体验对方的经历和感受。角色互换可以帮助个体从自己的角色中抽离而进入到另一个人的世界中，经过角色的互换，把主角同理的或投射的情感演绎出来。比如让主角与演出其室友的配角进行角色转换，根据剧情需要可以多次转换，在这样的互动中，主角对室友以及自身的状态和立场都会有新的领悟。这对于解决高校中普遍存在的寝室关系等人际问题，无疑是一个有益的探索。

（二）未来投射技术

这项技术被用来协助成员表达和澄清他们对未来的想法。如让团体成员想象5年以后、10年以后或者更久远的自己，并表演出来。这样可以让他们明确自己的理想和价值观。这种"明确"将推动成员去争取自己想要的结果。如处在考研与就业冲突之中的人，可以用多种方案对将来进行预演，通过别人的反馈和自己的权衡从中选择出最富建设性的方法。

（三）魔幻商店

这项技术通常用于暖身阶段，也可用来表演。其基本思想在于主角和扮演店主的配角进行讨价还价的表演，店主卖的东西都是无形的，在生活中无法用金钱交换的，比如快乐、成功、健康等。主角扮演买主，他们要拿出自己所拥有的品质去交换。比如用自己追求完美的品质去换取轻松的生活，用自己的敏感去换取同学之间的亲密。在整个过程里，主角可以考虑再三，是否值得交换。这样的表演可以让旁观者明确主角的困惑和想要改变的现状，同时主角也会明确自己有些怎样的品质，哪些是值得发扬的，哪些是需要改进的。这种明确对于处在自我同一性发展阶段、自我意识明显增强而人格尚不成熟的青少年而言尤为重要。

（四）空椅子技术

空椅子经常运用于一个人表演的短剧中。当主角对某人或自己的某些行为等产生阻抗，不敢面对时，就可以利用一张椅子来象征其内心的期望或恐惧。一般会让主角想象在一张空椅子上坐着一个人，放着一件东西或者是自己身体的某一个部分，鼓励主角与之对话。

（五）替身技术

即由一位成员扮演主角，进入到主角的经验世界中，体会主角的感受、想法和内在语言，以协助主角把没有体会到的感受表达出来，扩大主角的觉察范围，催化主角的心理经验，表露出主角的深层次情绪。在校园心理情景剧中，经常会使用的一种替身技术是：给主角安排两个替身（如天使和恶魔），一个代表本我和欲望，一个代表超我和道德，通过两个替身的矛盾冲突来形象地表现主角的内心冲突。

第三节　校园心理情景剧的组织与实施

一、剧本创作

校园心理情景剧的创作是建立在对青少年学生心理健康状况的调查与研究的基础之上的艺术加工和艺术概括。创作过程一般包括收集素材、确立主题、设置时空框架、编设剧情、拟定人物、撰写剧本六个环节。

（一）收集素材

剧本的创作者可以通过多种方式多角度、多层次地收集青少年学生中普遍存在的心理问题。例如，整理和分析心理咨询的典型个案；观察和分析学生网络论坛、博客中出现频率最高或跟帖率最高的心理话题；设计调查问卷，了解学生普遍感到困惑和急需解决的心理问题；访谈或观察学生，记录在某个学生群体范围内各种心理问题出现的频率；深入校园中的特殊群体（如贫困生、学习困难生、单亲家庭学生等），了解他们经历的特殊心理困惑。

（二）确立主题

校园心理情景剧是针对某一突出心理问题的艺术加工和创作，因此要力求把握一剧一主题的原则，否则会加大表演者的难度，且达不到教育和治疗的效果。确立主题是在收集素材的基础上，进行高度概括的结果。适合青少年学生演绎的校园心理情景剧主题主要包括：人际交往问题，如寝室关系紧张、异性交往恐惧、亲子矛盾冲突、孤僻自闭等；学习心理问题，如考试焦虑、学习动机缺乏、网络成瘾、厌学等；自我意识问题，如理想自我与现实自我之间的落差、自卑、缺乏自我控制力等；环境适应问题，如新生适应不良、毕业焦虑、创伤性应激障碍等；情绪问题，如抑郁、焦虑、易怒、情绪自控力差等；人格障碍问题，如依赖、自恋、攻击、偏执等。

（三）设置时空框架

校园心理情景剧时空框架的设置，须符合表现主题的客观条件，以期达到情景再现的表演效果，最好是青少年学生非常熟悉或有特定意义的时空环境。比如空间设定可选择中小学生寝室、教室、考场、食堂、运动场等特定环境，时间假定在重大节庆日、周末双休日、报到或离校之日、上课、考试、休息娱乐时等。

（四）编设剧情

剧情是校园心理情景剧的灵魂，内容安排要围绕主题展开，介入矛盾冲突，校园心理情景剧主要是通过冲突来推动剧情发展的。概括起来，冲突主要可以分为三类：个体之间的性格冲突、个体内部的心理冲突、人物与环境的冲突。

（五）拟定角色

校园心理情景剧的表演受舞台的限制，人物选择应尽量遵循宜少不宜多的原则。因为人物越多，焦点越多，情节越容易拖沓。只有人物精简，焦点突出，才能用更多的剧情集中刻画主角的内心世界。

（六）撰写剧本

校园心理情景剧剧本是开放式剧本，允许在排演的过程中随着剧情发展而修改、丰富、完善和创新。校园心理情景剧的剧本应更多地依靠广大同学自己创作完成，这样会使青少年学生得到双重治疗和锻炼，积极地培养和吸引有文学才华和创作冲动的青少年学生加盟校园心理情景剧剧本的创作也是开展素质教育的一个重要载体。

二、编排导演

校园心理情景剧的编排导演是一个将心理辅导巧妙融入剧中的过程，主要包括挑选匹配的演员，合理分配角色，选择适宜的角色扮演技术，指导排练等等，其中，挑选演员和分配角色尤为重要。

（一）挑选演员

演员的气质类型要符合角色，要指导演员认识、体会和了解角色的心理问题，这些问题或许就是他本人的心理问题或是他身边人的心理问题，从表演中找到是与非、对与错、正常与不正常等，从而达到解除危机和烦恼的疗效。最符合条件的演员就是提供素材的原型人物。

在挑选时应注意演员的同质性程度。由一个异质性较高的群体来演绎一部校园心理情景剧可能收效会更大，尽管他们在编排的最初阶段可能更容易发生矛盾冲突。例如一个对任何人都不信任的主角，遇到一些善良、友好、真诚、坦荡的配角或观众，他就会很容易动摇自己原来的信念；一个特别害怕在众人面前讲话的人，如果与健谈的人一起表演心理剧，相对于能理直气壮地大胆表达自己感情的配角，更能反衬出他们自身存在的不敢大声说话、表情羞愧、动辄向人道歉等心理特质，并为他们的自我改变树立了良好的范本；相反，一个抑郁倾向严重的患者，如果遇到同样抑郁的一个群体，他们之间的负性情绪因互相传染容易形成恶性循环。因此，在选择校园心理情景剧的演员群体时最好考虑到异质性的问题。

（二）分配主角和配角

主角是校园心理情景剧的主要人物，但是通常心理剧中不会只有主角，还需要配角来帮助主角完成整个表演。在校园心理情景剧的排演中，经常发生的现象是，学生们争着演主角，而不愿演配角，这本身就是一种缺乏团队协作精神的不良心理表现，也恰好是进行人际心理辅导的一个契机。

三、组织演出

校园心理情景剧的演出是学生对角色进行的艺术创作和灵感发挥，既融入了他们对角色的领悟把握，又赋予了角色自身的个性特色。不仅是青少年学生课余生活中心血与汗水的劳动结晶，更是他们进行心理健康教育的自我实践活动。校园心理情景剧的演出可以在观众中普及心理健康知识，引起观众的共鸣，也能令表演者得到最大的支持鼓励和精神安慰。

（一）演出时间

校园心理情景剧的演出时间可以安排在节庆假日的文艺晚会上及各种艺术节活动上，或者学校每年固定的心理健康活动月期间。

（二）观众组织

校园心理情景剧的演出可以有特定的观众，例如在针对具有类似心理问题的小群体进行团体心理辅导时，开展表演。也可以无特定观众，如在全校、全年级或全班的集体活动中进行演出。

（三）讨论分享

演出之后，通常安排讨论分享过程，即演员之间、观众之间、演员与观众之间的一种互动与情感交流，这是一个促进情绪宣泄和经验整合的过程。具体来说，采取自愿报名或从调查问卷中抽取问题比较典型的观众，与演员和导演一起分享个人成长中与剧中主角类似的经历或故事，在此过程中，不强调对事件或者问题的分析或者评价，而是侧重于个人情感的自然流露或表达。参与者的意见在这个时候都会被听到，同时每个成员都能发现自己跟主角的相似性。分享的时候要抓住这个沟通的机会，让学生宣泄自己的情绪，得到一些反省和情感的支持。

（四）检视提升

检视就是在讨论分享之后，演员和导演之间就演出的感受和收获进行交流，就演出中技巧的运用进行反思与回馈，以便下次提高。

校园心理情景剧的实施过程，是心理辅导老师以青少年学生为对象进行一系列心理咨询与辅导的实践过程。在这个过程中，演员和观众会重新经历日常生活中的问题，此时，导演或舞台表演者会引导大家随时将日常生活中的问题转变为成长和发展的机遇，指导人们用自己与生俱来的表演才能创造出新的生活形式，创造性地表演自己的生活，从而帮助大家成为环境的建设者和创造者。

通过导演过程的辅导和排练，既能让学生了解他们当中或身边存在的一些不容忽视的心理问题，又能教育和帮助他们及时克服、战胜这些心理问题，而且还能在具体角色表演的过程中，学到戏剧表演等舞台艺术方面的知识，有效地扩展学生的第二课堂，丰富活跃校园文化生活，学生们得到的锻炼和收获是不可估量的。

校园心理情景剧剧本示例

《超级马力》

梗概：

一个名叫马力的学生，沉迷于游戏不能自拔。不仅逃课无数，而且成绩也逐渐下滑到班级倒数。有一天，和往常一样，他又让室友帮他请了个假，开始了他疯狂的游戏世界。正在他玩得乐此不疲的时候，游戏大王突然出现，拦住了他的去路，告诉马力只要跟着他走，就可以没有老师的管教和家长的唠叨，想玩多久就玩多久……

人物：马力、游戏大王、大蘑菇、小蘑菇、屁龟、精灵、公主

画外音：马力，上课了！"帮我请个假！！！"

（音乐起，四个男生，手握方向盘，腰系气球，并排到台前，开始角逐赛车。马力兴奋地和其他三个人赛车，就在快到终点胜利在望的时候，突然发现路没了，但是依然往前开，正在考虑哪是终点的时候，突然在他面前出现了一个人，他踩下了刹车。）

马力：你给我闪开，我都快到终点了！

大王：终点？呵呵，游戏是没有终点的。

马力：谁说的，前面不就是嘛！

大王：嗯……不对！那还会有下一个终点的。

马力：你是谁啊？

大王：我？哈哈。我是游戏大王。

马力：游戏大王？没听说过。

大王：你叫马力，对吗？

马力：（奇怪）你……你怎么认识我？

大王：因为你和我一样，都喜欢玩游戏啊。

马力：这么说，你也喜欢玩？那你都喜欢玩什么游戏啊？

大王：我玩的游戏比你玩过的都有意思，想不想比比？

马力：比就比，谁怕谁啊！（转念一想）不行，我不能和你玩了。

大王：为什么啊？怕了吗？哈哈。

马力：才不是呢！这个学期玩得太多，学习成绩逐渐下降，老师都批评我好几次了。要是我爸妈知道，非揍我不可！

大王：那你跟我走，我带你去一个地方，那里没有老师的管教，没有家长的唠叨，你想玩多久就玩多久，没有任何人打扰你，而且保证都是你没玩过的非常刺激的游戏。

马力：（思考片刻）好吧！走……

（灯暗）

（灯亮）

（背景音乐起，CS游戏程序开始启动，玩了片刻后，马力觉得有点累了）

马力：（不满地大喊）停停停！不好玩！没意思！！！（游戏大王上）这个游戏都已经过时了，而且总是杀来杀去的，一点情节都没有。游戏大王，看来你这里的游戏也不过如此嘛！

大王：马力，别着急嘛，下面这个游戏一定让你满意，而且你会觉得很有意思。

马力：哦？怎么个有意思法？

大王：如果你通过层层关卡，打到通关的地方，就会解救出一位美丽的公主。

马力：好，那快开始吧。

（画外音：Game Start。超级马力的音乐起，马力奋勇向前，突然碰上两个怪物。）

屁龟：站住！你这是要去哪啊？

精灵：臭小子，快回我们老大的话！

马力：我要去哪关你什么事！

屁龟：哼哼哼，你是想去救公主吧？

马力：没错，我就是去救公主，因为她长得漂亮。哪像你们俩长得那么丑！

精灵：老大，他敢骂你！（冲上去打马力，被马力一脚踢回来，转向老大）他……他打我。

屁鬼：嘿！好小子，活得不耐烦了是吧？（举棍要揍）

（大、小蘑菇上）

大蘑菇：（跑上）住……住……住……住手！

小蘑菇：啊，对，住手！

大蘑菇：光天化日之下，竟敢搞非法集会。

小蘑菇：啊！对，集会。

大蘑菇：知道我们是谁吗？哼哼，说出来，吓死你们！我们就是天不怕，地不怕，威震武林的蘑菇双侠。（摆造型）

马力：停！什么乱七八糟的，你们到底是来干吗的啊？

大蘑菇：亲娘勒，我们是来帮你的啊！

小蘑菇：照顾好我七舅老爷。（被大蘑菇拉住）

屁龟：哎哟，大惊小怪的，我以为是两个什么破玩意儿呢。

精灵：老大，我们别和他废话，直接拿下吧。

（大蘑菇见形势不妙，往上一冲，一俯身，小蘑菇正好冲到屁龟面前，屁龟顺势给了他一个耳光。）

小蘑菇：哥！他打我。

大蘑菇：（怒）你敢打他！有本事你冲我来。Come On!

（屁龟上前准备教训大蘑菇，大蘑菇往马力身后一躲）

大蘑菇：对方的小宇宙太强大，我看还是你来吧，我很看好你哟……

马力：别怕，我们三个齐心协力，打败他。

（马力浴血奋战，寡不敌众，突然大小蘑菇找来蔷薇花，马力一闻，体力倍增，同时发出金色子弹，把屁龟等人打跑）

马力：谢谢你俩的帮助。没想到游戏世界也会有好人。

大、小蘑菇：不客气。快去营救公主吧！

（灯暗）

（音乐起，追光，公主坐地）

马力：公主。我来救你了。

公主：你……你是谁？

马力：我叫马力，游戏大王告诉我，只要我能打通关，就能救你出去。

公主：马力，游戏大王骗了你，你根本救不了我。

马力：不可能，我一定要救你出去。

公主：这恐怕不行。马力，（话锋一转）对了，你觉得我漂亮吗？

马力：（不好意思点点头）嗯。

公主：那你想和我永远在一起吗？

马力：（激动）想啊，当然想了。

公主：那我们别走了，你在这里永远陪着我，好吗？

马力：不行，我玩累了，我有点想回家了。

公主：回家？刚才你不是还说想和我永远在一起的吗？

马力：可是我不属于这里，我总不能在这里待一辈子吧。

公主：原来你是骗我的。那你走吧！

马力：公主，你别生气嘛，我还会回来的。（转身要走）

公主：你真的决定要离开我吗？我不想让你走。

马力：公主，放心吧，我下次还会再来找你的！

公主：下次？哈哈哈，不会有下次了。

马力：你这话什么意思？

公主：实话告诉你吧，游戏大王想让你一遍又一遍地重复玩这个游戏，每次等你打到通关，见着了我，也就意味着游戏又要从头开始一遍。

马力：这么说，我被他骗了？

公主：没错，我只是他一个小小的诱饵，而你却要在这里待上一辈子！

马力：你为什么要这么做？对你有什么好处？

公主：因为我被关在这里一百年了，一个人在城堡里实在太寂寞了，需要有个人陪着我一起受罪！

马力：不可能，我不相信，我现在就要回去。

公主：哈哈哈哈，马力，我要你永远在这里陪着我！

马力：没想到你也是个骗子！游戏大王，你给我出来，我要回家。

（大王画外音：马力，公主说得没错。游戏马上就要重新开始了，你准备好了吗？）

马力：你……你……你这个骗子！都是骗子，我不会再相信你们了，我要回家，我要回家！

大王：回家？哈哈哈哈，既然你来到了游戏世界，就要遵守这里的规矩，你永远都别想回去了。永远，永远……（游戏里的人物都来拉他，缠着他）

马力：不！不！放开我，放开我，放我出去，我要回家，我要回家！

（灯暗）

（灯亮，马力躺在病床上，已经人事不省。身边站着他的同学、朋友，还有王老师。马力渐渐苏醒）

马力：放开我，我要回家，我要回家！

全体：马力，你怎么了。你没事吧？

马力：大、小蘑菇？

同学：什么乱七八糟的？我们是你的同学，马力。

马力：屁龟！

胖胖：屁龟？我的新外号吗？哈哈，马力，我是胖胖！

老师：马力，好点了吗？

女生：你没事吧？

马力：游戏大王？还有坏公主？

老师：马力，你醒醒，醒醒啊，我是王老师。她是张静啊。

马力：王……王老师，我这是在哪啊？

老师：医院啊！马力，你玩游戏玩得已经昏迷三天三夜了，看看同学们多担心你啊。通过这次教训，你以后还要继续玩游戏吗？

马力：王老师，太可怕了，我……我……我再也不玩游戏了。

老师：马力，那这两天你好好休息吧。从今往后，再也别沉迷于游戏了！

同学：珍惜青春，不再游戏，好好学习，从我做起。

马力：嗯，我会的。通过这次，我终于明白了，游戏世界里一切都是虚幻的。我再也不玩游戏了！

胖胖：马力，你真的能做到吗？

马力：要不，我们来比比？

全体：你！！！

第十二章

游戏与艺术辅导

青少年学生通常思维活跃，创造力强，喜欢尝试和探索新鲜事物，不拘泥于限定规则，且他们所面临的心理问题多为发展性问题。因此，仅仅使用传统的、单一的心理辅导方式来帮助青少年学生，可能出现接纳度低、主动性不强、教育效果差的效果。相反，游戏与艺术辅导通过借用各种富有创造性的游戏和艺术手段来帮助青少年学生克服成长中的问题，发掘内在的潜能，有助于吸引学生的主动参与，建立积极的咨访关系，激发学生创造性地解决问题，近年来已成为传统心理健康教育方式的有效补充，受到广大青少年心理健康教育工作者的青睐。

第一节　游戏与艺术辅导的基本理论

游戏与艺术辅导是指用各种游戏和创造性艺术技巧辅导儿童行为问题或阻碍儿童潜能实现的轻度的心理和情绪障碍，强调与儿童建立良好的关系，经常在辅导的同时辅以对儿童同伴、兄弟姐妹、家庭的辅导，使用的技巧主要包括讲故事、创造想象、戏剧活动，以及运用音乐、舞蹈、运动、箱庭、绘画等等。

一、游戏辅导

游戏辅导最早来源于对儿童的心理辅导。成人的语言是字词，而儿童的语言可能是游戏，对儿童来说，游戏不仅仅是一种活动，还蕴含着丰富的含义。因此游戏是人们了解儿童的另一种重要媒介，游戏用于辅导其理论经历了一个发展过程。

（一）开创者及其理论

1919年，哈哥·赫尔玛斯（Hug Helmuth）首先将游戏应用于对儿童的辅导。塔夫特（Taft）、艾伦（Allen）、毛斯塔卡斯（Moustakas）认为游戏辅导应该在安全的环境中给儿童与辅导者之间建立安全、稳固的关系的机会。他们关注的是儿童与辅导者之间的关系，不再重视过去事件的影响。

20世纪30年代末，兴起了结构化的游戏辅导浪潮，游戏辅导被看成是言语的直接替代物，它以分析心理学为理论基础，强调游戏所具有的辅导价值和辅导者在决定治疗进程和关键问题时发挥的积极作用。

（二）儿童中心游戏疗法

儿童中心游戏疗法来源于罗杰斯的研究和他所发展的来访者中心疗法。他相信每个个体内部都有巨大的潜能，这些潜能促使人们自我理解、调整自我概念、基本态度和自我导向性行为。在辅导过程中，最具有辅导功能的不是技术，而是辅导者与来访者双方之间发展出的相互信任、无条件接纳的良好辅导关系，只有创造一种有利的良好咨询关系氛围，这些潜能才可得到发挥。罗杰斯将这种解决自身问题、成长和治愈的能力叫作自我实现。

弗吉尼亚·艾克斯莱恩（Virginia Axline）致力于来访者中心疗法在儿童辅导中的应用，并将自己的方法称作来访者中心游戏疗法。儿童中心游戏疗法让儿童通过游戏表达他们的情感与问题。对儿童来说，游戏是最自然的辅导手段，儿童在辅导中有能力以最有效的方式进行自己的游戏。她非常重视辅导者在儿童游戏辅导中的作用，提出了促进辅导者工作的八点基本原则。凯利·兰德瑞斯（Carry Landreth）对其进行了修改，修订后八点基本原则如下：

1.游戏辅导者发自内心地对儿童感兴趣，与儿童发展一种温暖、关爱的亲密关系。

2.游戏辅导者体验无条件地接纳儿童，也希望儿童同样接纳他们。

3.游戏辅导者在辅导关系中创造一种安全感和宽容感，使得儿童完全自由地探索自我、表达自我。

4.游戏辅导者对儿童的情感总是很敏感，以一种有助于儿童自我理解的方式对他们的情感进行反馈。

5.游戏辅导者坚信儿童对自己行为负责的能力，始终尊重儿童解决个人问题的能力，并允许他们这样做。

6.游戏辅导者相信儿童的内部导向能力，让儿童在辅导关系的各个方面占主导地位，避免指导儿童游戏或谈话的冲动。

7.游戏辅导者承认治疗过程的渐进性，不加速这一过程。

8.游戏辅导者为了帮助儿童接受在辅导关系中应负适当的个人责任，也要确立一些限制条件。

兰德瑞斯的修订是建立在其儿童中心游戏疗法基础上的，他扩展了艾克斯莱恩最初的研究。他认为，儿童中心游戏疗法的重要前提是儿童总是在交流，不一定是用语言，也可以是用他们的身体、他们的游戏和他们整个人。

儿童中心游戏疗法的关键在于辅导者发展与儿童之间温暖的、亲密的关系，以此来促进儿童的发展，加强儿童的自我概念。兰德瑞斯认为，通过一种非评判性的辅导关系，必须向儿童传达四个方面的信息，即"我在这里""我在倾听""我理解你""我关心你"，也就是说辅导者的任务是创造一种安全、受保护的空间，使儿童感到被接纳，自由地探索自我，最终的目的是达到儿童的自我实现。具体包括：发展肯定的自我概念，承担重大的自我责任，变得更自主、更加自我接纳、更自立，进行自主决策，体验控制感，对解决问题的过程变得敏感，发展内部评价感，变得信任自我。

（三）限定即治疗

在儿童中心游戏疗法兴起发展的同时，比埃克斯勒（Bixler）写了一篇《限定即治疗》的文章，开始了一场强调限定的游戏疗法运动，他认为，没有限定世界也就无所谓安全感、界限感和保护感，不受限制的儿童就是一个被放纵的儿童。当然限定并不意味着严格与非灵活性，而是出于对儿童的爱，不是对儿童的控制欲。儿童受到的限制应尽可能少，但是非常必要。比如在游戏疗法中，禁止儿童损坏游戏室的任何物品、攻击治疗者、把游戏室中玩具带走或没有时间限制待在游戏室等。吉诺特（Ginott）也赞成这一观点，认为如果辅导者给儿童适当的限定，那么就会使儿童重新树立起他们是受成人保护的观念，辅导不是指任何事情都可以做，而是一个充满爱并精心指导的过程。这些观点使辅导者逐渐将指导性因素和非指导性因素结合起来，同时运用于游戏疗法中。

（四）游戏疗法新发展

儿童游戏疗法在临床中大量应用，尤其是在治疗儿童的受虐待、被忽略、攻击性行为、情感障碍、自闭症、恐惧、焦虑、遗尿、学习障碍、阅读障碍、言语障碍、低自尊等问题上发挥了重大作用，越来越多的人开始意识到游戏疗法的临床价值，并把它推广到对成人的治疗中，如目前的夫妻治疗、家庭治疗也常常以游戏为辅助手段来配合治疗。游戏疗法的形式也变得更为多样，如美术、音乐、舞蹈、运动等创造性艺术疗法、箱庭疗法、团体合作、家庭游戏等，形成了不同理论流派，有儿童中心游戏疗法、心理分析游戏疗法、认知—行为游戏疗法、荣格主义游戏疗法、格式塔游戏疗法、促进情感依恋的家庭游戏疗法、生态系统的游戏疗法等，使得游戏疗法领域呈现多元化趋势。

二、艺术辅导理论

（一）艺术辅导概念

艺术辅导就是以艺术（包括音乐、美术、舞蹈、书法等艺术形式）为介质进行心理辅导与治疗的方法。艺术辅导包括视觉艺术辅导、舞蹈—运动辅导、音乐辅导以及诗词辅导。

一般在艺术辅导的领域中有两个不同的取向：艺术创作本身即是辅导，透过艺术创作的过程，可以缓和来访者情绪上的冲突或困扰，并有助于自我认识和自我成长。将艺术应用于心理辅导，则其所创作的作品和作品中所引发的一些联想，可以帮助个人维持内在世界与外在世界和谐一致的关系。二者最大的不同是前者着重于创作的过程，信任来访者内在自疗的自然发生，当创作结束时也就是辅导的完成。后者主张利用作品去做更进一步的诠释、解读、分析，创作只是辅导的一部分。

二者皆主张必须先与来访者建立一个安全信任的关系，让来访者能有一个开放、大胆创作的安全空间。艺术辅导的本质是基于对人性的关怀、爱与尊重，否则便很难发挥它的功效。近年来，艺术辅导已提升其地位，不再是辅导过程中的附属品，它能做的甚至比传统口语取向的辅导更为有效。

（二）艺术辅导的特色

艺术辅导能在心理辅导过程中占有一席之地，尤其是近年来更被在广大中小学校广为推广，是因为艺术辅导有其独特之处：

艺术作品不受时空限制，而且是真实存在的；艺术表达较能突破口语表达的限制；可以减低来访者的防卫机制；艺术辅导是一个建构、复演的过程；艺术辅导比一般传统心理辅导的对象要更广泛；在艺术辅导团体中，成员借着分享讨论作品的过程，较容易开放经验，流露真情感。

艺术是人们发自内心的表达，是与生俱来的才能，拥有超越言语的力量。这种疗法因其实践过程中绕开了语言的部分，而具有传统心理辅导所无法比拟的干预效果。常用的艺术心理辅导包括音乐心理辅导、美术心理辅导、舞动心理辅导等。按照大脑功能侧化理论，语言由左脑控制，艺术和情绪由右脑控制，所以艺术行为可以直接影响情绪，这就是艺术心理辅导的优势。学生们对音乐、美术、舞动不会排斥，这无形之中拉近了心理辅导老师与来访学生的距离，建立了良好的辅导关系。

（三）几种艺术辅导形式简介

1.音乐心理辅导

音乐心理辅导可以以个体或团体的形式开展。在音乐团体心理辅导中，乐器扮演了一个非常重要的角色。因为乐器演奏可即兴表演，可多种感官并用，参与者非常容易进入，其趣味性又激发了他们持续参与的热情。因此，利用乐器进行音乐团体心理辅导，是学生们喜闻乐见的一种心理健康教育方式。

2.美术心理辅导

我们的思维绝大多数是视觉性的。这也是美术心理辅导有别于音乐心理辅导的一个方面。一般说来，我们通过视觉获取的信息更多一些。美术心理辅导包括绘画、工艺、雕塑、建筑等不同形式。通过团体美术心理辅导，可以改变个体与他人、团体和环境的关系，可以通过非语言的形式与他人沟通和交流。

3.舞动心理辅导

相对安静的心理辅导形式而言，舞动心理辅导是动感的、热情的。实际上，运动本身就是很好的心理辅导形式，何况是结构化的舞动。舞动心理辅导非常适合于活泼好动、精力充沛的学生。

第二节　游戏与艺术辅导操作示例

游戏和艺术辅导在中小学心理辅导中发挥着非常重要的作用，箱庭疗法是游戏辅导的一种形式，以其简便操作实用高效而成为中小学开展心理辅导使用率比较高的一种辅导方法。《江西省中小学心理辅导室建设基本条件标准（试行）》中，沙盘是学校心理辅导室必配辅导工具，因此，下面重点介绍箱庭疗法。

箱庭疗法是在心理辅导老师的陪伴下，来访者运用玩具、沙箱等有形之物，用象征的形式、心象来表现自己的无意识世界。完成之后，心理辅导老师请来访者就作品内容进行解释、确定主题，通过与来访者对话，理解制作的箱庭作品，从而达到治愈的效果。人们在提到箱庭疗法时还经常使用世界技法、沙盘游戏、沙盘疗法等这样一些名称。箱庭疗法具体包括以下几个过程：

一、箱庭疗法的导入

在心理辅导中如果突然引入箱庭疗法，可能让来访者不了解，有可能引起来访者的抗拒。如果心理辅导老师向来访者介绍箱庭疗法对解决其心理问题的好处，就有可能引起来访者的期待和配合。比如，心理辅导老师可以说：我辅导过几个类似于你现在情况的案例，通过箱庭疗法，他的问题得到了很好的解决，你可以尝试一下。一旦来访者同意进行箱庭疗法，辅导老师就可以详细地向来访者介绍箱庭疗法、玩具、沙以及制作过程。可以让来访者感受一下沙子，辅导老师也可以移动沙子向来访者进行示范，并且可以移动沙子露出沙箱的底部，并向他解释这时候蓝色看起来像水，而箱子侧面的蓝色看起来像天空。同时向来访者展示玩具，并告诉他可以不用玩具，也可以用一些玩具或者很多玩具。然后告诉来访者玩具摆放的规则，帮助他比较容易找到自己需要的玩具。同时向来访者说明，在结束之前，他可以对自己的作品进行任何改变，可以创造出他想要的任何东西。

心理辅导老师的引导语可以是："请用这些玩具和沙箱，随便做个什么，你想怎么做就怎么做，没有时间限制。"或者可以更详细一些："你可以按照自己的意思在沙中创造任何世界，做出任何场景或者图像，或是创造任何故事，你不必思考它或者了解它，想到什么就做什么，拿那些似乎在呼唤你的玩具，你可以选择对你有吸引力或者正向的玩具，也可以选择一些厌恶的或者负向的玩具，不管你做什么都可以，做沙盘没有对错之分"。

来访者可以坐着、站着，可以根据来访者感到舒服的方式进行调整。告诉来访者他可以沉默、说话，或者向辅导老师要求协助，但是辅导老师只是作为一个陪护者见证箱庭疗法的过程，一般不参与沙盘的制作。在第一次箱庭疗法的时候，辅导老师可以告诉来访者：你可以在沙箱内做游戏，并且按照你的意思从玩具架上选择物件，如果你找不到玩具，可以问我，我可以告诉你在哪里找到，或者可以用哪些玩具代替，在制作过程中，我会保持沉默，除非你需要我的帮助。"

二、箱庭的制作

向来访者介绍完箱庭疗法的有关设置之后，就可以进行沙盘的制作了。在制作过程中，辅导老师要做静默的见证者，一般要坐在沙箱的侧面，要像见证者一样默默见证来访者无意识世界的流露和表达，尽管是不说话的，但是可以通过目光、身体语言以及偶尔的应答，让自己的无意识与来访者的无意识进行交流对话，帮助来访者的自性显现并逐渐整合自己的心理。要给来访者创造一个自由且安全的环境，让来访者在沙盘制作过程中能体验到回归到童年的感觉，就像在妈妈身边那样安全而受保护，这是箱庭疗法至关重要的。

心理辅导老师还要有共情理解的态度，设身处地地体验来访者的心理和情感感受。心理辅导老师要随着来访者的思路走，不能在来访者制作沙盘的时候表现得无所事事，心理辅导老师要以一种欣赏的态度来对待来访者制作的场景，要如同在心理辅导过程中一样对来访者无条件地积极关注。

整个过程中心理辅导老师要像母亲一样对待来访者，对于来访者的制作过程、作品本身以及解释，总是像母亲一样慈祥地关注，以一种欣赏、鼓励的眼神对待来访者的心灵深处那种孜孜不倦的自我整合的力量的发挥，在适当的时候给予一定的帮助，要相信来访者自我实现的潜能，相信他有能力实现人的整合。让来访者感受到辅导老师像母亲一样维护自己的利益，欣赏自己，来访者会没有阻抗地让自己的无意识内容在自由、安全、包容的空间里充分展示，再经过整理后慢慢走向整合。当来访者实现自我整合后，不需要别人的扶持的时候，辅导就可以结束了。

总之，箱庭疗法的过程就是一个治疗和个人体会的过程，心理辅导老师要做的是传递给来访者信任和支持，而这种传递，不是语言的或行为的，而是心灵的。在沙盘制作过程中，辅导老师要记录下玩具摆放的顺序以及来访者挑选玩具的顺序和处理方式，注意来访者对哪些玩具感到吸引、排斥，或者感兴趣。

在箱庭疗法制作的过程中，心理辅导老师还要注意以下细节：

1.注意来访者接近沙箱、选择玩具以及创造世界的方式，来访者的特点要予以记录。

2.要注意来访者挑选玩具的属性，如颜色、质地、尺寸、形状和大小比例。有人会注意玩具大小比例协调，有人则不会。来访者有时会对玩具进行一些移动，要注意来访者移动玩具时候的形态举止；辅导老师要注意几人或者对立两人的朝向，也要注意玩具朝向的方向，他们是否偏离或朝向其他玩具，偏离或朝向辅导老师或来访者。注意玩具在沙箱的位置，高于表面或低于表面，被埋起来还是隐藏起来；要注意玩具的分离或者分割，是否构成几个区域。总之，在来访者制作过程中，辅导老师要全神贯注地观察来访者的制作过程。

3.记录沙盘制作开始的时间和结束的时间。辅导老师要特别注意的是，暂缓（不要试图进行）自己的任何诠释和假设，即便是产生了，也只能在治疗阶段和来访者进行探讨。如果来访者制作得过快，可以帮助来访者进行深入的体验；如果时间快到了，可以温和地向来访者提醒，并且建议把沙盘保留在他想要的样子，方便下次继续进行。

三、体验和重新配置

（一）体验阶段

这一阶段是一个安静、反省的时间，在来访者告诉辅导老师自己的创作结束了时，辅导老师可以告诉来访者："这个世界是你的世界，花一些时间畅游其中，让它接触你的内在，不只用你的眼睛，同时也要用你的所有的感官来经验它，探索它，并且了解它。你可以保持沉默，或者分享涌现在你身上的任何状况。"这时候来访者会再次转移到更深层次。辅导老师在这一阶段不要做任何评价，辅导老师的任务就是无条件接纳来访者的创作。这时来访者说话，辅导老师只需要进行一些反应性的回应，如果来访者表现出情绪线索，辅导老师可以引导他"似乎深深地触碰到了你的心"，而不是进行诠释和建议，也不要提问题。辅导老师还可以建议来访者围着沙箱走一下：从不同的角度看事情或事物，他们看起来就会不同，你可以围绕着沙箱走，并且从侧面、上面看看你的世界。这个阶段一般需要5分钟左右的时间，如果来访者过快地结束本阶段，可以建议他再一次进入自己的内心。

（二）重新配置阶段

当来访者体验过沙盘之后，他们可能希望改变自己的作品，这时辅导老师可以说："既然你已经全部体验过了，你可以发现它就是你希望要的样子，或者你可能发现你想对目前的世界进行改变，你可以移动任何玩具，添加或者移出任何你觉得合适的玩具。"来访者进行调整后，要让他进行重新体验，并对来访者的改变进行记录。

四、箱庭作品的理解和对话

箱庭疗法的作用机制之一就是将来访者无意识意识化，在辅导阶段，辅导老师是来访者探索无意识以及将无意识与现实搭建桥梁的导师。

（一）倾听来访者的故事阶段

先询问来访者是否愿意做辅导老师的向导，向辅导老师介绍他创造的世界，以便了解来访者的观点。这时可以说："你是这个世界的创造者，我对这个世界了解不多，你是否可以带我游览一番，详细向我说明这个世界是如何形成的，并且让我认识这个世界中的人物和玩具。"

来访者可能只是一个简单的回顾，辅导老师要引导来访者详细介绍他所创造的这个世界，这本身也是一种治疗。如果来访者保持沉默，不想描述这个世界，辅导老师必须尊重他的需要，可以说："你想要告诉我这个世界的任何事情吗？或者只想陪它一段时间而不想谈论它？"由于来访者所创造的世界是其无意识的流露，不管呈现的方式是什么样的，辅导老师必须对来访者所描述的事情持开放的态度，并且表现得好像除了个案赋予的意义外别无所知一样。

这个过程，心理辅导老师不要用任何方式，不管是身体的还是精神上的，来评论来访者创造的世界，因为这是来访者自己的世界，别人是不可能完全理解的，更不能把自己的理解强加给来访者。

当来访者描述完所创造的世界，心理辅导老师要注意来访者的面部表情和身体反应，这时候辅导老师可以问一些话，但不要带有暗示性，并且以中性语言来发问，比如"你的身体哪个地方有感觉？"或者"你似乎感受到悲哀、生气或不舒服？"，如果来访者表示没有则不再继续，如果来访者有情绪体验时，辅导老师要鼓励来访者停留在情绪中，来访者可能不愿意停留在难过之中，应借这个机会帮助来访者把情绪和现实联系起来，这本身也是一种治疗。

有时来访者会在沙中埋些玩具，或者他不提到某些玩具，遇到这种情况，要在之前询问为什么有这个漏洞。辅导老师可以说："我发现那里有个××，你能说一下它的事情吗？"这时候要观察和来访者探讨的可能性，这个物体往往具有重要意义。该阶段通常需要5-10分钟。

（二）治疗性介入阶段

进入治疗阶段，刚开始先问一些有关他所创造世界的问题，鼓励来访者更广泛地去经验、体验和探索世界或者世界的一个特定场面。但是辅导老师不要进行分析，而且将讨论集中在沙盘作品上，而不是个案本身。比如，某来访者可能会在沙盘中摆放一只老虎正在靠近水源，来访者表示老虎就是自己，并且说自己很饥渴，这时辅导老师只能说"这只饥渴的老虎正靠近水源"而不是"你正靠近水源"，因为只有这种中立的态度，才有利于来访者对问题的充分解释。

心理辅导老师可以引导来访者从某一个局部进行探索，但不是最情绪化的画面，然后慢慢深入，帮助来访者探索自己的无意识。箱庭疗法的移情，大部分出现在来访者与沙盘作品之间，而不是来访者与辅导老师之间，来访者基本上是在沙盘上面对自己。在治疗阶段，辅导老师可以根据自己的专业特长选择不同的技术。比较常用的一种技术是双椅技术，就是让人物之间进行对话，比如说"假如青蛙和小鱼谈话，他们会说些什么"，通过创造性的想象演出，来访者得以直面关系中的问题。

介入性治疗时期通常需要10-15分钟，当时间快要到的时候，辅导老师可以告诉来访者："今天的时间快要到了，现在你可以按照自己的意思，保留这个世界，也可以调整这个世界，或者拆除这个世界。在拆除这个世界之前，请再体验一下你创造的世界，给它起个名字。"

五、记录阶段

沙盘辅导室应配备一部照相机，可以将来访者制作的沙盘作品摄影留存，有利于日后分析、研究。如果有数码相机，可以将沙盘作品的图片在计算机上进行存放或处理，这样保存的效果会更好，使用起来更方便。拍照的时候可以由来访者选择性地进行，也可以让来访者和作品进行合影。沙盘室还应准备一些设计好的记录用纸，以便记录来访者沙盘制作过程中的非视觉信息。等拍照完毕后，如果来访者同意就可以拆除作品了，一般这个拆除过程让来访者自己完成，其目的也是希望让来访者从梦境回到现实之中。

六、过渡

当完成意识性的工作之后，要帮助来访者回到现实中，帮助他们把沙盘的世界与现实进行连接。有很多方法可以帮助来访者把沙盘世界与现实世界的生活议题或回忆连接起来，比如心理辅导老师可以说："你刚刚创造和经历了一个世界，在沙盘中的情况与你现实的生活有什么样的类似之处呢？"

七、箱庭作品的拆除

一般来访者在离开之前会选择拆除或者保留作品，拆除沙盘作品也是一种治疗。拆除他们自己已经创造的世界，可以增强他们认为自己有力量取消他们做过的事情，比如补救他们的过错。对于一些人来说，拆除世界可以使得行动得以全部完成，并且打开了新的创作通道。如果来访者不愿意拆除作品，可以保留到下次。

八、箱庭治疗的终结

一次箱庭疗法过程主要以来访者在所限定的时间（一般为60分钟）内，来访者认为制作完了或好了为依据而结束。但是，箱庭疗法实施多少次可以终结，这是一个难以回答的问题，正如我们很难用辅导次数多少来说明辅导成功与否一样。根据我们的经验，箱庭治疗的终结可以参照作品中表现出的变化情况予以确定。在下面描述的情况下，我们可以考虑终结箱庭治疗：

（一）作品整体印象发生了由消极到积极的变化，且较为稳定；

（二）自我意像出现，且评价趋向辩证；

（三）由封闭、孤立、静止走向开放、共处、动态；

（四）制作大地、山。

是否终结箱庭治疗，除了参照箱庭作品所表现出来的变化之外，更重要的是看来访者的心理问题是否真正解决，症状是否缓和，以及与他人、与治疗者关系的良性变化。当种种情况表明来访者已经可以尝试着独立走进社会，适应自己的心理状况及周围环境时，可以考虑终结箱庭治疗。

由于箱庭疗法实施过程中咨访双方维系着一种母子一体性，因此箱庭治疗的终结不能过于突然，否则会使来访者产生一种被母亲遗弃的孤苦伶仃的不安感，而导致其心理状态的恶化。箱庭疗法的终结可以由咨访双方协商确定，终结治疗的方法也如心理咨询的终结一样，可以用预告法、周期延长法和一时中断法。具体的做法应视来访者具体情况而定。

体系建设篇

TIXI JIANSHEPIAN

第十三章
学校心理健康教育机构建设

在中小学开展心理健康教育，总目标是：提高全体学生的心理素质，培养他们积极乐观、健康向上的心理品质，充分开发他们的心理潜能，促进学生身心和谐可持续发展，为他们健康成长和幸福生活奠定基础。自2012年教育部颁布《中小学心理健康教育指导纲要》以来，全国各级中小学在心理健康教育课程、师资队伍和心理辅导室建设等方面取得了丰硕的成果。然而在东部沿海地区和中西部地区之间，城市学校和农村学校之间，重点学校和普通学校之间，中学和小学之间，心理健康教育仍存在着差距。部分学校由于受到经费、人才、场所等条件的限制，实际工作中还存在着各种不规范的现象及发展困境。本章从机构设置、人员构成、场地建设三个方面为中小学心理健康教育机构的规范化建设提供参考意见。

第一节　机构设置

一、职能定位

学校心理健康教育机构最主要的职能是为本校学生的心理健康提供一体化专业服务（包括个体咨询、团体辅导、危机干预等），开展各种形式的心理健康教育活动（包括心理健康知识宣传，心理健康课程与讲座，心理沙龙等专题活动），立足教育和发展。其他职能还包括为学生和家长提供促进心理素质发展的指导性意见，协助他们共同解决孩子在发展过程中的心理行为问题，为学校德育工作提供意见和建议，营造积极的关注心理健康的校园环境。

二、机构名称

根据学校心理健康教育机构的职能定位和工作内容，设置机构时，采用"心理健康教育与咨询中心""心理健康教育中心""心理健康指导中心"之类名称较为合适。

机构内设的一些功能室，可以选用较为温馨活泼的名称进行命名，如心理咨询室可以称为"谈心室""知心室""心情吧""心灵港湾"等等，心理宣泄室可以称为"释放屋""减压舱""出气吧""宣泄吧"等等。这类名称既有一定的专业含义，又容易引起学生的共鸣，易被学生接受，能够为学校的心理健康教育与咨询工作起到潜移默化的推动作用。

三、机构管理

学校心理健康教育机构是一个服务性机构，需要接受学校的组织和行政领导，可根据实际情况挂靠于政教处（德育处）或直接挂靠于校务委员会。这种挂靠模式有利于借助其他力量在全校推动心理健康教育工作。对于规模大，学生人数多的学校，也可以单列"心理健康教育与咨询机构"为一个部门，这种"独立直属机构模式"更有利于心理健康教育的科学发展。

（一）规章制度

学校心理健康教育机构必须制定明确的工作制度和行为规范。主要包括以下条目：

1. 心理咨询工作规范与伦理

2. 心理咨询值班制度

3. 危机干预制度

4. 专职教师岗位职责与工作要求

5. 兼职心理辅导人员岗位职责与工作要求

6. 班级心理委员工作手册

7. 心理协会日常行为规范

学校心理健康教育机构的规章制度由心理健康教育领导小组（或领导委员会）根据本校的实际情况讨论拟定、试行并修改。

（二）人员管理

主要体现在两方面，即心理辅导人员的工作时间和绩效考评。

1. 工作时间

由于心理咨询和心理活动的工作经常需要在夜间和周末开展，因此不建议心理辅导老师严格遵循学校"5天8小时工作制"的具体作息时间来安排工作，考虑到中小学白天多为教学时间，很多学生不愿意旷课接受咨询，可以将咨询时间多排在上午的早读时段，下午及夜间的自习时段，当然如遇危机个体需紧急处理，则需随叫随到。老师可以实行弹性工作制，轮流排班。弹性工作制并不是给心理辅导人员绝对的自由，执行弹性工作制通常应该保证以下四点：保证完成基本的工作量（如每周30时的工作时间），即轮休时间不能超过额外工作时间；保证除轮休老师外正常工作时间段应有老师值班；保证轮休时间应该选择在工作松闲的时间段；保证轮休时间中其他老师能够随时联系到并及时参加临时工作任务。实践证明，"弹性工作制"对学校心理健康教育机构而言是一种可操作、可供借鉴的时间管理方式。

2. 绩效考评

《中小学心理健康教育指导纲要》指出，地方教育行政部门要健全中小学心理辅导老师职务（职称）评聘办法，制定相应的专业技术职务（职称）评价标准，落实好心理辅导老师职务（职称）评聘工作。心理辅导老师享受班主任同等待遇。

科学合理的绩效考评标准应该以心理辅导人员的岗位职责为依据，充分考查其本职工作的完成情况。从操作层面来讲，应该重点考评心理健康教育活动的组织与完成情况，主要是衡量心理健康教育课程和心理辅导的开展，相对减少工作量计算中科研所占的比重。具体考评办法可以由心理健康教育领导小组（或领导委员会）讨论制定并提交学校人事部门审核。对于额外工作量的计算，目前学校夜间咨询补助工资标准为40-80元/小时，发达地区有所增加，可供参考。

（三）活动管理

学校心理健康教育机构的工作重点是开展各种形式的心理辅导活动。有效的活动管理有助于达成活动目标，提升活动效果。加强心理辅导活动的管理可以从以下几个方面着手：

1. 严格遵守心理辅导活动相关的制度与原则，比如心理咨询的基本原则。

2. 制订详明的活动计划，包括时间、地点、具体活动内容，等等。

3. 使用规范和统一的文件、图表等，以便整理和辨认，比如来访预约登记表、心理咨询记录表、新生心理健康调查报告，等等。

4. 分工协作，通过书面形式明确每一位组织和参与活动人员的职责。

5. 及时开展经验交流、活动共享、案例分析，以便调整计划，灵活应变。

6. 撰写活动总结报告，并整理与活动有关的材料，分类存档。

（四）档案管理

档案是对学校心理健康教育机构历年工作的记载。资料齐备、汇总分明的档案不仅有利于各项材料的清查考备，而且有利于总结机构工作的经验教训，促进心理健康教育与咨询工作向前发展（具体内容参考第六章）。

（五）经费管理

心理健康教育机构工作经费是指学校财政预算中用以满足心理健康教育工作需要的日常运营经费和专项建设经费，一般不包括专、兼职咨询辅导人员的工资和劳务费等。日常运营经费主要包括办公费、会议费、培训费、宣传费、图书期刊费、专业易耗材料费、学生活动经费等；专项建设经费指满足学校心理健康教育发展需要的经费，主要包括大型设备采购费、新咨询与治疗技术投入使用费、工作场地扩大装潢费等。学校应将心理健康教育机构工作经费开支列入学校的年度预算，应有相当的额度保证，同时还需配之以必要的财务制度，确保专款专用。为了增加经费投入，可以积极争取政府机关、企业及个人的投入和捐赠。目前很多省市规定，要按不低于在校生人均10元的标准设立学生心理健康教育工作专项经费，该标准可供参考。心理健康教育工作经费可由学校财务处统一管理，由学校心理健康教育与咨询机构的负责人负责申请使用。

第二节　人员构成

学校可根据办学规模和学生人数来配备相应的心理健康教育机构人员。一个完备的心理健康教育机构应该包括以下四组人员：

一、管理人员

学校应成立心理健康教育领导小组统筹管理心理健康教育工作，该小组通常由以下部门的负责人组成：分管学校学生工作的校长作为领导小组的组长，政教处（德育处）、总务处、教务处、后勤处、保卫处、校医院等领导，年级组长，心理健康教育中心负责人。其中，领导小组组长主要负责学校心理健康教育机构的建设、统筹发展、危机干预体系的管理；政教处领导主要协助指导心理健康教育与咨询机构队伍的基本建设和全校心理健康教育辅导活动的开展；保卫处分管领导主要负责组织有关人员协助咨询中心做好安全教育和危机干预工作；校医院分管领导主要负责协助咨询中心做好健康检查、转介治疗和医疗保险工作；心理健康教育与咨询中心主任则主要负责制定中心工作制度和规范，提交中心工作计划和总结，组织管理中心日常工作，指导建设学生心理工作团队并组织考核，等等。

领导小组成员应各司其职，团结协作，才能保障学校心理健康教育工作实现上通下达，高效维护学生的身心健康。

二、专职心理辅导老师

心理学专职教师是学校心理健康教育机构的专业技术骨干，具体负责为学生开展各种形式的心理健康教育辅导活动。

《中小学心理健康教育指导纲要》指出，要大力加强专业教师队伍建设。各地各校要制订规划，逐步配齐心理健康教育专职教师，专职教师原则上须具备心理学或相关专业本科学历。在学历基础上应具备全面的心理学相关知识、熟练的专业技能、丰富的人生阅历、良好的心理素质和高尚的职业道德。专职教师通常由心理健康教育领导小组和学校人事处面向学校应届心理学毕业生和社会工作人员公开组织招聘，在招聘时，可以考虑录用专业背景和辅导特长不同的专职教师，从而形成专职教师之间的相互补充，壮大团队的辅导力量，更好地为学生提供心理服务。

每所学校至少配备一名专职或兼职心理辅导老师，并逐步增大专职人员配比，其编制从学校总编制中统筹解决。地方教育行政部门要健全中小学心理辅导老师职务（职称）评聘办法，制定相应的专业技术职务（职称）评价标准，落实好心理辅导老师职务（职称）评聘工作。心理辅导老师享受班主任同等待遇。江西省教育厅文件《关于进一步加强和改进全省普通高等学校学生心理健康教育工作的意见》（赣教发〔2013〕7号），要求各学校要建设一支以专职教师为骨干，专兼结合、相对稳定、素质较高的学校心理健康教育和心理咨询工作队伍，建议中小学也可以按照师生比不少于1：[KG-★3/5]3000-1：[KG-★3/5]4000的比例，同时结合本校办学规模和工作需求来配备心理学专职教师。

三、兼职心理辅导人员

在实践过程中，专职教师往往由于人数较少，工作繁多，难以满足学生的心理辅导需求，并且受到经费、编制、时间等因素的限制而难以及时增加专职教师，那么可由心理健康教育领导小组招聘若干兼职心理辅导人员，招聘数量应根据学校的实际情况，即专职教师数量与学生对心理辅导的需求配比来确定，以保障学校心理辅导工作正常有序地开展。

通常通过两条途径招聘：一是直接从其他学校、医院、社会咨询机构外聘；二是在本校教师（尤其是从事学生工作的思政教师、班主任）中选聘符合条件的兼职。兼职心理辅导人员应待人亲切，言辞温和，善于沟通，了解青少年心理发展特点，并接受过系统的心理学理论知识培训和心理咨询专业技能训练（如取得国家二级心理咨询师职业资格证）才能上岗。兼职心理辅导人员应严格遵守心理咨询的伦理法则和心理健康教育中心的规章制度，如有条件，保证他们在开展辅导的同时接受专职教师或心理督导师的督导。

四、学生心理工作者

在学校学生中选拔聘任一批学生心理工作者，不仅有利于组织开展心理健康教育活动，而且可以帮助心理辅导人员及时准确地了解全体学生的心理状况，还可以促进学生心理工作者自身心理素质的发展，实现同辈互助自助。

可以在学校成立心理健康教育社团，同时在班级选拔心理委员，这两支队伍构成学生心理工作者的重要力量。班级心理委员一般每班两名（一名男生和一名女生），可以同时兼任其他班干部职务。心理协会可以下设几个部门，如组织部、宣传部等，每个部门应选举一名部长及若干干事。学生心理工作者主要辅助心理健康教育与咨询机构组织开展各种心理辅导活动，了解并反馈同学的心理状况，并开展朋辈心理健康教育与咨询。学生心理工作者应该具有良好的心理品质和热心为其他学生服务的精神，同时必须参加心理咨询相关知识和技能的培训与考察，考察合格者方可录用，录用后颁发聘书，聘期一般为一年。

第三节　场地建设

教育部颁发的《中小学心理辅导室建设指南》（2015）指出：中小学心理辅导室建设应坚持科学、实用原则，保证基本配置，满足心理健康教育工作科学有效开展，有条件的地方可以结合实际情况，拓展心理辅导室功能区域和相关配置。

作为教师开展心理健康教育工作、为学生提供心理服务的固定场所，学校心理健康教育场地非常强调环境的合理布置。因为心理健康教育不仅包含有声的交流，还包含无声的交流，室内布局的许多因素都在向学生传递无声的信息，影响着心理健康教育的效果，影响着学生再次来访的意愿。

一、位置选择

学校心理健康教育场地的位置选择应遵循安静、隐秘和方便进出的原则。

嘈杂的环境容易导致心理辅导老师和来访者因外界干扰而分心，影响心理辅导效果，而且来接受心理辅导的同学多不希望引起他人对此的误解。因此，学校心理健康教育场地周边的环境应清静幽雅，不宜设在人流多、嘈杂喧闹的地方，要避免紧邻宿舍、食堂、商业街道、体育场等人流量大的地方，图书馆、校医院或行政中心附近都是不错的选择。但在此基础上，也不要太过远离教学区、宿舍区、办公区，太过偏僻、求助路途太过遥远、楼层太高会使学生在寻求心理服务时形成空间和心理上的阻隔，不利于辅导的进行。

二、功能布局

标准的心理健康教育与咨询机构应涵盖一系列功能齐备的心理健康教育场

地，包括心理健康教育专、兼职教师办公室，个体咨询室，团体辅导室，心理测量室，心理档案室，心理放松室，心理宣泄室，沙盘游戏室，心理阅览室和户外心理素质拓展训练基地。每个学校应根据本校的经济条件和占地面积合理规划和布局各种心理健康教育场地，教育部关于《中小学心理辅导室建设指南》的通知（2015），指出中小学心理教育与咨询机构的基本配置应包括个别辅导室、团体活动室和办公接待区，有条件的学校也可单独设置其他拓展区域。心理辅导室的使用面积要与在校生人数相匹配。学校可结合心理健康教育工作的实际需要与学校其他场所共建共享，在不影响心理辅导各功能区基本功能的情况下，心理辅导室各功能区域也可以相互兼容，有效提高场地的利用率（如办公室、咨询接待室、咨询室、档案室合并，团体辅导室与活动室合并等）。

（一）教师办公室

主要用于心理辅导老师日常办公。室内应配备办公桌椅、带锁文件柜、电话、电脑、打印机、空调、饮水机等设备，可在墙壁上悬挂《学校心理健康教育工作者工作守则》和心理挂图等。

（二）咨询接待室

咨询接待室用于接待前来预约、咨询的来访者，方便来访者咨询前的等候。作为一个专业化的前台设置，接待室应让来访者感觉放松，以减轻咨询前的紧张戒备心理。

接待室内应配置的设备包括：电话、电脑、沙发、茶几、办公桌椅、饮水机、期刊架和心理咨询预约单。期刊架上放置各类心理杂志书籍，供来访者等候时阅读，以减少他们因无所事事而产生的烦躁情绪。宜在墙上张贴《心理咨询来访者须知》《心理咨询预约程序》《心理咨询服务时间安排表》《心理辅导老师简介》和《心理咨询工作的基本原则》等，方便来访者了解心理咨询的注意事项。心理接待室外应设有心理信箱。

（三）心理咨询室

1.布置的原则

心理咨询是个体探索心灵的历程，要使来访者无保留地开放自己压抑的内心，宣泄负面的情绪，检视不合理的思维方式。心理咨询室的布置应遵循安全、舒适、简洁的原则，要给来访者安全、祥和以及充满生机的感觉。

2.房间的选择

①面积。10—15平方米的大小比较适宜。过大易使来访者产生空旷感和不安全感，过小则使人有压抑和窘迫感。

②采光。心理咨询室一般都要有窗户，减少对封闭空间的压抑感，改善空间的开放性，将来访者引向理想世界，以便其向心理辅导老师畅所欲言。窗户要配备窗帘，避免路过者在窗外能清楚地看见来访者。条件允许的学校建议给心理咨询室配置单向玻璃。室内光线应适中，光线昏暗会让来访者产生被诱惑的感觉，而过于明亮又会使人感到单调和乏味。含蓄柔和的光线利于营造温馨的咨询气氛。

③通风。室内应保持良好的通风，避免憋闷和压迫之感。最好配置冷暖两用空调，室内保持人体舒适的温度。

④隔音。心理咨询室应独立封闭，隔音效果好，电话静音，以保证咨询过程中不受任何外界噪音的打扰，并确保来访者的有关情况只有来访者自己和咨询教师知道。

⑤地板。水泥地面易给人冰冷感，建议使用木质地板，色调暖色或浅色。

⑥色调。室内色调要以清新、淡雅、柔和的暖色调为主，让人感觉温馨、整洁、舒适，苹果绿、米黄都是不错的颜色选择。一定要避免大红、深蓝等具有强烈刺激的色彩。

⑦布局。简洁，室内布置既不要过于单调和缺乏人情味，也不能花里胡哨和杂乱无章，以至于分散来访者的注意力。室内整洁，办公设备及用品的数量和摆放的位置应恰当有序，以满足基本功能和实用为度。不宜过分反映和张扬心理辅导老师的个性和私人生活，要避免在咨询室里张贴和摆放教师自己的以及其家庭

成员的照片，因为来访者的移情常常包括对心理辅导老师的父母、配偶、子女等家庭成员的看法。

3.咨询椅的摆放

咨询椅多选用温暖舒适柔和的沙发椅，其摆放和位置选择都遵循一定原则。

首先，咨询椅比较恰当的摆放方法是：心理辅导老师与来访者分别坐在两张夹角为90度的沙发上，两张沙发之间隔以较矮的不影响视线的茶几，距离适中，具体以心理辅导老师和来访者都自然舒展地坐下时脚尖不会相互碰触为度。来访者所坐的沙发可以是长沙发，方便做家庭治疗。

这种安排有诸多优点：对来访者是一种尊重，体现了心理辅导老师与来访者的人格平等；心理辅导老师和来访者之间既能保持相对人性的亲近，又不至于因过于亲密而让来访者感到不安；可以使某些有眼光交流困难的来访者感到自然，不会因不得不面对面地直视而过分地局促和尴尬；心理辅导老师也无须始终直视来访者，可以使心理咨询在较为自然的情况下进行；来访者的一举一动均在心理辅导老师的观察范围之内，心理辅导老师可以很方便地通过直视或余光观察来访者的所有肢体动作。

心理辅导老师不宜坐在办公桌后面和来访者隔着桌子谈话，因为这种安排会使来访者有接受审判的感觉，尤其是当心理辅导老师边问边记录时，这种反应会更加明显；同时这样也不利于心理辅导老师观察来访者的全身细微变化。

其次，在位置选择上，不要让来访者坐在朝向强光的地方。前来寻求心理咨询的人通常思维或情绪都有点乱，面朝强烈的光线而坐，会使他越发感到心烦和不安。相对来说，心理辅导老师比较适合坐在光亮之处。

4.其他物品的布置

纸巾盒。可放置在茶几上，便于来访者哭泣时随时取放。

设计简洁的静音挂钟。用来控制咨询时间，同时也能起到装饰的作用。最好放置在来访者背后心理辅导老师容易看见的地方，如果心理辅导老师多次看手表容易使来访者不能平静地谈话。

绿植。绿色植物象征生命力，简洁清新，用作室内点缀可使咨询室充满生机。

书画作品。如广阔、恬静的风景画，能使来访者开拓遐想空间，心境舒畅。

纸笔。放置在咨询教师便于取放的地方。避免当需要记录来访者地址、电话号码等信息时，教师移动过于频繁，动作幅度过大。

饮水机、空调。有条件可配有录音机和摄像机等设备。

（四）团体辅导室

团体辅导室的布置与心理咨询室的要求基本一致，都要给人以安静、温馨、安全、舒适和简洁的感觉，要采光良好，空气畅通，温度适宜，室内色调要淡雅温馨。两者主要不同之处在于：

1.面积

学校心理健康教育以预防性和发展性目标为主，团体活动的性质多为成长性团体，如职业生涯规划团体、自我探索团体、人际交往团体等，成员数目一般为8-12人，故团体辅导室的面积为20平方米左右较为适宜。若需兼作心理活动室，面积可以稍大一些。

2.椅子

团体辅导室可以选用椅子，要求有靠背和扶手，来访者坐得舒服才能全心投入参与长时间的团体活动。椅子可折叠以方便成员在活动时将其叠放起来节省空间。若配上椅垫和抱枕，则更为理想。也可以用坐垫直接坐在地上（地面最好铺设木地板）。

3.其他设备

除窗帘、挂钟、挂画、柜式空调外，为方便团体活动的开展，团体辅导室还应配备以下设备：一套多媒体设备（电脑、投影和音响），用于播放背景音乐和放松指导语，以及展示成员作品或活动步骤；一面涂鸦墙或白板；一些可以随意移动、组合、折叠的桌子，供成员书写或绘画时使用；墙上悬挂《团体领导者工作守则》《团体契约书》；用于盛放眼罩、绳子等团体辅导用具的柜子。

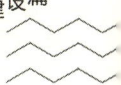

（五）心理测量室

心理测量室旨在为学生完成心理测试提供不受干扰的环境。心理测试的结果是否准确、有效往往受到很多因素的影响，其中环境因素，比如测试室的温度、噪音、光线、桌椅的舒适度等都可能引起测试误差。因此安静、舒适的心理测试环境能让测验结果更可信，更能反映个体的真实心理状态。

心理测量室的房间面积要求不大，6平方米左右，但要求采光良好，温度适宜，绝对安静。室内需要配备各种常用的标准化心理量表、测试用纸笔、计时用的秒表、电脑、测试软件、统计软件、光电阅读仪和打印机，墙上应悬挂《心理测试使用条例》。心理测量室还可兼作心理档案室，利用带锁文件柜存放各类心理档案。

（六）心理阅览室

心理阅览室是存放和阅读心理图书资料的专用房间。面积大小可根据学校条件构建，室内布置同普通阅览室，可配置空调、书柜、阅览架、阅览桌椅、挂画，以及各类心理期刊、杂志、书籍等。

（七）心理放松室

心理放松室主要用于进行各种放松训练，帮助来访者缓解压力和调节情绪。要求具备良好的隔音、隔离设施。室内所需设备包括用于播放松弛音乐和指令的音响设备、专业放松椅等，条件好的学校还可以配置生物反馈仪。

（八）心理宣泄室

心理宣泄室是帮助来访者宣泄情绪的专业功能室。宣泄室的色调以淡蓝等冷色调为宜，因为冷色调有镇静作用，有助于学生缓解情绪。地面切忌使用硬、滑的材质，宜用软皮作为墙面材料，以防止学生撞伤或墙面受伤。需要配备的宣泄器械包括吊式沙袋或宣泄人、拳击手套、宣泄棒、宣泄沙袋、宣泄抱枕、涂鸦板（墙）、涂鸦笔等。

（九）沙盘游戏室

沙盘游戏室对环境布置有严格的要求，因为只有当来访者置身于自由的、被接纳的、受保护的空间时，才能将其内心世界通过沙盘作品自由地表现出来，其心理问题才可能通过沙盘得以缓解直至解决。因此，除了需要满足一般心理咨询室的布置要求之外，沙盘游戏室还要根据沙盘治疗的特点，注意以下布置：

①铺设水泥地板，以便清洗。

②要有摆放两个沙盘的空间。一个摆放干沙沙盘，一个摆放湿沙沙盘。

③设置各类沙盘游戏模具和摆放沙盘游戏模型的架子。架子的位置要便于来访者挑选和拿取使用。标准的沙盘治疗一般需要1200多个沙盘游戏模具，把它们按照基本的类别来适当摆放，一般需要三个沙盘游戏模型架。

④两个小的钟表。分别用于来访者和沙盘游戏分析师看时间。

⑤照相设备。用于来访者走后将其摆的沙盘画面拍摄下来。这些照片将记录来访者在一段时期的沙盘游戏治疗中所呈现的一系列的沙盘布景，既可用于沙盘游戏督导或分析治疗的依据，同时也可以反映来访者在沙盘游戏治疗过程中的变化和效果。

⑥纸巾、洗手池，以便来访者完成作品后清洗。

⑦两个座椅、茶几。如果沙盘游戏室不仅要用于个体治疗，还要用于团体治疗或家庭治疗，那么空间上还要有所扩展，要设置多名成员参与、观看的椅子和活动空间。

⑧其他辅助设备。如盛水器、沙耙、沙刷、洒水壶、胶水、双面胶、悬挂架等，以备来访者摆沙盘时所需。

（十）户外心理素质拓展训练基地

随着素质拓展训练在国内的日益推广，越来越多的学校开始建立心理素质拓展训练基地。规划和建设心理素质拓展训练基地时应注意：

位置要选在空间开阔，绿化状况良好的地方。占地面积大小根据器械的多少而定，各类器械之间应保持一定的间距，确保训练者有足够的活动空间。基地四周最好设有围栏，防止学生在无教练指导的情况下自行上器械练习。避免在训练

中造成摔伤，地面要求平整，无硬物。某些器械下方应铺设草皮或沙坑。

选用器械时，要合理利用已有校园环境设施，开发设计拓展训练内容，突出校本特色。水资源比较丰富的学校可以偏重配置水上运动项目器械，如水上列车、太空行走、同心协力、滑行索道、巧过网阵、丛林绳桥、荡绳过桥、水上浮木桥等；拥有空旷场地的学校则可考虑建设高空项目器械，如巨人梯、高空断桥、空中抓杠、泸定桥、天使之手、攀岩、高空相依、软梯、合力制胜、云中漫步、筑桥向前、高空绳网、高空秋千等；场地和资金都受限的学校应以安置场地项目器械为主，如逃生墙、信任背摔、模拟电网、有轨电车、孤岛求生、飞行转轮、依存共渡、雷阵、梅花桩、夺宝奇兵等。

缺乏场地的学校也可以就地选择学校的运动场，利用一些非固定的素质拓展器材因地制宜地进行班级心理素质拓展训练。

第十四章

心理健康教育师资

··

　　中小学开展心理健康教育工作，离不开心理辅导老师，教育部《中小学心理健康教育指导纲要》规定：心理健康教育是一项专业性很强的工作，必须大力加强专业教师队伍建设。各地各校要制订规划，逐步配齐心理健康教育专职教师，专职教师原则上须具备心理学或相关专业本科学历。每所学校至少应配备一名专职或兼职心理辅导老师，并逐步增大专职人员配比。因此，心理辅导老师的选拔任用以及培训成长成为学校开展心理健康教育的一个重要环节和重要保障。

第一节　心理辅导老师的工作任务

　　教育部《中小学心理健康教育指导纲要》规定：心理健康教育的主要任务是：全面推进素质教育，增强学校德育工作的针对性、实效性和吸引力，开发学生的心理潜能，提高学生的心理健康水平，促进学生形成健康的心理素质，减少和避免各种不利因素对学生心理健康的影响，培养身心健康、具有社会责任感、创新精神和实践能力的德智体美全面发展的社会主义建设者和接班人。

　　心理辅导老师的工作任务是学校心理健康教育职责的具体化。心理辅导老师作为学校心理教育工作专职工作者，在校心理健康领导小组指导下开展工作，其工作任务是：

　　☆根据《中小学心理健康教育指导纲要》和学校政教处工作精神的指导，协助学校制订好学校心理健康教育工作计划和学年、学期心理辅导活动课课程计划，按计划、有步骤地开展工作。

☆心理辅导老师要定期对学生进行生理心理品质状况的问卷调查，收集个案，每学年初对新生开展心理健康测试工作，建立学生心理健康档案，并认真做好管理和使用工作；要和学校里各班班主任、任课教师、学生、心理社团会员、心理委员等保持密切联系，收集各方面的信息，以便从不同的方面了解学生。

☆心理辅导老师经常深入年级、班级向年级组长、班主任了解有关情况，指导班主任做好学生的心理辅导工作；主动协助学校政教处和各班主任开展各项工作，积极对学校教育教学工作提供相关的专业意见。

☆负责学校心理健康教育。通过开设心理健康课程、团体辅导、专题讲座等活动，定期对学生进行心理健康教育活动。

☆提高心理辅导的有效性，不断提高自己的业务素质和辅导水平，注重不断学习和掌握行之有效的辅导方法；公布心理辅导室的开放时间，设立"心理热线"和"心理信箱"等，负责其日常工作。为学生提供包括心理适应、学习心理、交往心理、情感心理、智能开发等各种发展性心理辅导服务。应认识到自身的局限性，对自己能力范围外的个案，应及时做好转介工作。对已经确诊或疑似的神经症和精神病病例，应及时向上级部门汇报，并申请转介。

☆负责建立学生心理档案。做好每次咨询记录、反馈和跟踪研究工作。

☆做好危机干预：在心理辅导过程中，如果发现来访者有危害其自身和危及社会安全的情况，心理辅导老师有责任立即采取必要的措施，防止意外事件的发生（必要时应通知有关的上级主管部门）。

☆心理辅导老师在学校政教处的领导下，全面负责学校的心理健康教育宣传工作，贯彻预防为主的工作方针，积极开展各种心理健康宣传活动，如通过校园网、心理健康教育校报等渠道向全校师生宣传普及心理健康常识，提高全体师生对心理健康的认识，营造心理健康教育的校园氛围。

☆组织开展教职工健康教育培训与辅导，提升教师心理健康教育能力，调节教师工作压力；热情接待学生家长的来访咨询，认真处理他们提出的各种问题，帮助家长树立科学育儿观念。

☆加强业务学习，不断提高业务水平，提高心理健康教育科研能力。承担心理辅导方面的科研工作，积极总结心理辅导经验，探索心理辅导工作的理想模式。

国外心理学家在调查研究的基础上，对学校心理辅导老师的工作任务进行了细致的划分，比如亨特（Hunter）和兰伯特（Lambent）认为他们的工作任务应包括以下19项内容：

☆为学校的全体学生服务。

☆与其经常参与个别儿童、教师和家长工作，不如更多地参与群体工作。

☆充当学校整体计划的顾问。

☆提供有关学生学习、发展、社会化以及生理和心理学方面的科学知识与信息。

☆通过多种方式协助学校对教员和职工的管理。

☆在教学计划和行为管理方面提出指导性意见，帮助任课教师提高学生的学业成绩，促进其心理素质健康发展。

☆强调诊断和干预作用，而不强调心理测验和分类诊断方面的作用。

☆重视运用统计数据解决问题和强调应用研究。

☆对较低档次的心理服务机构实行监督和管理。

☆对在学业上及其他方面处境不利的学生给予帮助。

☆在心理学和教育方面起专家作用。

☆对教师、行政人员及其他工作人员起顾问作用。

☆在预防药物滥用、防止随意将学生除名和维护学校纪律方面承担主要责任。

☆为学校决策及发展校内、校外关系提供必要的心理学知识。

☆促进社区与学校的相互作用，就治疗问题与社区有关机构进行协商。

☆在学生行为、发展、教学和干预等方面提供培训。

☆协助学校行政人员确定并实现教学计划目标和行为目标。

☆恰当地处理在评价和矫治问题学生的过程中所遇到的困难及人际关系、组织关系。

☆能有效地利用社会相互作用方面的技能与交往技巧。

根据亨特和兰伯特的描述，心理辅导老师的工作任务渗透在学校教学和管理工作的各个方面，归纳起来，他们工作任务的核心就是：整合学校、学生、教师和家长的多种力量，共同促进学生心理健康的发展、心理健康的维护和心理素质的提高。

第二节　心理辅导老师的任职条件

《中小学心理健康教育指导纲要》中指出：心理健康教育是一项专业性很强的工作，必须大力加强专业教师队伍建设。各地各校要制订规划，逐步配齐心理健康教育专职教师，专职教师原则上须具备心理学或相关专业本科学历。专、兼职教师要具备相应教育背景、工作经历、专业能力，以保证教研和教学队伍的专业水准。

挑选心理辅导老师的标准主要包括四个方面：职业道德、知识经验、专业技能和人格特质。

一、职业道德

任何职业都有相应的职业道德要求，对中小学心理辅导老师而言，这种要求显得尤为必要，这是由心理健康教育的科学性和严肃性特点所决定的。在我国，中国心理学会和中国心理卫生协会于1993年联合起草下发的《卫生系统心理咨询与心理治疗工作者条例》和1999年制定的《心理治疗与心理咨询工作者道德规范准则》，中华人民共和国劳动和社会保障部于2001年首次颁布试行的《心理辅导老师国家职业标准》，以及中国心理学会于2007年颁布的《中国心理学会临床与咨询心理学工作伦理守则》都对心理咨询从业人员的职业道德做出了明确的规定。那么中小学心理辅导老师应该恪守哪些基本的职业道德呢?

（一）热爱心理健康教育事业

首先，具备高度的责任感，充分认识心理健康教育的重要性和迫切性，关心学生的心理健康，相信每个学生都有善性，都有巨大的心理发展潜能，以促进学生心理素质的健全发展为己任。刻苦钻研专业知识和技能，努力探索心理健康教育的规律，不断提高自身业务水平，甘愿为心理健康教育事业的发展无私奉献。

其次，不谋私利。教师从事心理健康教育事业的目的在于促进学生心理素质的健全发展，不得利用求助学生对咨询教师的信任谋取私利，或假借咨询之名与学生建立咨询以外的任何关系，尤其不得对异性有非礼的言行。教师不能只对特殊、新异的个案感兴趣而不关心其他学生的心理问题，只对获取资料感兴趣，而不关注采取什么措施帮助学生解决心理困惑等等。

（二）尊重和保护学生利益

首先，以维护学生的最大利益为原则，尊重学生选择参加的权利，或者自愿接受服务的权利。避免将学校的利益、教师自己的价值观强加给学生，忽视学生真正的心理需求和利益。例如，心理辅导老师在指导学生进行如何选择职业生涯发展方向时，不应该以提高学校就业率为目的，而应该以学生的职业兴趣、长远发展等个人利益为出发点。

其次，尊重学生的个人隐私。在心理健康教育过程中获得的所有有关学生的资料，如学生心理档案、心理测验的结果、咨询录音录像和记录、咨询信件及其他资料，均属专业信息，应在严格保密的情况下进行保存，不得列入其他资料之中，除特殊需要外，教师不能以任何形式泄露。即使因专业需要进行案例讨论，或采用案例进行教学、科研、写作等工作时，也必须征求个人同意，或隐去可以辨认出学生真实身份的信息，自觉承担起为学生保密的责任。在工作中，一旦发现来访学生有危害自身或他人的情况，必须采取必要的措施，防止意外事件发生（必要时应通知有关部门或家长），或与其他心理辅导老师进行磋商，但应将有关保密的信息暴露限制在最低范围之内。

最后，对所有学生一视同仁。教师不应因学生的性别、年龄、民族、国籍、学业成绩、家庭背景、心理健康状况、宗教信仰、价值观、态度等不同而讥笑、讽刺、歧视他/她，而应以平等的态度对待每一位学生，相信每个学生都有心理发展的潜能。

（三）以科学严谨的态度对待工作

心理健康教育是一项严肃的工作，教师仅有热情和愿望是不够的，还必须具备严谨科学的工作态度。例如当认为自己不适合对某个学生进行咨询时，应向他做出明确的说明，并且应本着对求助学生负责的态度将其介绍给另一位合适的心理辅导老师；不滥作诊断，不随意给实际并无心理问题的学生"贴标签"，也不轻易用"没什么大不了的，这根本算不上病"之类的话对实际存在心理问题的学生以虚假的安慰；谨慎使用心理测试量表或其他测试手段，不强迫学生接受心理测试和辅导；不使用影响学生心理健康的仪器等等。

二、知识经验

（一）心理学专业知识

心理健康教育具有很强的科学性，必须以心理学和教育学科学的理论为依据和指导，遵循学生心理发展的年龄特点和心理素质形成的内在机制与规律，运用科学心理学的方法和技术解决学生的心理问题，促进其心理素质的健全发展。

我国目前心理辅导老师的专业化程度还不高，要在短时间内达到发达国家对学校心理辅导教师的专业化要求还很难，但作为一个合格的心理辅导老师，至少应掌握普通心理学、人格心理学、教育心理学、发展心理学、社会心理学、心理卫生学、变态心理学、心理咨询学、心理测量学、心理诊断与评估学，以及心理学研究方法等基本的专业知识。

（二）非专业知识与经验

心理辅导老师除掌握专业知识外，还应该博览群书，对哲学、教育学、社会学、人类学、伦理学、美学等都应有所了解，经常接触一些表现人的内在精神世界的文学艺术作品（如小说、神话故事、戏剧、音乐、电影、绘画、雕刻等），发展全面的认知结构，具备丰富的生活经验。这些非专业知识与经验不仅可以为心理辅导老师提供从不同角度去分析问题的认知框架和解决问题的方法，也有助于增进心理辅导老师对各种具有丰富知识和复杂生活背景的学生精神世界的理解。

三、专业技能

为了胜任心理健康教育的工作任务，心理辅导老师不仅要具备基本的教育教学能力，还必须具备开展心理健康教育工作的相关专业技能。但究竟应该具备哪些专业能力呢？不同的研究者持不同的观点。王曦认为学校心理辅导老师应该具备以下几种专业技能：设计并实施心理健康教育活动课、设计并实施某一主题系列团体辅导活动、对学生心理问题进行心理诊断、实施个案辅导、心理咨询、对教师教育教学方式提出建议、为学生家长提供家教方法培训及提供辅导、开展心理健康研究工作。《心理咨询师国家职业标准》也对心理辅导老师的职业能力做出了比较权威的要求（见下表）。

《心理咨询师国家职业标准》中对

表14-1　　心理辅导老师职业能力特征的要求

	非常重要	重要	一般
观察能力	√		
理解能力	√		
学习能力	√		
思维判断能力	√		

表达能力	√		
人际沟通能力	√		
自我控制能力		√	
自我心理平衡能力		√	
交往控制能力		√	

根据学校心理辅导老师所承担的工作任务，并综合上述观点，他们的专业能力应该由以下几种基本能力构成：

（一）心理诊断能力

进行科学而正确的心理诊断是实施心理健康教育的第一步。一个合格的心理辅导老师必须首先树立正确的心理健康标准，具备准确诊断学生心理健康水平及问题的能力。在判断学生的心理健康水平时必须兼顾个体内部协调与对外良好适应两个方面；应考虑心理健康的相对性和动态性，在看学生的心理问题时，要认识到学生的心理问题只是程度不同，避免将学生截然分成健康和不健康两种，避免用静止的观点来看待学生的心理问题；应清楚地区分哪些问题是学生暂时的心理状态，哪些是稳定的人格特质，避免将状态性心理问题诊断为特质性问题；在区分学生的心理问题时，要考虑其年龄发展特点，避免将该年龄阶段的普遍性问题（如青春期逆反心理）视为异常心理问题。

（二）心理辅导能力

我国台湾学者宗亮东根据心理辅导的过程，将心理辅导技能划分为7个方面，具体包括：

1. 开始的技能

建立咨询情境，以愉快的话题开始，使双方心理距离接近；增进相互了解，互致问候，营造温暖、信任、安全的氛围；促进友善关系，以礼貌的态度和委婉的方式把握话题；养成倾听的态度，使当事人体验到被尊重和接纳，促进情绪发泄；妥善安排桌椅，促进融洽气氛的产生。

2. 利用资料的技能

收集学生资料；利用社交评量，了解学生的人际关系；利用测验和调查，对学生主客观情况进行全面考察。

3. 情感反应的技能

注意情感反应，探索当事人谈话的弦外音，促进其自知力的形成；善用情感反应：促进当事人情感的自我了解，帮助其解除心理防卫。

4. 沉默的技能

在当事人思考、激动、抗拒、触及痛处不愿再谈时，咨询师应予以应对性沉默缓和气氛，打破僵局；遇到外向语急的当事人，可以主动沉默整理思路；碰到内向寡言的当事人以及情绪紧张者，可用主动沉默予以调节。

5. 引导的技能

把握咨询目标，当谈话话题出现偏差时，及时引导，纳入正题，以避免无聊的闲谈；提问式"撞击"，针对当事人的问题，提出"你是否觉得这个问题有商讨的必要"等一类问题，以使当事人从迷惘中清醒，更加接近自我了解的目标。

6. 恢复信心的技能

帮助当事人建立新的期待：对未来的期待或对一种新的理想的追求，对恢复当事人的自信心有重要作用。向当事人预告成功的可能性：目的在于增强当事人解决问题的能力，消除其心理困扰。恢复信心应择机而行：在当事人缺乏安全感，遇到失败而心情沮丧，环境适应出现障碍或长期抑郁失去自信时，应及时采用恢复信心的技术。

7. 终结的技能

当问题已经解决或转介其他机构继续处理时，或面谈已达预定目的，此次咨询过程可予以终结，咨询师可用提醒、暗示、约定下次谈话时间等方式结束交谈。终结时应力求使当事人感到满意。

（三）组织监控能力

心理健康教育是一个"助人自助"的过程，强调互动情景和丰富多彩活动的创设，在活动过程中学生是主体，教师是辅助者和引导者。但这并不意味着教师作用的弱化，相反它对教师的教育能力提出了更高的要求。要让学生在活动中积极参与、充分发挥主体作用，真正实现自知、自觉、自助，教师就必须具备良好的组织监控能力，即在整个教育过程中教师都应将教育活动本身作为意识对象，不断进行积极主动的计划、检查、评价、反馈、控制和调节，不断探索有效的教育策略方法，促进学生心理素质的发展。否则，教师就不可能成为真正意义上的辅助者和引导者。如在实施心理素质训练课程过程中，教师应善于从学生的心理需求出发，选择活动主题，确定活动目标，设计活动方案；善于营造和维持融洽安全的心理氛围，激发学生积极参与的兴趣；善于积极倾听，鼓励学生充分自由地表达自我；善于用准确简洁的语言对学生的行为表现加以评价，对学生的讨论意见进行提炼归纳，并通过提问，引导学生进行深入的思考，加深领悟；当活动偏离主题时，能采取适当的干预技术，将关注的焦点集中到训练主题上来，保证活动顺利进行等等。

（四）校本教研能力

校本教研能力即开展以学校为本的教育研究的能力。教无定法，心理健康教育亦是如此。一方面，教师要遵守不同年龄阶段学生心理发展的共同特点和普遍规律，广泛学习和参考他校的成功教育经验。另一方面，也要尊重不同地区、文化、民族、学校的学生在心理发展上的个体差异，探索符合本校学生特点的本土化心理健康教育模式。校本教研能力因此显得十分重要，它将有助于教师立足于本校的文化背景和专业特色，调查本校学生的心理发展特点，整合各种心理健康教育理论和技术，实施有针对性、有特色的心理健康教育策略，实现学校心理健康教育的本土化，切实提高心理健康教育的效果和效率。具体而言，校本教研能力主要包括心理健康教育研究的抽样、观察、调查、测量、实验、文献研究、资料整理、数据统计分析，以及研究报告撰写等方面的能力。

四、人格特质

心理辅导老师首先必须具备一般的优秀心理品质，如良好的自我意识、人际适应力、健康的情绪体验、稳定的工作热情和积极的进取精神等。除此之外，心理健康教育的特殊性还要求心理辅导老师具备一些特殊的职业人格特质。

（一）情绪调适性

要培养心理素质健全的学生，教师首先自己必须心理健康。为此全美教育联合会（NEA）在《各级学校的健康问题报告》中专门指出："由于情绪不稳定的教师对于儿童具有决定性影响，就不应该让他们留在学校里。一个脾气不能自制、严重忧郁、极度偏见、凶恶不能容人、讽刺刻毒或有谩骂习惯的教师，其对于儿童心理健康的威胁，犹如肺结核或其他危险传染疾病对儿童身体健康的威胁一样严重。"作为心理健康教育的实施者，教师的心理健康水平显得尤为重要。但心理辅导老师与平常人一样，也有可能面临挫折、烦恼和压力，而且他们还要自觉担负保密的职责，这就要求心理辅导老师应具备良好的心理调适性，善于控制和疏泄不良情绪，释放和缓解心理压力，坚强地面对挫折和失败，促进自我身心健康发展。

（二）认知敏感性

心理健康教育是建立在教师对学生心理特征的敏锐观察、准确认知基础之上的，这是因材施教的必要前提。因为学生不是被动的接受者，不同心理特征的学生会对教师的教育行为产生不同的反应，其教育效果也不尽相同。教师只有准确地了解和认识学生的心理状况，才能有针对性地、有的放矢地进行教育。而学生的有些心理特征会外显于行为，更多的则具内隐性。有些即使表现于外，也往往渗透于言行之中，不易察觉。这就要求教师必须对学生的心理活动特别敏感，善于察颜观色，善于通过学生的表情、动作、眼神、肌肉抽动等细微之处来察觉其内在的心理活动，否则不仅无法因材施教，还有可能错过教育的关键期，不能有效阻止学生心理问题的恶化。

敏感性不仅是指对学生的心理活动敏感，也指教师应对自己的心理活动敏感。因为心理健康教育具有互动性，师生、学生间是相互影响、相互作用的，教师的一举一动都可能对学生心理产生深远的影响，因此教师也应对自己的行为和内部心理变化敏感地做出反应。例如，在对一位有魅力的异性学生开展心理辅导时，高敏感性的教师可以觉察到自己是否因对方的装扮和挑逗性的语言产生歧念，并及时地做出处理，继续心理辅导老师的专业工作。

（三）人际合作性

心理健康教育工作不仅要求教师需要与学生建立良好的人际关系，还要求教师必须具备团队合作精神。这是因为每个教师的能力都是有限的，而且心理健康教育是一个系统工程，不仅需要专职教师的努力，更需要其他学科教师、班主任、家长、社会各界的积极配合和共同努力。因此，心理辅导老师还应该具备良好的与人合作的能力，善于沟通协调学校内部之间，以及学校、家庭和社会中各种教育力量，形成教育合力，共同促进学生心理的健全发展。

第三节　心理辅导老师的专业成长

《中小学心理健康教育指导纲要》规定：各区县教师培训机构和心理健康教育中心要在市中小学中等职业学校教师培训中心统筹规划、协调和指导下，组织好"教师及学生心理健康"必修课的培训工作。通过培训提高专、兼职心理辅导老师的基本理论、专业知识和操作技能水平，提高全体教职员工开展心理健康教育的水平和能力。区县心理健康教育中心应定期组织学校专、兼职心理辅导老师开展教研活动，并对专、兼职心理辅导老师个人进行督导。要将教研活动与专业培训及教师的自我成长融合在一起，共同研究教材，研讨个案，提升他们的专业水平。要以学生成长过程中遇到的各种问题和需求为主线，探索心理健康教育的内容和方法，提高心理健康教育的水平。心理辅导老师的专业成长是非常重要的，具体来说就是要做到以下几方面：

一、专业知识的丰富

心理健康教育是一项专业性很强的工作，其专业性表现在，它以系统的心理学知识为理论依据，以心理学应用技术为工作手段，以心理辅导实践为适应条件。不具备上述条件的教师很难胜任这项工作。心理辅导教师必须掌握以下专业知识：

☆发展心理学的相关知识，重点是学生心理发展的基本规律与年龄特征。

☆个性心理学的相关知识，重点是学生个性的心理结构及其影响因素。

☆教育心理学的相关知识，重点是教育、教学活动中应遵循的心理学规律。

☆心理卫生学的相关知识，重点是影响心理健康的内外因素，中小学生常见心理问题及障碍的表现与成因。

☆心理诊断与评估的相关知识，重点是心理测评与诊断的原理与方法。

☆咨询心理学的相关知识，重点是个别咨询和团体辅导的原理与方法。

二、专业能力的扩展

为了胜任心理健康教育的工作，心理辅导教师不仅要具备基本的教育教学能力，还必须具备开展心理健康教育工作的相关专业能力与技能。从心理辅导教师所承担的工作任务看，必须具备的工作能力主要有以下几方面：

（一）与学生充分沟通，建立良好师生关系的能力

良好师生关系的建立是为学生提供专业帮助的前提条件。这里所强调的是与不同类型学生的正常交往与充分沟通，同那些学习努力、成绩优异的学生建立良好关系，对于大多数教师而言并非难事，而同那些有问题行为、学习成绩较差、同教师的关系不够融洽的学生进行正常交往，建立彼此信任的和谐关系，就不是一件容易的事情了。要做到这一点，既需要尊重、平等、真诚、无条件积极关注等积极态度，又需要掌握正确的沟通方式与技巧。

（二）对学生发展中的心理问题进行鉴别诊断的能力

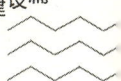

在儿童、青少年的成长发展过程中，出现一些心理上的矛盾、困惑、失衡、失控等问题是常有的事情，其中少数人也可能出现一些比较明显的心理问题或障碍，这就要求学校心理辅导老师能够及时做出初步的诊断和鉴别，以便适时采取相应对策，防止问题恶化或者导致严重后果。在这方面，虽然不要求心理辅导教师必须达到专业咨询师的水平，但从建立、完善学校心理服务系统的要求看，对学生常见心理问题的一般诊断标准必须有所了解。比如，对一般心理问题、严重心理问题和神经症性心理问题的诊断标准，各种问题行为和行为障碍的诊断标准，精神病及精神分裂症的初步诊断标准等，都是应该了解和掌握的。

（三）运用团体辅导的原理与方法促进学生充分发展的能力

《中小学心理健康教育指导纲要》中指出："开设心理健康选修课、活动课或专题讲座，包括心理训练、问题辨析、情境设计、角色扮演、游戏辅导、心理知识讲座等，旨在普及心理健康科学常识，帮助学生掌握一般的心理保健知识，培养良好的心理素质。"这里说的活动课就是指各种团体辅导活动。近年来在评课过程中发现，团体辅导活动在组织与实施中存在许多问题，如：目标定位不够准确、过分重视表面形式、沟通方式过于单一、教师临场应变能力较差等。其原因主要是团体辅导活动的组织与实施具有很强的专业性，其中许多原则与方法同传统的班级或团队活动有很大的差别。心理辅导老师要增强这方面能力，不仅应在实践中逐步积累经验，还必须通过加强专业指导，逐步提高自身的专业素质。

（四）运用心理咨询的原理与方法对学生进行个别辅导，帮助学生解决心理问题的能力

学生成长中发生的心理问题，必须采用心理辅导和咨询的原理与方法，才能做到对症下药。这就要求心理辅导老师一定要了解并掌握一些心理咨询的原理和方法，并能把它们运用到日常的辅导工作之中。比如心理咨询中的交友、共情、倾听、支持、引导、助人、自助等原理与方法，都能够帮助教师改进工作方式，增强沟通能力，改善师生关系，取得理想的教育效果。

（五）同其他教师及家长沟通与协调的能力和足够的人际影响力

学校中的心理辅导老师经常会遇到这样的问题，即学生的心理问题是源于家长或某位教师不正确的教育行为，要想改变学生的处境，就要改变相关人员的错误观念及不当行为。此时，心理辅导老师的沟通与协调能力就会成为解决问题的关键。另一方面，学校心理辅导老师要想较好地发挥这种协调作用，一定要有一定的人格魅力和专业威望。只有具备了这两个条件，才能同科任教师和家长建立良好的人际关系，取得他们的信任，才能充分发挥其专业影响力。

三、心理素质的提升

心理辅导老师不仅要在知识和能力方面达到专业化的要求，而且在心理素质上必须达到较高的水平，才能胜任职务的要求。其中比较重要的心理素质主要有以下几方面。

（一）科学、合理的思维方式

这主要应体现在在理解教育过程、看待学生等方面，要有全面、客观、辩证的思维方式。一方面，要确立科学的教育观念，形成正确的教育信念，如正确的学生观、师生观、发展观、质量观、健康观、教育价值观等。在此基础上做到正确理解教育过程中主体与客体、内因与外因、局部与全局、静态与动态、历史与现实、绝对与相对等复杂的关系，正确处理教育过程中的各种矛盾与冲突；另一方面，应借助合理的思维方式，对学生形成正确的判断，做出恰如其分的评价。现实中，部分教师对学生的看法会受到各种错误认知的影响，存在成见、偏见和误解。比如以偏概全、过分概括化、表面化、绝对化等。这种不正确的评价常常是妨碍教师正确理解学生并与其建立和谐关系的主要原因。因此，心理辅导老师必须在思维水平上达到较高的标准。

（二）积极、稳定的情绪状态

对于专、兼职的心理辅导老师而言，在情绪状态及其表达方式上理应比一般教师有更高的要求，这是职业适应的需要。作为心理辅导老师，必须具有相对稳定、积极乐观的情绪特征，同时一定要具有较强的自我调控能力，在出现消极情绪时能够进行有效的自我调节与控制，防止出现因不合理宣泄而导致对学生的心理伤害。

（三）真诚、友善、宽容的性格特征

教师的性格对学生的影响早已有人做过专门的研究。美国心理学家马特拉发现师生之间在22种性格特征上的相关系数分别从0.11-0.46不等，全部存在正相关的关系。心理辅导的工作性质要求心理辅导老师必须具备真诚、友善、宽容等良好的性格特征。其中，宽容精神对于心理辅导教师显得更为重要。因为在开展心理辅导与咨询的过程中，心理辅导老师会接触到许多存在各种心理与行为问题的学生，对待这些学生必须用发展的眼光和宽容的态度，不管学生的观念与行为多么不符合心理辅导老师本人的价值观。如果心理辅导老师表现得过于挑剔和苛刻，缺乏真诚和友善的态度，就会失去建立良好师生关系的前提，从而也就失去了提供心理辅导与咨询服务的基本条件。

（四）自知、自爱、自尊、自信的自我观念

积极的自我观念是心理健康的重要支柱。作为心理辅导老师，必须对自己有全面、客观的了解，有合理的自我评价，有积极的自我体验，既不自傲，又不自卑，同时还要有较强的自省意识，这样才有助于形成正确的角色意识，保持心态的平和，把握行为的分寸，增强心理容忍力和抗挫折能力，防止人际交往中的一些不必要的过敏反应发生。这些都是一个合格的心理辅导老师必须具备的心理素质。

（五）自律、自制的良好意志品质

在心理辅导与咨询中，有一些职业伦理道德方面的要求，是心理辅导老师应该了解并加以自律的。如咨询过程中的保密性要求，对移情现象的正确处理，对同来访者之间发生专业服务以外其他关系的限制等，都需要心理辅导老师具有较强的自律意识和自制能力。

第十五章

心理健康教育工作途径

中小学校要通过开设心理健康教育课程和心理辅导等多种专业途径开展心理健康教育，还可以通过校园网络、广播宣传和校园环境布置等多种方式进行心理健康知识的普及和环境氛围的营造，还可以密切联系家长共同实施心理健康教育，整合多方资源，充分利用校外教育资源开展心理健康教育，形成一张未成年人成长保护网，为未成年人营造健康良好的成长环境。

第一节　心理健康教育课程

教育部《中小学心理健康教育指导纲要》指出：中小学校要开展心理健康专题教育。专题教育可利用地方课程或学校课程开设心理健康教育课。心理健康教育课应以活动为主，可以采取多种形式，包括团体辅导、心理训练、问题辨析、情境设计、角色扮演、游戏辅导、心理情景剧、专题讲座等。心理健康教育要防止学科化的倾向，避免将其作为心理学知识的普及和心理学理论的教育，要注重引导学生心理、人格积极健康发展，最大限度地预防学生发展过程中可能出现的心理行为问题。

心理健康教育课是当前中小学心理健康教育中最常见的也是最具有成效的课程形式。心理健康教育活动课是学校心理健康教育的有机组成部分，它有利于心理健康教育"面向全体"原则的贯彻实施和效果的提高，能更好地实现心理健康教育的目的。心理健康教育课程是指学校根据学生心理发展的规律和特点，以团体心理辅导及其相关的理论与技术为指导，以班级为单位，通过各种辅导活动，有目的、有计划、有步骤地去培养、训练、提高学生的心理品质，激发潜能，增强社会适应，帮助解决学生成长中的各种心理问题，维护心理健康，达到塑造和完善人格的团体心理辅导活动的形式。

心理健康教育课的任务是对全体学生开展心理健康教育，使学生不断认识自我、增强调控自我、承受挫折、适应环境的能力；培养学生健全的人格和良好的个性心理品质，帮助成长、促进发展。因此心理健康教育课不是解决知与不知的问题，而是要实际影响学生的心理健康。因此心理健康教育课课程主要是以活动的方式，在教师的设计和指导下，让学生在活动中去体验、感受，从而发现自己和发现别人，认识自己和认识别人，学会学习，学会生活，学会交往，真正体现以学生为中心的学习方式。以经验为载体，学习方式是个体的自觉接纳。没有强制性的接受要求，更没有系统传授心理知识的要求。

把心理健康教育课定位于活动课程，这就要求心理健康活动课要充分发挥学生的主体性、主动性，生动活泼，轻松愉快，让学生尽情倾诉，让学生充分参与、充分体验，从中感受、领悟，自我心理调适。

心理健康活动课的基本模式可以概括为：主题引入—倾诉与活动—产生体验—对学生的体验进行概括和升华—教师提出课后训练要求，学生据实际自定训练目标。这里需要注意的是对学生的体验进行概括和升华时教师不能拔得太高，应基于学生的体验水平。心理健康教育课定位于活动课程，决定了心理健康活动的教学方法也不同于一般的学科教学。

一、常用的心理健康教育课的教学方法

（一）角色扮演法

1.角色扮演法含义

角色扮演法是一种通过行为模仿或行为替代来影响个体心理过程的方法。结合教学内容，让学生扮演活动中的角色，进行现场表演，通过观察、体验，进行分析讨论，从而使学生受到教育。

2.角色扮演法的理论基础

角色扮演有一经典性实验研究：研究者先测量被试对某一事物的态度，然后要求几个被试扮演演说家，按照事先规定好的要求发言，每次发言所表达的是一种比被试本人原有态度更为极端的态度，其他被试充当听众。扮演结束后，实验者对被试的态度重新做了测量，结果发现，扮演演说家角色的被试的态度沿着发言时表现的态度方向发生了重大变化，而听众的态度却很少受影响。

3.常用角色扮演法及适用物件

（1）相声表演：此种表演可以是一人的单口相声，也可以是两人的对口相声或多人的群口相声。由于此类表演需要有较好的语言表达能力和其他表演技巧，故较适合于中、高年级学生。教育活动内容可以是提高所有学生认知水平的心理训练。

（2）哑剧表演：这种表演是一种非言语性的。教师根据活动内容，让学生充分利用肢体、面部、身段等进行表情达意，学会非言语交往。此类表演难度稍低，适合于小学各年级学生。从教育内容来说，主要适用于情感教育和交往指导，也可考虑实际情况运用于其他教学内容。

（3）角色互换：此方法是让学生先后分别扮演不同的角色，分别体验不同角色的感受，促使彼此了解，学会不同角色应有不同的社会言行，每个人的言行应符合他所承担的角色。教育内容主要适用于自我意识训练、情感教育、个性塑造和交往指导。

（4）小品表演：这种方法是把幽默、讽刺或赞许的语言与滑稽的动作结合起来，展示生活、学习中的一些事情，告诉同学们其中的道理及处理问题的方式等。从教育内容上看，适用于自我意识、情感、个性、交往等方面的训练。

由于角色扮演使受教育者亲身体验了所扮演角色的言行，感受深刻，往往能够引起较大的心理变化，所以，在心理教育中，恰当使用这种方法，常常收到意想不到的效果。

4.运用角色扮演法的原则

（1）假如学生明显地表现出害怕，不要勉强让他们扮演，而是分给他们一些其他任务，直到他们自动参与。

（2）鼓励学生把角色扮演当作一种游戏。

（3）把注意力集中在所扮演的角色而不在学生身上。注重角色所表现出的意义和感觉，而不是学生表演得多么好。创造一种非批判的气氛，使学生有信心，喜欢表达他们自己。

（4）应使课堂气氛活跃，非表演同学积极关注表演者，给予表演者更多的支持和激励。

（二）价值观辨析法

1.价值观辨析法含义

价值观辨析法就是在教师的安排下，学生通过讨论、辩论等方法利用理性思维和情绪体验来检查自己的行为模式，并把自己的行为模式与他人的行为模式进行比较，解决价值冲突。

2.价值观辨析法的理论基础

价值观辨析法学派的代表人物是拉斯（L.Raths）和他的两名学生西蒙（S.Simon）与哈明（M.Harmin）。他们认为，价值观念是个体的一种内在价值，往往不能清晰地意识到，因而难以指导人的行为。为了让这些潜在的价值观念发挥作用，就需要对它们进行一步步辨析。

3.常用价值观辨析法及适用对象

（1）小组讨论法：针对某一问题设置情境（问题应为开放性问题），教师把学生分成小组，分组方式可以是随机的也可以是匹配的，具体情况具体分析，每个小组内成员充分发表自己的看法，畅所欲言，最后形成小组意见。接下来小组与小组讨论或辩论，最后由老师做总结。教育内容适合于学生自我评价、学习态度、个性、人际交往等方面的教育。

（2）两难问题法：教师利用假定的、设计的或真实的两难问题，让学生进行判断，激起内心价值冲突，触动原有的心理认知结构，产生不满足感，以达到改变自己原有认知结构的目的，从而提高心理水平。此方法根据问题设置可适合于不同年级学生。在教育内容方面，适用于学生个性塑造和品德形成等。

（3）脑力激荡法：此方法允许学生对一个问题能自由地考虑可采用的方法。脑力激荡法可以帮助学生产生很多的概念，目的是在一种兴奋、有趣、安全及接纳的气氛下产生一般与非惯例的概念，鼓励学生真诚地贡献意见，不管有无价值，甚至类似开玩笑或引人注意的意见，都要接纳它，应特别鼓励有创意的学生。该方法适合于各年级学生。在教育内容方面多适用于学生智力训练。

由于价值分析采用诱导方式，反对呆板说教和强硬的灌输式教育，教师易于掌握，学生乐于接受，有助于提高自我认识，促进良好行为的发生。

4.运用价值观辨析法的原则

（1）教师首先必须诱发学生的态度和价值陈述。

（2）教师必须无批评地和无批判地接受学生的思想、情感、信念和观点。

（3）教师必须向学生提出问题以帮助学生思考自己的价值观念。

（三）榜样引导法

1.榜样引导法含义

教师利用学生的模仿特点，让他们通过榜样行为的观察，使自身受到强化，模仿榜样的言行，从而实现受教育的目的。榜样可以是真实的，也可以是符号性的（通过传播媒介来呈现的榜样）。

2.榜样引导法的理论基础

社会学习理论创始人之一，当代美国心理学家班杜拉（A.Bandura）提出了观察学习理论。此理论认为，学习者只要观察到榜样的反应，即使自己未直接受到强化，也未进行实际练习，也能形成某些相应的行为。

3.常用的榜样引导法及适用对象

参观、访问：参观工厂、农村、公园、学校等，走访工人、农民和优秀学生，听其言，观其行，激发学生向榜样学习的强烈愿望并从身边做起，加强自身修养，养成良好行为习惯。由于榜样是活生生的，学生较易保持注意力，所以此方法适合于中小学各年级。从教育内容说，较适合个性塑造、美感形成、良好行为习惯的养成等。

媒体教学：充分利用科技教学手段，通过传播媒介来呈现榜样（传播媒介有图片、幻灯、录音、录像、电影、卡通片、文字说明等等），学生观察榜样，进行模仿学习。由于这种教学方式教育性兼容艺术性，形象生动有趣，颇受学生欢迎，可对不同年级学生施教，教学内容可涵盖多个方面。

4.使用榜样引导法的原则

（1）榜样的选取必须是可亲、可敬、可信并与学习者有较大相似性。

（2）榜样行为的展现应是渐进的。

（3）呈现榜样的同时，最好配以讲评，突出模仿行为。

（4）为学生模仿行为提供心理安全，促使其大胆模仿。

（5）为学生提供及时的反馈信息，强化模仿行为。

（四）行为强化法

1.行为强化法含义

行为强化法就是教师运用强化手段来巩固学生良好行为和消除不良行为的一种方法。所谓强化是指任何有助于机体反应概率增加的事件，强化手段一般有正强化、负强化和惩罚。

2.行为强化法的理论基础

美国当代著名心理学家、现代行为主义首领、操作性条件反射的创始人、行为矫正技术的创始人之一，B.F斯金纳认为：行为操作发生后，立即呈现强化物，行为就强化了，强化是操作性行为形成的重要手段。他认为，行为的发生变化都是强化的结果，要控制行为就要设法控制强化，控制强化就能控制行为。

3.几种常用的强化方法及适用物件

（1）奖励：奖励一般可分为社会性奖励、物质性奖励和活动性奖励。

（2）惩罚：避免不适当的惩罚，如体罚或变相体罚；惩罚应有很强的针对性，重罚其事，轻责其人；惩罚伴随说理教育，以提高惩罚效果。

（3）强化不兼容反应：这种方法类似于"冷处理"，即当学生做出不良行为时，不予理睬，使他得不到关注，久而久之这种不良行为就可能消退。

以上几种行为强化法重点是针对良好行为习惯的养成和不良行为的矫正，在心理教育过程中可以适用于不同年级的学生行为塑造和矫正。

4.运用行为强化法应遵循的原则

（1）多适用正强化少使用负强化和惩罚。

（2）教师必须明确通过教学要改变哪些不良行为习惯，建立那些行为方式。

（3）强化物和强化程式的选择因人而定。

（4）强化时有必要对学生伴随说理教育。

除以上方法外，还有许多其他的方法，众多的方法可归纳为两类，一类是认知，另一类是行为。为了收到良好的教育效果，应把知和行紧密结合起来，以一种方法为主导，多种方法为辅助进行教学，不能孤立地去适用某一方法，在学生心理发展历程中，认知活动的成分与行为活动的成分是相互联系、相互制约的。

二、心理健康教育课应注意的问题

（一）心理健康教育活动课主要是通过教师与学生共同活动来进行，通过活动训练，使学生产生体验，得出正确结论，要使学生成为活动的主人，忌包办代替，直接告诉学生应该怎样，而应帮助学生找出问题的症结及解决的办法。在学生获得感悟后，教师要对学生的体会给予明确的概括和升华，防止学生对活动的体验流于表面。

（二）心理健康教育课不应局限于课堂，应注重与学校日常教育教学活动相结合。心理健康教育课不能陷入学科教学的模式，教学方式应多种多样，可根据情况选择在户外进行。

（三）心理健康教育课作为团体训练应与个别辅导相结合，应特别注意调动和引导少数性格内向或与主题有关的学生参与，如针对"友情"这一内容，活动中要特别注意引导性格内向、平时朋友少的同学参与。

（四）活动主题忌大或空，要具体化为可以操作、可以训练的行为特征，从问题入手。如"优化心理，助我成功""倾听你的心声"等主题就太大，学生讨论开后，内容太多，教师不易把握。

（五）活动的主题及设计要适合学生的接受水平和需要（对其他心理健康教育课本提供的活动步骤、内容要分析，切合学生的实际），如情绪调节等内容就不适合小学低年级。

（六）创设良好的情景，增强活动的心理氛围（如座位的摆放、音乐的烘托等），能收到意想不到的效果。

（七）教师要按心理活动课的要求重塑角色地位，使学生能坦诚相言。如教师可以先讲讲自己的经历、自己犯过的错误、自己遭受的不理解，引起共情，使学生解除顾虑，敢于说出自己真实的想法，使活动朝着预想的方向发展。

（八）对活动中学生提出的违背常理的问题，教师应给予适当点拨，不能听之任之，不然会造成学生误认为教师认可他们的错误想法。如主题为"当父母误解我的时候"这一活动中，有一学生谈到当他和表弟闹矛盾时，明明是表弟的错误，父母总是怪他，这时他采取的办法是把表弟叫出去打一顿。如果教师对他这一回答不予理会或简单地否定，都不会有好的效果，教师应顺着他的回答点拨他，让学生自己觉得他打表弟一顿毫无作用，从而改变做法。

（九）活动课结束后，教师要根据情况制定具体目标进行课后训练，以巩固训练内容。目标制定要合适，给学生以成功体验。通过一堂心理活动课，学生可能会改变一些原有的错误认知，但要学生能在学习或生活中加以应用，教师布置课后的训练就是一个必不可少的环节，只有这样，心理健康教育活动课才能达到解决实际问题的目的。

第二节　心理健康教育科普宣传

根据《中国青少年心理健康服务需求现状研究》报告指出：科普宣传（80.0%）、健康教育（77.2%）、同学朋友咨询（74.7%），是中国青少年首选的获得心理健康服务的方式和途径；同学朋友（79.6%）、学校心理专家（72.4%）、父母家人（66.5%），是青少年学生首选的心理健康服务人员；而学校心理中心（71.2%）、社区心理中心（56.3%）、单位心理中心（55.0%），是同学们首选的心理健康服务机构。由此可见，青少年在出现心理问题时，会更加倾向于科普宣传、向同学朋友倾诉，因此营造良好的心育氛围，加强心理卫生的科普宣传，是学校开展心理健康教育的一个非常重要的环节。

要创设符合心理健康教育所要求的物质环境、人际环境、心理环境。加大心理健康教育的宣传力度，利用学校的各种宣传阵地，开展心理健康教育的宣传，营造良好的心育氛围，加强心理卫生的科普宣传。学校通过心灵橱窗、手抄报、心理健康知识宣传资料、"心灵港湾"广播站、心理健康教育网站、心理健康教育报纸、专题心理健康教育宣传月等多种途径，多形式地宣传心理健康知识，提高广大师生、家长对心理健康教育重要性的认识，促使师生、家长掌握必要的心理调适方法，形成正确的心理健康观念，营造良好的关注心理健康的氛围。

学校要将深入开展主题宣传教育活动作为心理健康教育的强有力手段，尝试以校园文化为载体，将心理健康教育与校园文化建设相结合，普及心理健康知识，提高学生心理素质。例如每年"5.25"举办心理宣传周或心理宣传月，逐渐成为学校的一项长期坚持、持续发展的心理健康教育品牌。心理宣传周或月可以按照学校统一要求和各班级自主创新相结合的方式，由学校心理辅导室统一规划，选定特色鲜明、实效性强的主题，面向全校师生开展形式新颖、丰富多彩的宣传教育活动。内容涵盖心理讲堂、心理情景剧DV大赛、宣传版面展示、学生寄语、户外素质拓展训练、心理沙龙、幸福漂流瓶、心理健康知识竞赛、心理知识图片展、心理电影、心理主题征文、心理案例分析、现场咨询，等等。

学校还可以坚持主题宣传教育活动和日常活动相结合，充分利用网络、报纸、广播、板报等媒介，广泛开展各种教育活动；针对学生发展特点，适时开展团体辅导活动；指导学生心理社团或心理委员开展各种同辈辅导活动。还可以编辑心理健康知识宣传小册子或报刊等读物；利用学校网站开设心理健康教育专栏，如心理美文、心航刊物、心海软件、危机管理、活动剪影、心理剧场等专栏，内容贴近学生需求，注重实时更新，使之成为学生了解活动动态、适时获取知识的重要窗口。

校园环境中渗透心理健康教育，发挥校园环境的育人功效。在环境净化、绿化、美化方面下大力气，创造优美的校园环境陶冶学生的身心，激发他们的美感和求知欲。同时还可以帮助学生建设属于他们的"小天地"，让学生的心自由飞翔。例如：自编刊物，举办社团，校园广播，宣传专栏等等。在这些"小天地"里，学生可以相互交流、尽情表现，还可以发表自己的见解等。同时这些"小天地"又能在生活上、学习上、思想上给学生们提供帮助。

总之，学校多样化的教育形式和宣传内容，不仅丰富了师生的精神文化生活，传播了心理健康知识，也提高了学生自我教育和发展的能力。

第三节　家庭和社会资源的整合

教育部《中小学心理健康教育指导纲要》指出：学校应将心理健康教育始终贯穿于教育教学全过程。全体教师都应自觉地在各学科教学中遵循心理健康教育的规律，将适合学生特点的心理健康教育内容有机渗透到日常教育教学活动中。要注重发挥教师人格魅力和为人师表的作用，建立起民主、平等、相互尊重的师生关系。要将心理健康教育与班主任工作、班团队活动、校园文体活动、社会实践活动等有机结合，充分利用网络等现代信息技术手段，多种途径开展心理健康教育。

教育部《中小学心理健康教育指导纲要》指出：学校要密切联系家长共同实施心理健康教育。学校要帮助家长树立正确的教育观念，了解和掌握孩子成长的特点、规律以及心理健康教育的方法，加强亲子沟通，注重自身良好心理素质的养成，以积极健康和谐的家庭环境影响孩子。同时，学校要为家长提供促进孩子发展的指导意见，协助他们共同解决孩子在发展过程中的心理行为问题。

充分利用校外教育资源开展心理健康教育。学校要加强与基层群众性自治组织、企事业单位、社会团体、公共文化机构、街道社区以及青少年校外活动场所等的联系和合作，组织开展各种有益于中小学生身心健康的文体娱乐活动和心理素质拓展活动，拓宽心理健康教育的途径。

中小学心理健康教育是一项系统工程，需要学校、家庭、社会的通力合作。然而，在中小学心理健康教育的整个流程中，家校如何协同开展心理健康教育是目前极为薄弱的一个环节。实践证明，家校配合情况直接关系到中小学心理健康教育工作的成效。因此，学校应重视了解家长在家校协同开展心理健康教育中的心理倾向，健全家校协同开展心理健康教育的联系途径，探索家校协同开展心理健康教育的具体模式，以强化家庭心理健康教育对学校心理健康教育的支持作用。

关注家庭教育，加强对家长的指导和帮助。据调查，学生的父母，有相当部分受教育程度不高，尤其是很少学过教育学、心理学的有关知识。他们不了解如何科学地教育孩子。因此，教师要通过家长会或家长座谈会等方式，让家长懂得青少年心理发展规律，懂得心理健康的重要性，了解青少年年龄特点，懂得教育学生的正确方法。要使家长了解青少年是一个特殊年龄阶段，学生情绪反复，行为多变，对此要有心理准备，不能因此不尊重、不理解他们。对学生教育既要鼓励，也可以批评，但方法的使用一定要符合青少年心理规律。对孩子的期望值不要过高，希望孩子成才，这是人之常情，但压力过大，也会适得其反。此外对"问题家庭"的学生更要特别关心，帮助他们克服因家庭的不良影响引起的心理问题。

一、家校协同开展心理健康教育的联系模式

首先，我们应该认识到，健全家校联系途径和探索有效的联系模式是实施家庭心理健康教育的前提。因为家长在良好亲子关系的建立过程中居于主导地位，这就要求学校教育与家庭教育积极配合，加强家长心理健康教育，提高家长自身的心理健康水平，增强家长对学生心理的了解和认识，提高他们对子女进行心理辅导的能力。学校还应引导和帮助家长树立正确的教育观，努力改善家庭环境，以良好的行为、正确的方式、和谐的气氛去影响和教育子女。

要达到上述目的，单凭目前的教师家访是不够的，我们要寻找新的更为有效的模式。目前的研究认为最有效的模式应该是把常规性、研究性、探索性三个层次的家校联系模式结合起来，具体如下：

（一）常规性家校联系模式

1.家长会

根据学校工作日程安排，一般在期中、期末考试结束或举行大型活动之前，召集家长到校，沟通双方的情况。但是，这种途径因为时间有限，家校双方只能肤浅地了解一些表面的情况。

2.家访

一般情况下，学校应将普访、随访和定期访问相结合。家访能具体个别地针对学生情况，解决实际问题，促进家校联系，其最大的作用在于能够在一定程度上改变家长在教育子女问题上的依赖心理。

3.家长来访

家长主动来访能够充分发挥家长教育子女的主观能动性，同时也适当地减少教师的工作量，减轻教师的工作压力。

常规性联系的确能了解学生在校内外的表现，也容易掌握部分学生的个性心理特征，能改变一些家长在教育子女问题上完全依赖学校、依赖教师的心理状态。但对教师而言，学生面广，工作费时，要更深入地了解学生内心的需要，单

靠这条途径很难达到目的，为此，教师与家长的联系途径必须拓宽、加深。

（二）家校协同开展心理健康教育的实施模式

事实上，应该把家庭心理健康教育看作整个学校心理健康教育的一个组成部分，让心理健康教育走进家庭，帮助家长树立先进的教育观念、改进与子女沟通的方法、确立合理的教养方式、营造良好的家庭心理氛围等。只有这样，才可以进一步整合学校与家庭的教育力量，提高家庭教育的质量。一句话，家庭与学校的协同一致是保证学校心理健康教育顺利实施的重要保障。为此，我们应积极探索家校协同开展心理健康教育的有效模式，共同促进青少年身心的健康发展。

目前，在学校指导下，实施家庭心理健康教育的模式主要有以下几种：

1.以学校为基地，着眼于学生在校的表现，沟通家庭，对学生进行多方面协同辅导的模式

学校建立心理健康教育领导机构，设立分学校、年级、班级三级管理的家长委员会，两套机构形成家校一致的教育核心。学校和教师根据学生在校的表现，与家长进行沟通，同家长一起确定心理健康教育的目标和具体实施方法 。教师和家长随时发现问题 ，随时进行沟通，共同分析原因。学校定期开设家长心理健康知识讲座，同时创造条件促进家长之间相互交流和学习，使家长树立正确的教育理念，提高家长自身的心理健康水平，增强家长对学生心理的了解和认识，掌握科学的教育方法，提高他们辅导子女的心理健康的能力。这种家校结合、协同辅导的模式，能有效促进学生的心理健康，提高学生的心理品质。

2.以家长学校为基地，着眼于改善家庭心理环境，提高家庭教育质量的模式

这种模式是从家庭环境的视角出发，主要以家长学校为依托，注重改善家长教育观念、优化家庭心理环境，改进家长的教育方法，从而形成教育的合力。家长学校致力于使家长树立正确的教养观，促使家长对子女提出合理的期望和发展目标，引导家长重视与子女的交流与沟通，强化家长对创造温馨和谐的家庭氛围和良好的精神文化环境的重要性的认识。家长学校通过每周或隔周的教育活动，举行家长汇报会或专题讨论会，通过相互交流、互提建议、教师点评等方法，增

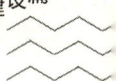

长家长的心理健康教育的知识，改善教子观念，改进教子方法。在这个过程中，可以利用反馈的作用机制，帮助家长发挥家庭个别教育的优势，提高家庭心理健康教育的效果。

3.针对不同类型的学生及其在校表现，与家长共同采取相应措施的模式

每一个学生都是一个独立的个体，都有其特殊性，学校教育中必须坚持因材施教的原则。事实上，家庭教育在坚持因材施教方面，更有其独特的优势。这一模式就是根据每一个学生不同的个性心理特征和具体情况，帮助家长在了解自己子女独特性的基础上，采取有效的措施进行教育，以期达到理想的教育效果。

4.针对不同类型的家长和家庭状况，进行有针对性的指导模式

与学生一样，每一个家庭和每一个家长都有其差异性。这一模式就是学校根据家庭和家长的不同阶层、不同文化程度和不同的亲子关系状况等具体情况，进行具体的分析和有针对性的指导，从而引导家长在有效地改善亲子关系的基础上，顺利地进行家庭心理健康教育。

家校协同开展心理健康教育模式可以有很多，什么样的模式最为有效还有待于我们在实际工作中进行探索。但是，不论采取什么样的模式，其目的都是让家长了解学校、班级近期的教育内容，了解孩子成长的教育氛围和孩子在校的表现，同时使教师掌握学生在校外的情况，以正确地把握学生的个性心理特征，从而采取更为有效的教育措施。在沟通教师和家长思想的过程中，做到彼此了解、相互支持、互树威信，共同研究教育措施。同时，也可以增进和培养相互间的情感，把师生之爱和亲子之爱融为一体，充分发挥家庭心理健康教育的支持性作用，同心协力使学校心理健康教育和家庭心理健康教育和谐统一，共同促进学生身心的健康发展。

二、社会资源的整合

教育部《中小学心理健康教育指导纲要》指出，要"充分利用校外教育资源

开展心理健康教育。学校要加强与基层群众性自治组织、企事业单位、社会团体、公共文化机构、街道社区以及青少年校外活动场所等的联系和合作，组织开展各种有益于中小学生身心健康的文体娱乐活动和心理素质拓展活动，拓宽心理健康教育的途径"。概括起来讲就是要求中小学校加强与社会的互动，实现学校心理健康教育的社会支持，突破传统的中小学心理健康教育方法。在学校心理健康教育越来越受到重视的今天，学校心理健康教育社会支持途径的出现是维护中小学生心理健康的有效手段，为中小学探索心理健康教育开辟了新道路。

通过整合各种社会力量，使学校心理健康教育工作能得到更多资源和支持，学生可以从中获益，提升提高心理健康水平。

学校心理健康教育社会支持途径主要是社会（指校外资源，主要包括基层群众性自治组织、企事业单位、社会团体、公共文化机构、街道社区等）协助学校开展心理健康教育。具体方法多样，下面就与社区合作、与企业合作以及与机构合作三个方面进行介绍。

（一）与社区合作

首先，可以运用团体心理辅导方式开展社区文化活动，设计有针对性的心理教育活动，寓心理教育于文娱体育活动中，有助于青少年学会认识自己和调控自己，培养良好的心理素质，提高学生整体素质，促进青少年全面发展。其次，可以开办社区家长学校，对家长进行基本的家庭教育思想理念、理论和方法的传授和指导，以提高家长科学育儿理念和亲子沟通能力等为主要目的，为青少年成长营造良好的社区和家庭环境。

（二）与企业合作

通过校企合作开展心理健康教育，学校每学期可以组织学校参观知名企业，为学生与企业对话创造环境条件，在企业进行实践，能让他们学以致用，感受到知识的力量，更加激发青少年的学习热情；同时还可以感受到企业的精神灵魂，学习企业的文化精髓，以提升青少年的心理品质。还可以举办主题训练营，如冬令营、夏令营，通过一群训练有素、专业性强、细心耐心的工作人员精心设计的相关课程，让青少年从中体验到一种与学校和家庭不同的学习生活方式，帮助青少年提高生活自理能力，培养良好生活习惯，增强身体素质、增进团队意识，树立面对战胜困难的信心，培养自强、自立、自尊、自爱等心理品质。

（三）与社会机构合作

成长中的青少年可能会出现一些心理问题，但学校无法做到"包办一切"，这就要求学校积极与社会相关专业机构进行合作。学校可以联系当地专业的心理服务机构，开展一些针对特殊学生的活动，如单亲家庭青少年心理辅导，邀请家长一起参与活动，家长可以学习一些亲子沟通技巧，改善亲子关系改进家教方式，为子女成长创建良好的家庭环境。同时，青少年在活动中也能学习如何调适情绪、改善行为、树立理想等。如：南昌市未成年人心理健康辅导中心开展的"开心妈妈读书沙龙"活动就是专门为家长提供家庭教育指导服务的，另外中心还免费为青少年学生提供心理辅导。还有社会上一些专业机构，如12355心理咨询热线，信息产业部核配"12355"作为全国统一的青少年维权与心理咨询公益服务的专用号码。中国红十字会心灵阳光，旨在促进大众社会心理健康，帮助人们拥有健康的心理进而有能力帮助他人，提升人与人之间的和谐关系。心灵阳光工程每年会面向中小学校教育工作者开展系列培训，学校可以借此机会组织学校教师参加培训或邀请有关专家进学校为老师培训心理学专业知识，以提高教育工作者对青少年心理健康辅导能力。

总之，重视学校、家庭、社会心理健康教育的同步实施，建立协同机制。一方面，学校要积极寻求专家的理念与技术支撑，邀请心理健康教育专家走进学校，开展心理健康教育方法讲座报告，营造关注心灵的教育环境。另一方面，与科研院所、社会机构开展深度合作，通过项目研究、转介治疗等方式，打通学校与外界的联系，促进学校心理健康教育的开展。同时加大与团体、企业的合作，通过企业家进校园、名人大讲堂、社会大课堂、家庭教育大讲堂等途径，形成全社会育人的格局，营造心理健康教育的良好生态，为心理健康教育的长效发展奠定基础。

学生在社会中生活，在家庭中成长，在学校中学习。学校要充分利用教育资源，不断盘活多方资源，协同联动，形成学校主导、家长参与、社会配合的三维工作网络。

学校心理健康教育的社会支持途径形式多样，优点各异，每个地区学校情况也各不相同，学校可以根据当地实际情况，开展适合于本校的心理健康教育。

附录1
症状自评量表（SCL–90）

【指导语】

以下列出了有些人可能会有的问题，请仔细地阅读每一条，然后根据最近一星期下列问题影响你或使你感到苦恼的程度，在题目后选择最适合你的数字，画钩，请不要漏掉问题。其中，"无"选1，"轻度"选2，"中度"选3，"偏重"选4，"严重"选5。

【题项】

	无–轻度–中度–偏重–严重
1.头痛。	1–2–3–4–5
2.神经过敏，心中不踏实。	1–2–3–4–5
3.头脑中有不必要的想法或字句盘旋。	1–2–3–4–5
4.头昏或昏倒。	1–2–3–4–5
5.对异性的兴趣减退。	1–2–3–4–5
6.对旁人责备求全。	1–2–3–4–5
7.感到别人能控制您的思想。	1–2–3–4–5
8.责怪别人制造麻烦。	1–2–3–4–5
9.忘记性大。	1–2–3–4–5
10.担心自己的衣饰整齐及仪态的端正。	1–2–3–4–5

11. 容易烦恼和激动。   1-2-3-4-5

12. 胸痛。   1-2-3-4-5

13. 害怕空旷的场所或街道。   1-2-3-4-5

14. 感到自己的精力下降，活动减慢。   1-2-3-4-5

15. 想结束自己的生命。   1-2-3-4-5

16. 听到旁人听不到的声音。   1-2-3-4-5

17. 发抖。   1-2-3-4-5

18. 感到大多数人都不可信任。   1-2-3-4-5

19. 胃口不好。   1-2-3-4-5

20. 容易哭泣。   1-2-3-4-5

21. 同异性相处时感到害羞不自在。   1-2-3-4-5

22. 感到受骗，中了圈套或有人想抓住您。   1-2-3-4-5

23. 无缘无故地突然感到害怕。   1-2-3-4-5

24. 自己不能控制地大发脾气。   1-2-3-4-5

25. 怕单独出门。   1-2-3-4-5

26. 经常责怪自己。   1-2-3-4-5

27. 腰痛。   1-2-3-4-5

28. 感到难以完成任务。   1-2-3-4-5

29. 感到孤独。   1-2-3-4-5

30. 感到苦闷。   1-2-3-4-5

31. 过分担忧。   1-2-3-4-5

32. 对事物不感兴趣。   1-2-3-4-5

33. 感到害怕。   1-2-3-4-5

34. 您的感情容易受到伤害。   1-2-3-4-5

35. 旁人能知道您的私下想法。   1-2-3-4-5

36. 感到别人不理解您、不同情您。   1-2-3-4-5

37. 感到人们对您不友好，不喜欢您。　　　　　1-2-3-4-5

38. 做事必须做得很慢以保证做得正确。　　　　1-2-3-4-5

39. 心跳得很厉害。　　　　　　　　　　　　　1-2-3-4-5

40. 恶心或胃部不舒服。　　　　　　　　　　　1-2-3-4-5

41. 感到比不上他人。　　　　　　　　　　　　1-2-3-4-5

42. 肌肉酸痛。　　　　　　　　　　　　　　　1-2-3-4-5

43. 感到有人在监视您、谈论您。　　　　　　　1-2-3-4-5

44. 难以入睡。　　　　　　　　　　　　　　　1-2-3-4-5

45. 做事必须反复检查。　　　　　　　　　　　1-2-3-4-5

46. 难以做出决定。　　　　　　　　　　　　　1-2-3-4-5

47. 怕乘电车、公共汽车、地铁或火车。　　　　1-2-3-4-5

48. 呼吸有困难。　　　　　　　　　　　　　　1-2-3-4-5

49. 一阵阵发冷或发热。　　　　　　　　　　　1-2-3-4-5

50. 因为感到害怕而避开某些东西、场合或活动。　1-2-3-4-5

51. 脑子变空了。　　　　　　　　　　　　　　1-2-3-4-5

52. 身体发麻或刺痛。　　　　　　　　　　　　1-2-3-4-5

53. 喉咙有梗塞感。　　　　　　　　　　　　　1-2-3-4-5

54. 感到前途没有希望。　　　　　　　　　　　1-2-3-4-5

55. 不能集中注意力。　　　　　　　　　　　　1-2-3-4-5

56. 感到身体的某一部分软弱无力。　　　　　　1-2-3-4-5

57. 感到紧张或容易紧张。　　　　　　　　　　1-2-3-4-5

58. 感到手或脚发重。　　　　　　　　　　　　1-2-3-4-5

59. 想到死亡的事。　　　　　　　　　　　　　1-2-3-4-5

60. 吃得太多。　　　　　　　　　　　　　　　1-2-3-4-5

61. 当别人看着您或谈论您时感到不自在。　　　1-2-3-4-5

62. 有一些不属于您自己的想法。　　　　　　　1-2-3-4-5

63.有想打人或伤害他人的冲动。　　　　　　　　1－2－3－4－5

64.醒得太早。　　　　　　　　　　　　　　　　1－2－3－4－5

65.必须反复洗手、点数目或触摸某些东西。　　　1－2－3－4－5

66.睡得不稳不深。　　　　　　　　　　　　　　1－2－3－4－5

67.有想摔坏或破坏东西的冲动。　　　　　　　　1－2－3－4－5

68.有一些别人没有的想法或念头。　　　　　　　1－2－3－4－5

69.感到对别人神经过敏。　　　　　　　　　　　1－2－3－4－5

70.在商店或电影院等人多的地方感到不自在。　　1－2－3－4－5

71.感到任何事情都很困难。　　　　　　　　　　1－2－3－4－5

72.一阵阵恐惧或惊恐。　　　　　　　　　　　　1－2－3－4－5

73.感到在公共场合吃东西很不舒服。　　　　　　1－2－3－4－5

74.经常与人争论。　　　　　　　　　　　　　　1－2－3－4－5

75.单独一个人时神经很紧张。　　　　　　　　　1－2－3－4－5

76.别人对您的成绩没有做出恰当的评价。　　　　1－2－3－4－5

77.即使和别人在一起也感到孤单。　　　　　　　1－2－3－4－5

78.感到坐立不安心神不定。　　　　　　　　　　1－2－3－4－5

79.感到自己没有什么价值。　　　　　　　　　　1－2－3－4－5

80.感到熟悉的东西变成陌生或不像是真的。　　　1－2－3－4－5

81.大叫或摔东西。　　　　　　　　　　　　　　1－2－3－4－5

82.害怕会在公共场合昏倒。　　　　　　　　　　1－2－3－4－5

83.感到别人想占您的便宜。　　　　　　　　　　1－2－3－4－5

84.为一些有关性的想法而很苦恼。　　　　　　　1－2－3－4－5

85.您认为应该因为自己的过错而受到惩罚。　　　1－2－3－4－5

86.感到要很快把事情做完。　　　　　　　　　　1－2－3－4－5

87.感到自己的身体有严重问题。　　　　　　　　1－2－3－4－5

88.从未感到和其他人很亲近。　　　　　　　　　1－2－3－4－5

89.感到自己有罪。   1—2—3—4—5

90.感到自己的脑子有毛病。   1—2—3—4—5

【评定注意事项】

SCL—90的每一个项目都采取5级评分制，具体含义说明如下：

1——无：自觉无该项症状（问题）；

2——很轻：自觉有该项症状，但对被试者并无实际影响，或者影响轻微；

3——中度：自觉有该项症状，对被试者有一定影响；

4——偏重：自觉有该项症状，对被试者有相当程度的影响；

5——严重:自觉该症状的频度和强度都十分严重，对被试者的影响严重。

这里的"影响"包括症状所致的痛苦和烦恼，也包括症状造成的心理社会功能损害。"轻、中、重"的具体定义，由被试者自己体会，不必做硬性规定。

完成整个测试大约需要20分钟。评定的时间范围是"最近一个星期"的实际感觉。评定结束时，由本人或主试逐一查核，凡有漏评或者重新评定的，均应提醒被试再考虑评定，以免影响分析的准确性。

【统计指标】

SCL—90的统计指标主要有以下各项，其中最为常见的是总分和因子分。

1.总分：90个项目单项分相加之和，可反映整体心理健康水平。

2.总均分：总分/90，表示从总体情况看，被试的自我感觉位于1—5级的哪一个分值的程度上。

3.阳性项目数：单项分≥2的项目数，表示被试在多少项目上呈现有"症状"。

4.阴性项目数：单项分=1的项目数，表示被试"无症状"的项目有多少。

5.阳性症状均分：阳性项目总分/阳性项目数。即被试在阳性项目中的平均得分，反映被试自我感觉不佳的项目，其严重程度介于那个范围。

6.因子分：共包括10个因子，即所有90个题项分为10个大类。每一个因子反映被试某一方面的情况，因而通过因子分可以了解被试的症状分布特点，并可做廓图分析。各因子名称及所包含项目及简要解释：

（1）躯体化：包括1、4、12、27、40、42、48、49、52、53、56和58，共12项。该因子主要反映主观的身体不适感。

（2）强迫症状：3、9、10、28、38、45、46、51、55和65，共10项，反映临床上的强迫症状群。

（3）人际关系敏感：包括6、21、34、36、37、41、61、69和73，共9项。主要指某些个人不自在感和自卑感，尤其是在与其他人相比较时更突出。

（4）抑郁：包括5、14、15、20、22、26、29、30、31、32、54、71和79，共13项，反映与临床上抑郁症状群相联系的广泛的概念。

（5）焦虑：包括2、17、23、33、39、57、72、78、80和86，共10个项目。指在临床上明显与焦虑症状群相联系的精神症状及体验。

（6）敌对：包括11、24、63、67、74和81，共6项。主要从思维、情感及行为三方面来反映病人的敌对表现。

（7）恐怖：包括13、25、47、50、70、75和82，共7项。它与传统的恐怖状态或广场恐怖所反映的内容基本一致。

（8）偏执：包括8、18、43、68、76和83，共6项。主要是指猜疑和关系妄想等。

（9）精神病性：包括7、16、35、62、77、84、85、87、88和90，共10项。其中幻听，思维播散，被洞悉感等反映精神分裂样症状项目。

（10）其他：19、44、59、60、64、66及89共7个项目，未能归入上述因子，它们主要反映睡眠及饮食情况。

【常模、分界值及结果解释】

量表编制组曾对全国13个地区1388名正常成人的SCL-90进行了分析，正常成人的常模如下：

1388名中国正常成人SCL-90指标统计结果

统计指标	平均分±标准差	因子分	平均分±标准差
总分	129.96±38.76	躯体化	1.37±0.48
总均分	1.44±0.43	强迫症状	1.62±0.58
阳性项目数	24.92±18.41	人际关系敏感	1.65±0.51
阴性项目数	65.08±18.33	抑郁	1.50±0.59
阳性症状均分	2.60±0.59	焦虑	1.39±0.43
		敌对	1.46±0.55
		恐怖	1.23±0.41
		偏执	1.43±0.57
		精神病性	1.29±0.42

刘恒和张建新等在2002年对广州、四川、河南、甘肃4个地区15所学校的2209名中学生进行了研究，建立了我国中学生的SCL-90常模。

SCL-90中学生常模（N=2209）

因子分	平均分±标准差
躯体化	1.58±0.62
强迫症状	2.10±0.72
人际关系敏感	1.82±0.68
抑郁	1.77±0.71
焦虑	1.75±0.69
敌对	1.81±0.74
恐怖	1.53±0.61
偏执	1.74±0.68
精神病性	1.67±0.62

量表作者并未提出分界值，按照全国常模结果，总分超过160分，或阳性项目数超过43项，或任一因子分超过2分，可考虑筛选阳性，需进一步检查。

SCL-90测试结果的解释方法很多，既可以从整个量表中的阳性症状均分和总均分出发来宏观评定被试心理障碍的平均程度等级；又可从统计原理出发，对被试的某一因子得分偏离常模团体均数的程度加以评定。一般来说，当某因子分偏离常模团体平均数达到2个标准差时，即为异常。

附录2
中学生心理健康综合测量量表（MHT）

【指导语】

1.这些测题是调查你的心情和感受的，不是测验智力和学习能力，与学习成绩无关，答案也没有好坏之分，请按照你平时所想的如实回答。

2.本测验每一问题都只有"是"和"否"两种可供选择的答案。请考虑每一题是否符合你自己的情况，如果情况符合，请在该题目后面的"是"字上面画"〇"；如果情况不符合，在"否"字上面画"〇"。按此方法对下列两个例题进行练习。

例1：早晨起来，你是否感到头痛？　　是 否

例2：你是否想起今后的事情就感到担心？　是 否

3.注意事项：

（1）按你平时所想的如实回答。

（2）每一问题都要回答，但只能选择一个答案，难以决定时，请选与你最接近的答案。

（3）有不明白的地方可以举手问老师。

（4）修改答案时，要用橡皮擦擦干净。

（5）回答时间没有限制，但不要过分考虑，请写出你最初想到的答案。

【题项】

1.你夜里睡觉时，是否总想着明天的功课?	是	否
2.老师在向全班提问时，你是否会觉得是在提问自己而感到不安?	是	否
3.你是否一听说"要考试"心里就紧张?	是	否
4.你考试成绩不好时，心里是否感到不快?	是	否
5.你学习成绩不好时，是否总是提心吊胆?	是	否
6.考试时，当你想不起来原先掌握的知识时，你是否会感到焦虑?	是	否
7.你考试后，在没有知道成绩之前，是否总是放心不下?	是	否
8.你是否一遇到考试，就担心会考坏?	是	否
9.你是否希望考试能顺利通过?	是	否
10.你在没有完成任务之前，是否总担心完不成任务?	是	否
11.你当着大家的面朗读课文时，是否总是怕读错?	是	否
12.你是否认为学校里得到的学习成绩总是不大可靠的?	是	否
13.你是否认为你比别人更担心学习?	是	否
14.你是否做过考试考坏了的梦?	是	否
15.你是否做过学习成绩不好时，受到爸爸妈妈或老师训斥的梦?	是	否
16.你是否经常觉得有同学在背后说你的坏话?	是	否
17.你受到父母批评后，是否总是想不开，放在心上?	是	否
18.你在游戏或与别人的竞争中输给对方，是否就不想再干了?	是	否
19.人家在背后议论你，你是否感到讨厌?	是	否
20.你在大家面前或老师提问时，是否会脸红?	是	否
21.你是否很担心叫你担任班干部?	是	否
22.你是否总是觉得好像有人在注意你?	是	否
23.在工作或学习时，如果有人注意你，你心里是否紧张?	是	否
24.你受到批评时，心里是否不愉快?	是	否
25.你受到老师批评时，心里是否总是不安?	是	否

26.同学们在笑时，你是否也不大会笑？　　　　　　　　　　　　　　是　　否

27.你是否觉得到同学家里去玩不如在自己家里玩？　　　　　　　　　是　　否

28.你和大家在一起时，是否也觉得自己是孤单的一个人？　　　　　　是　　否

29.你是否觉得和同学一起玩，不如自己一个人玩？　　　　　　　　　是　　否

30.同学们在交谈时，你是否想加入？　　　　　　　　　　　　　　　是　　否

31.你和大家在一起时，是否觉得自己是多余的人？　　　　　　　　　是　　否

32.你是否讨厌参加运动会和文艺演出会？　　　　　　　　　　　　　是　　否

33.你的朋友是否很少？　　　　　　　　　　　　　　　　　　　　　是　　否

34.你是否不喜欢同别人谈话？　　　　　　　　　　　　　　　　　　是　　否

35.在人多的地方，你是否觉得很怕？　　　　　　　　　　　　　　　是　　否

36.你在排球、篮球、足球、拔河、广播操等体育比赛输了时，心里是否一直认为自己不好？　　　　　　　　　　　　　　　　　　　　　　　　是　　否

37.你受到批评后，是否总认为是自己不好？　　　　　　　　　　　　是　　否

38.别人笑你的时候，你是否会认为是自己做错了什么事？　　　　　　是　　否

39.你学习成绩不好时，是否总是认为是自己不用功的缘故？　　　　　是　　否

40.你失败的时候，是否总是认为是自己的责任？　　　　　　　　　　是　　否

41.大家受到责备时，你是否认为主要是自己的过错？　　　　　　　　是　　否

42.你在乒乓球、羽毛球、篮球、足球、拔河、广播操等比赛时，是否一出错就特别留神？　　　　　　　　　　　　　　　　　　　　　　　　　是　　否

43.碰到为难的事情时，你是否认为自己难以应付？　　　　　　　　　是　　否

44.你是否有时会后悔，那件事不做就好？　　　　　　　　　　　　　是　　否

45.你和同学吵架以后，是否总是认为是自己的错？　　　　　　　　　是　　否

46.你心里是否总想为班级做点好事？　　　　　　　　　　　　　　　是　　否

47.你学习的时候，思想是否经常开小差？　　　　　　　　　　　　　是　　否

48.你把东西借给别人时，是否担心别人会把东西弄坏？　　　　　　　是　　否

49.碰到不顺利的事情时，你心里是否很烦躁？　　　　　　　　　　　是　　否

50.你是否非常担心家里有人生病或死去?　　　　　　　　　　是　否

51.你是否在梦里见到过死去的人?　　　　　　　　　　　　　是　否

52.你对收音机和汽车的声音是否特别敏感?　　　　　　　　　是　否

53.你心里是否总觉得好像有事没有做好?　　　　　　　　　　是　否

54.你是否担心会发生什么意外的事?　　　　　　　　　　　　是　否

55.你在决定要做什么事时,是否总是犹豫不决?　　　　　　　是　否

56.你手上是否经常出汗?　　　　　　　　　　　　　　　　　是　否

57.你害羞时是否会脸红?　　　　　　　　　　　　　　　　　是　否

58.你是否经常头痛?　　　　　　　　　　　　　　　　　　　是　否

59.你被老师提问时,心里是否总是很紧张?　　　　　　　　　是　否

60.你没有参加运动,心脏是否经常扑通扑通地跳?　　　　　　是　否

61.你是否很容易疲劳?　　　　　　　　　　　　　　　　　　是　否

62.你是否很不愿吃药?　　　　　　　　　　　　　　　　　　是　否

63.夜里你是否很难入睡?　　　　　　　　　　　　　　　　　是　否

64.你是否总觉得身体好像有什么毛病?　　　　　　　　　　　是　否

65.你是否经常认为自己的体型和面孔比别人难看?　　　　　　是　否

66.你是否经常觉得肠胃不好?　　　　　　　　　　　　　　　是　否

67.你是否经常咬指甲?　　　　　　　　　　　　　　　　　　是　否

68.你是否舔手指头?　　　　　　　　　　　　　　　　　　　是　否

69.你是否经常感到呼吸困难?　　　　　　　　　　　　　　　是　否

70.你去厕所的次数是否比别人多?　　　　　　　　　　　　　是　否

71.你是否很怕到高的地方?　　　　　　　　　　　　　　　　是　否

72.你是否害怕很多东西?　　　　　　　　　　　　　　　　　是　否

73.你是否经常做噩梦?　　　　　　　　　　　　　　　　　　是　否

74.你胆子是否很小?　　　　　　　　　　　　　　　　　　　是　否

75.夜里,你是否很怕一个人在房间里睡觉?　　　　　　　　　是　否

76.你乘车穿过隧道或路过高桥时，是否很怕?　　　　是　否

77.你是否喜欢整夜开着灯睡觉?　　　　是　否

78.你听到打雷声是否非常害怕?　　　　是　否

79.你是否非常害怕黑暗?　　　　是　否

80.你是否经常感到后面有人跟着你?　　　　是　否

81.你是否经常生气?　　　　是　否

82.你是否不想得到好的成绩?　　　　是　否

83.你是否经常会突然想哭?　　　　是　否

84.你以前是否说过谎话?　　　　是　否

85.你有时是否会觉得还是死了好?　　　　是　否

86.你是否一次也没有失约过?　　　　是　否

87.你是否经常想大声喊叫?　　　　是　否

88.你是否不愿说出别人不让说的?　　　　是　否

89.你有时是否想过自己一个人到遥远的地方去?　　　　是　否

90.你是否总是很有礼貌?　　　　是　否

91.你被人说了坏话，是否想立即采取报复行动?　　　　是　否

92.老师或父母说的话，你是否都照办?　　　　是　否

93.你心里不开心，是否会乱丢、乱砸东西?　　　　是　否

94.你是否发过怒?　　　　是　否

95.你想要的东西，是否就一定要拿到手?　　　　是　否

96.你不喜欢的课，老师提前下课，你是否会感到特别高兴?　　　　是　否

97.你是否经常想从高的地方跳下来?　　　　是　否

98.你是否无论对谁都很亲热?　　　　是　否

99.你是否会经常急躁得坐立不安?　　　　是　否

100.对不认识的人，你是否会都喜欢?　　　　是　否

【答题纸】

学习焦虑		对人焦虑		孤独倾向		自责倾向		过敏倾向		身体症状		恐怖倾向		冲动倾向		效度量表	
1		16		26		36		46		56		71		81		82	
2		17		27		37		47		57		72		83		84	
3		18		28		38		48		58		73		85		86	
4		19		29		39		49		59		74		87		88	
5		20		30		40		50		60		75		89		90	
6		21		31		41		51		61		76		91		92	
7		22		32		42		52		62		77		93		94	
8		23		33		43		53		63		78		95		96	
9		24		34		44		54		64		79		97		98	
10		25		35		45		55		65		80		99		100	
11										66							
12										67							
13										68							
14										69							
15										70							
合计																	

【记分标准及结果解释】

每题回答"是"记1分,回答"否"记0分。

中学生心理健康综合测量量表(或焦虑测验)的结果是以8个内容量表的标准分和全量表总的焦虑倾向的标准分来表示的。一般说来,测验结果的解释是按以下步骤进行的:

1. **效度量表(说谎量表)的解释**

效度量表就是一般所说的说谎量表,得分高的人是为了获得好的成绩而作假的,测验结果不可信。效度量表的得分范围是1—10,在解释测验结果时,对得高分的人要特别注意,尤其是得分在7以上的人,要在适当时候重新进行测验。

2. **整个测验的解释**

将被试8个内容量表的标准分加起来,就是全量表总焦虑倾向的标准分。这是得分从整体上表示焦虑程度强不强,焦虑范围广不广。总焦虑倾向标准分在65分以上者,需要制订特别的个人指导计划。这种人在日常生活中有不适应行为,其目的是消除焦虑。有攻击和暴力行为时，如果进行惩罚而增强焦虑，必须用其他方法进行指导。日常不引人注目的人，虽然不会给别人带来麻烦，但不可忽视，应制订计划以改变其总想退缩的性格。若总焦虑倾向标准分在64分以下，则需要进一步了解各内容量表得分的情况。

3. 内容量表得分的诊断

全量表是由8个内容量表构成。每个内容量表的原始分根据常模表换算为标准分，凡标准分在8分以上时，就必须制订特别指导计划。

例1，某被试的8个内容量表的标准分分别如下：A为9.5，B为6，C为5，D为6，F为4，E为5，G为8，H为5。从上可见，A量表（学习焦虑倾向）的标准分超过了8，那么就必须制订有关学习焦虑方面的特别指导计划。

例2，某被试的8个内容量表的标准分分别如下：A为7，B为9.5，C为9.5，D为7，E为7，F为6，G为5，H为7，其中B量表（对人焦虑倾向）和C量表（孤独倾向）的标准分超过了8，那么就必须制订对人焦虑和孤独倾向的特别指导计划。

常模表（初一）：各分测验与原始分等值的量表分

原始分	0	1	2	3	4	5	6	7	8	9	10	11	12	13	14	15
学习焦虑	0	0	1	1	2	3	3	4	5	5	6	7	7	8	9	9
对人焦虑	0	1	2	3	4	5	6	7	8	9	10					
孤独倾向	0	1	2	3	4	5	6	7	8	9	10					
自责倾向	0	1	2	3	3	3	4	5	6	8	9					
过敏倾向	0	0	1	2	3	4	5	6	7	8	9					
身体症状	1	2	3	3	4	5	6	6	7	8	9	9	10	11	12	12
恐怖倾向	2	3	4	5	6	6	7	8	9	10	10					
冲动倾向	2	3	4	5	6	7	7	8	9	10	11					

4.各内容量表的解释

①学习焦虑

高分（8分以上）：对考试怀有恐惧心理，无法安心学习，十分关心考试分数。

低分（3分以下）：学习焦虑低，学习不会受到困扰，能正确对待考试成绩。

②对人焦虑

高分（8分以上）：过分注重自己的形象，害怕与人交往，退缩。

低分（3分）以下：热情，大方，容易结交朋友。

③孤独倾向

高分（8分以上）：孤独、抑郁，不善与人交往，自我封闭。

低分（3分以下）：爱好社交，喜欢寻求刺激，喜欢与他人在一起。

④自责倾向

高分（8分以上）：自卑，常怀疑自己的能力，常将失败、过失归咎于自己。

低分（3分以下）：自信，能正确看待失败。

⑤过敏倾向

高分（8分以上）：过于敏感，容易为一些小事而烦恼。

低分（3分以下）：敏感性较低，能较好地处理日常事务。

⑥身体症状

高分（8分以上）：在极度焦虑的时候，会出现呕吐失眠、小便失禁等明显症状。

低分（3分以下）：基本没有身体异常表现。

⑦恐怖倾向

高分（8分以下）：对某些日常事务，如黑暗等，有较严重的恐惧感受。

低分（3分以下）：基本没有恐怖感。

⑧冲动倾向

高分（8分以下）：十分冲动，自制力较差。

低分（3分以下）：基本没有冲动。

附录3
中学生心理健康量表（MSSMHS）

【指导语】

下面是有关你近10天状态的问题，请你仔细阅读每一个题目，然后根据你自己的实际情况认真填写。每一个题目没有对错之分，请你尽快回答，不要在每道题上过多思考。每个题目后边都有5个等级供你选择，分别按照程度的高低用1、2、3、4、5来表示。

1——无：自觉该项目无问题

2——轻度：自觉有该项目问题，轻度出现。

3——中度：自觉有该项目症状，其程度为中度。

4——偏重：自觉有该项目症状，其程度为中等严重。

5——严重：自觉有该项目症状，已达到非常严重的程度。

每个题目后面只能选一个等级，请在与你的情况相符合的等级上画钩。每个题目都要回答，不要遗漏。答完试题之后，请你认真检查一遍有没有漏项的，如果有漏项的请你补上，如果有一道题目选择两个等级的请更正。

【题项】〖HJ0〗

	无–轻度–中度–偏重–严重
1.我不喜欢参加学校的课外活动。	1-2-3-4-5
2.我心情时好时坏。	1-2-3-4-5

3.做作业必须反复检查。 1-2-3-4-5

4.感到人们对我不友好，不喜欢我。 1-2-3-4-5

5.我感到苦闷。 1-2-3-4-5

6.我感到紧张或容易紧张。 1-2-3-4-5

7.我学习劲头时高时低。 1-2-3-4-5

8.我对现在的学校生活感到不适应。 1-2-3-4-5

9.我看不惯现在的社会风气。 1-2-3-4-5

10.为保证正确，做事必须做得很慢。 1-2-3-4-5

11.我的想法总与别人不一样。 1-2-3-4-5

12.总担心自己的衣服是否整齐。 1-2-3-4-5

13.容易哭泣。 1-2-3-4-5

14.我感到前途没有希望。 1-2-3-4-5

15.我感到坐立不安，心神不定。 1-2-3-4-5

16.经常责怪自己。 1-2-3-4-5

17.当别人看着我或谈论我时，感到不自在。 1-2-3-4-5

18.感到别人不理解我，不同情我。 1-2-3-4-5

19.我常发脾气，想控制但控制不住。 1-2-3-4-5

20.觉得别人想占我的便宜。 1-2-3-4-5

21.大叫或摔东西。 1-2-3-4-5

22.总在想一些不必要的事情。 1-2-3-4-5

23.必须反复洗手或反复数数。 1-2-3-4-5

24.总感到有人在背后谈论我。 1-2-3-4-5

25.时常与人争论、抬杠。 1-2-3-4-5

26.我觉得对大多数人都不可信任。 1-2-3-4-5

27.我对做作业的热情忽高忽低。 1-2-3-4-5

28.同学考试成绩比我高，我感到难过。 1-2-3-4-5

29.我不适应老师的教学方法。　　　　　　　1-2-3-4-5

30.老师对我不公平。　　　　　　　　　　　1-2-3-4-5

31.我感到学习负担很重。　　　　　　　　　1-2-3-4-5

32.我对同学忽冷忽热。　　　　　　　　　　1-2-3-4-5

33.上课时，总担心老师会提问自己。　　　　1-2-3-4-5

34.我无缘无故地突然感到害怕。　　　　　　1-2-3-4-5

35.我对老师时而亲近，时而疏远。　　　　　1-2-3-4-5

36.一听说要考试，心里就感到紧张。　　　　1-2-3-4-5

37.别的同学穿戴比我好，有钱，我感到不舒服。1-2-3-4-5

38.我讨厌做作业。　　　　　　　　　　　　1-2-3-4-5

39.家里环境干扰我的学习。　　　　　　　　1-2-3-4-5

40.我讨厌上学。　　　　　　　　　　　　　1-2-3-4-5

41.我不喜欢班里的风气。　　　　　　　　　1-2-3-4-5

42.父母对我不公平。　　　　　　　　　　　1-2-3-4-5

43.感到心里烦躁。　　　　　　　　　　　　1-2-3-4-5

44.我常常无精打采，提不起劲来。　　　　　1-2-3-4-5

45.我感情容易受到别人的伤害。　　　　　　1-2-3-4-5

46.觉得心里不踏实。　　　　　　　　　　　1-2-3-4-5

47.别人对我的表现评价不恰当。　　　　　　1-2-3-4-5

48.明知担心没有用，但总害怕考不好。　　　1-2-3-4-5

49.总觉得别人在跟我作对。　　　　　　　　1-2-3-4-5

50.我容易激动和烦恼。　　　　　　　　　　1-2-3-4-5

51.同异性在一起时，感到害羞不自在。　　　1-2-3-4-5

52.有想伤害他人或打人的冲动。　　　　　　1-2-3-4-5

53.我对父母时而亲热，时而冷淡。　　　　　1-2-3-4-5

54.我对比我强的同学并不服气。　　　　　　1-2-3-4-5

55.我讨厌考试。	1-2-3-4-5
56.心里总觉得有事。	1-2-3-4-5
57.经常有自杀的念头。	1-2-3-4-5
58.有想摔东西的冲动。	1-2-3-4-5
59.要求别人十全十美。	1-2-3-4-5
60.同学考试成绩比我高，但能力并不比我强。	1-2-3-4-5

【记分标准】

每个提项都采用5级评分法，即选"1（无）"得1分；选"2（轻度）"得2分，依次类推。将全部问卷项目得分累加起来，即可得到全量表分。10个内容量表所包括的题目及意义分别如下：

1.强迫症状：包括3、10、12、22、23、48共6项。该因子反映被试做作业必须反复检查，反复数数。总在想一些不必要的事情，总害怕考试成绩不好等强迫症状。

2.偏执：包括11、20、24、26、47、49共6项。该因子反映被试觉得别人占自己便宜，别人在背后议论自己，对多数人不信任，别人对自己评价不适当，别人跟自己作对等偏执问题。

3.敌对：包括19、21、25、50、52、58共6项。该因子反映被试控制不住自己脾气，经常与别人争论，容易激动，有摔东西的冲动等等。

4.人际关系紧张与敏感：包括4、17、18、45、51、59共6项。该因子反映被试认为别人不理解自己，别人对自己不友好，感情容易受到别人伤害，对别人求全责备，同异性在一起感到不自在等问题。

5.抑郁：包括5、13、14、16、44、57共6项。该因子反映被试感到生活单调，感到自己没有前途，容易哭泣，责备自己，无精打采等问题。

6.焦虑：包括6、15、34、43、46、56共6项。该因子反映被试感到紧张，心神不定，无缘无故地害怕，心里烦躁，心里不踏实等问题。

7.学习压力：包括31、33、36、38、40、55共6项。该因子反映被试感到学习负担重，怕老师提问，讨厌做作业，讨厌上学，害怕和讨厌考试等问题。

8.适应不良：包括1、8、9、29、39、41共6项。该因子反映被试对学校生活不适应，不愿参加课外活动，不适应老师教学方法，不适应家里学习环境，情绪不平衡等问题。

9.情绪不平衡：包括2、7、27、32、35、53共6项。该因子反映被试情绪不稳定，对老师和同学以及父母，学习忽高忽低等问题。

10.心理不平衡：包括28、30、37、42、54、60共6项。该因子反映被试感到老师和父母对自己不公平，对同学比自己成绩好难过和不服气等问题。

【结果解释】

1.因子分

将各内容量表的总分分别除以6即可得到各内容量表的项目平均分。根据项目平均分即可初步判断哪些因子存在心理健康问题的症状。

2-2.99分：表示该因子存在轻度问题。可以通过自我心理调节予以改善和消除。

3-3.99分：表示该因子存在中等程度的症状。可以通过自我心理调适，逐步使症状减轻和消失。如果自我心理调适已经超过一个月仍没有缓解，最好寻求心理辅导老师的专业帮助。

4-4.99分：表示该因子存在较重的症状。可以自我心理调适。一周后再次测试，如果该因子得分仍在4分以上，最好寻求心理辅导老师的专业帮助。

5分：表示该因子存在严重的心理症状。

2.总均分

除用10个内容量表的项目平均分进行判断外，还可用总量表项目总均分进行总体的评定。总均分的计算方法：把该量表60个题项的分数之和除以60，得出的分数便是被试心理健康总均分。使用总均分评定中学生心理健康状况：

2-2.99分：表示存在轻度的心理健康问题。

3-3.99分：表示存在中等程度心理健康问题。

4-4.99分：表示存在较严重心理健康问题。

5分：表示存在非常严重的心理健康问题。

附录4

团体心理辅导方案示例

中学生生涯规划团体心理辅导策划书

（一）团体名称："放飞梦想　实现自我"——中学生生涯规划团体心理辅导

（二）团体性质：同质性、封闭性、发展性团体

（三）团体目标：

1.总体目标：通过团体心理辅导，使学生能够更加了解自我、了解职业、了解社会，帮助学生制定职业目标实现的策略，增强对未来美好生活的自信。

2.团体具体目标：

（1）增进团体成员之间的了解，建立团体规范；

（2）通过团体活动、沟通、交流、分享，促进自我了解，认识自己的性格特质对未来职业发展的影响，澄清自我的职业价值观；

（3）协助成员初步了解职业规划及其意义，树立正确的价值观和职业兴趣；

（4）通过自我思考，自主进行合理科学的职业生涯规划。

（四）团体领导者：

××，女，心理学专业本科毕业，国家二级心理咨询师。长期从事个体和团体心理辅导工作，累积1000多小时个体咨询经验，曾带领过10余个团体，参加过曾奇峰学习精神分析基础理论、欧文亚隆反馈模式人际关系取向团体等课程的专

业学习，有丰富的团体心理辅导的理论和实践经验。

（五）团体对象与规模：在校学生，12人。

（六）团体活动时间：2016年9月-12月，每周二下午4:00-5:30，共8次。

（七）团体活动场所：心理健康教育中心团体辅导室

（八）参考文献：樊富珉《团体心理咨询》，金树人《生涯辅导》。

（九）团体计划书

单元	单元目标	活动流程及内容
一	1.小组成员相识并初步了解 2.了解自己的期待 3.共建团体规范	1.为自己取一个名字 2.知你识我 3.我的期望 4.签订合约
二	1.形成温暖信任的气氛 2.探索家庭对自我职业的影响 3.引发生涯自主意识和责任	1.姓名接力赛 2.家庭职业树 3.分享讨论
三	1.增强小组凝聚力 2.协助成员澄清自我价值观 3.促进成员的了解，增强信任感	1.解开千千结 2.职业大拍卖 3.分享讨论
四	1.了解自己的职业兴趣 2.自己的性格特质与未来职业生涯的关系	1.同舟共济 2.职业兴趣树 3.霍兰德职业测试 4.讨论
五	1.了解自己的能力和专长 2.协助成员认识自己的性格特质 3.协助成员肯定自己	1.小小动物园 2.我的自画像 3.成就座谈会 4.课后作业
六	1.了解自己的职业期待 2.了解不同职业的要求	1.比手画脚 2.你说我说：职业的要求 3.模拟招聘会 4.分享讨论
七	1.体验成员的肯定与支持 2.整合职业自我探索 3.初步规划自己的职业生涯	1.突出重围 2.职业生涯彩虹图 3.分享讨论
八	1.整理团体的收获 2.成员之间互相祝福，结束团体 3.评估团体的效果	1.幻想曲 2.回首来时路 3.爱的抱抱 4.结束

附录5

单次团体心理辅导活动示例

考前心理减压团体心理辅导活动方案

一、活动目标：

1.以轻松活泼的活动形式，帮助成员放松身心，缓解压力；

2.帮助成员了解压力，评估压力，寻找主要的压力事件；

3.通过团体成员的讨论与分享，寻找应对考试压力的有效策略；

4.通过团体成员的相互激励与支持，增强应对压力的信心。

二、活动准备：

1.每个团体以20人左右为宜。

2.彩色笔若干、A4纸若干、背景音乐。

三、活动流程：

热身活动：气象预报

时间：10分钟

目标：轻松气氛，消除心理紧张，放松情绪。

1.领导者自我简介并简单介绍本次活动主要目的。

2.游戏活动：气象预报

选一人当预报员，其他成员面对着他，站成一列横队，相距1米远，游戏

开始，当预报员发出各种气象预报时，全体成员要做出勇敢的反应，如："刮大风！"——"不怕！""下大雨！"——"不怕！""有大雾！"——"不怕！""下大雪！"——"不怕！"唯独听到"下冰雹啰！"必须赶快转身抱头蹲下，要是动作迟缓被预报员发现就算失误，表演一个节目，并和预报员互换角色。

3.游戏开始后，领导者可以先示范、演练一次，之后组织成员游戏。

4.请成员用一句话谈谈自己玩游戏的心情。

主题活动一：压力数轴

时间：25分钟

目标：了解自己以及他人的压力情况；交流分享压力对自己学习、生活的影响。

1.领导者在地上画出一个直线，分成10等份，标上0-10的数字；并说明："0"代表没有考试压力，"5"代表考试压力中等水平，"10"代表考试压力很大难以承受，分数越高代表压力越大。

2.请成员评估自己面对考试时压力的大小，并站到压力数轴相应位置，同样程度压力的成员可站成一排。

3.成员相互观察，了解自己及其他人的压力情况。

4.全体成员围坐在一起，交流和分享：你的压力情况如何？为什么这样评估自己的压力水平？这些压力对自己目前的影响是什么？

5.领导者小结：每个人在面对考试时都会存在程度不等的压力，这是件很正常也很普遍的事情。面临压力，我们每个人并不是一座孤岛，我们要学会正确地看待压力。

主题活动二：压力事件评估表

时间：25分钟

目标：分析、寻找主要的压力事件；交流、分享缓解压力的有效方法。

1.成员分发彩色笔，填写《压力事件评估表》。

《压力事件评估表》

评估近一年来下列压力事件有没有发生过，它带来的影响如何？根据自己的实际情况填写下表，在对应的选项中打"√"。

压力事件	完全没有影响	有一点影响	影响比较大	影响很大
1.成绩退步，考试失败，成绩不稳定				
2.学过的内容记不住，考试过多				
3.父母经常唠叨，管束过严				
4.重要亲人患病或去世				
5.尽管很努力，学习成绩仍然不理想				
6.主要科目上课听不懂				
7.家长与老师对自己要求过高				
8.老师偏心，受过他的侮辱与嘲讽				
9.与朋友关系恶化，在同学中受冷落				
10.父（母）离异或再婚				

2.指导成员观察自己的《压力事件评估表》，分析哪些事件是对自己没有影响的，哪些是对自己影响较大的。由此筛选出自己最主要、最迫切的压力事件。

3.请成员自愿交流分享：我最主要、最迫切的压力事件是什么？我自己尝试的解决方法是什么？效果如何？总结2-3个有效缓解压力的方法。

4.领导者小结：产生烦恼和压力的根源找到了，有些同学找到了有效的方法缓解压力。下面的想象放松练习也能减缓压力，大家一起跟着练习。

主题活动三：想象放松练习

时间：10分钟

目标：放松心情，缓解压力。

1.老师播放放松音乐，请所有成员找一个最舒服的姿势坐下或躺下。

2.老师念想象放松指导语，请所有成员闭眼放松。

请轻轻地闭上你的眼睛

请将你的身心慢慢地放松下来

随着这优美的音乐

你感觉自己仿佛来到了一片阳光普照的草地上

你缓缓地，漫步在这一往无际的草地上

欣赏着遍地盛开的鲜花，欣赏着翩翩飞舞的蝴蝶

你看到天空中朵朵的白云飘过；你听到潺潺的流水、动听的鸟叫

此时，你感觉到自己的身心豁然开朗

感觉到整个身心从里到外的一种轻松，一种舒适

请深深地吸一口气——

让淡淡的花香、清新的空气一直渗入你的心里，渗入你的每一个细胞

你整个身心都慢慢地、慢慢地融入这美丽的大自然中

那暖暖的阳光照在你的身上，照进你的心里

那略带花香的微风轻轻地拂过你的脸颊

你感到身心非常的放松，非常的舒适

你感到内心充满了宁静与祥和

非常舒适——非常平静——非常放松

四、结束团体

时间：5分钟

目标：感受团体的支持，感受团体的爱与力量；增强信心，拥抱希望。

1.成员围成圈站立，大拇指相连，轻轻地合上眼睛，用意念向其他成员传递

自己的爱与力量，同时用心感受其他成员传递的爱与力量。

2.成员用屁股，写"轻松"与"希望"两个词。

3.领导者小结：高考不是灰色的季节，是希望的季节，是收获的季节。在这里，我衷心地祝愿大家考试顺利！谢谢大家！

参考文献

［1］林崇德.发展心理学［M］.北京：人民教育出版社，2009.

［2］胡燕.近十年来的双性化人格研究综述［J］.企业家天地，2006（4）：153-154.

［3］乔纳森·布朗.自我［M］.北京：人民邮电出版社，2004.

［4］谢弗（Shaffer，D.R.）等.发展心理学［M］.邹泓等，译.第九版.北京：中国轻工业出版社，2016.

［5］黛安娜·帕帕拉，萨莉·奥尔茨露丝.发展心理学［M］.第十版.北京：人民邮电出版社，2013.

［6］张灏，杨柯.不同班级环境下初中生成就动机研究［J］.成都师范学院学报，2009，25（12）：113-116.

［7］魏莉莉，马和民.成就动机研究述评［J］.当代青年研究，2011（12）：12-15.

［8］蒋名平.国外成就动机测量研究的进展与发展趋势［J］.合肥学院学报（社会科学版），2009，26（2）：113-117.

［9］隋光远.中学生学业成就动机归因训练效果的追踪研究［J］.心理科学，2005，28（1）：52-55.

［10］张大均.教育心理学［M］.北京：人民教育出版社，2005.

［11］樊富珉编著.团体心理咨询［M］.北京：高等教育出版社，2005.

［12］Irvin·Yalom著.团体心理治疗理论与实践［M］.李敏等,译.北京：中国轻工业出版社，2010.

［13］徐西森著.团体动力与团体辅导［M］.北京：世界图书出版公司，2003.

［14］刘伟编著.集中封闭大型团体咨询［M］.北京：中国轻工业出版社，2010.

［15］刘慧编著.大学生团体心理咨询实务［M］.北京：中国人民大学出版社，2015.

［16］伏忠国，李云鹤编著.中学生团体心理辅导实用教程［M］.北京：知识产权出版社，2015.

［17］樊富珉.全国学校心理辅导经验交流——我国学校生心理咨询之发展（第三部分）［M］.香港：香港课室教材出版社，1992.

［18］舒曼.塑造阳光心态.大学生心理健康教育［M］.江西：江西人民出版社，2006.

［19］郭念锋等.国家职业资格培训教程–心理辅导老师（基础知识）［M］.北京：民族出版社，2005.

［20］Schidt N J.学校心理咨询实用规划［M］.沈湘琴，译.北京：中国轻工业出版社，2005.

［21］连仙枝.我国学校心理咨询机构建设研究综述［J］.延边党校校报，2009，24（6）：109–110.

［22］王东宇.学校心理辅导机构的建立和管理［J］.中国学校卫生，2001，6（22）：546–547.

［23］刘科荣，罗品超.论学校心理咨询兼职队伍的能力建设［J］.华南师范大学学报，2006，2：134–136.

［24］王晓程.学校心理健康教育机构建设调查与分析［J］.哈尔滨学院学报，2007，6（28）：132–134.

［25］何元庆，姚本先.论学校心理健康教育机构基本建设标准［J］.中国德育，2008，2（3）：68-70.

［26］教育部，卫生部，共青团中央.关于进一步加强和改进学校生心理健康教育的意见［R］.教社政［2005］1号，2005.

［27］Boyd V, Hattauer E, Brandel I W, et a1..Accreditation standards for university and college counseling centers. Journal of Counseling & Development, 2003, 81（1）：168-176.

［28］ 张日昇.咨询心理学［M］.北京：人民教育出版社，1999：198-199，206-209.

［29］ 林孟平.小组辅导与心理治疗［M］.上海：上海教育出版社，2005：32.

［30］申荷永，高岚.沙盘游戏：理论与实践［M］.广州：广东高等教育出版社，2004：78-80.

［31］ 王晓萍.心理咨询室设备配置及布置［J］.中国现代教育装备，2010（8）：68-69.

［32］姚本先，方双虎.学校心理健康教育导论［M］.上海：东方出版中心，2002：279-313.

［33］冯观富.学校心理辅导的组织与管理［M］.广东：世界图书出版公司，2003：372-373.

［34］汪向东，王希林，马弘.心理卫生评定量表手册（增订版）［M］.北京：中国心理卫生杂志社，1999：45-52，106-108，194-195，235-237.

［35］王极盛，李焰.中国中学生心理健康量表的编制及其标准化［J］.社会心理科学，1997，（4）：15-20.

［36］金华，吴文源，张明园.中国正常人SCL-90评定结果的初步分析.中国神经精神疾病杂志［J］，1986，12（5）：260-263.

［37］刘恒，张建新.我国中学生症状自评量表（SCL-90）评定结果分析

［J］.中国心理卫生杂志，2004，18（2）：88-90.

［38］雷厉，杨洋.青少年病理性互联网使用量表的编制与验证［J］.心理学报，2007，39（4）：688-696.

［39］静进，森永良子，海燕等.学习障碍筛查量表的修订与评价［J］.中华儿童保健杂志，1998，6（3）：197-200.

后 记

　　为充分发挥江西省青少年心理健康教育辅导中心的专业指导作用，推进青少年心理健康教育辅导工作，江西省青少年心理健康教育辅导中心在江西省文明办的指导下，组织编写了这本工作手册。

　　张天清同志负责拟定了本书的编写思路、体例和篇章结构，并对全书进行了修改审定。舒曼及高旭为本书的编写及修订做了大量的工作。编写分工具体如下：胡燕负责第一、第八、第十三章，舒曼负责第二、第五、第七章，龚玲负责第三、第四章，刘慧负责第六章，严娟负责第九章，高旭负责第十、第十一章，何静丽负责第十二、第十四、第十五章。

　　感谢所有对本书有帮助的海内外专家学者及同行，本书在编写过程中引用他们的研究成果，除尽量在参考文献中注明外，并在此顺致编者最诚挚的谢意。书中可能还存在一些错误或不足，希望各位专家、读者不吝批评指正。期待本书能动员和激励广大从事青少年心理健康教育辅导工作的同志不懈努力，共同促进青少年的健康成长和全面发展。

编者

2017年春天

图书在版编目（CIP）数据

青少年心理健康教育工作手册/张天清主编.－－南昌：
百花洲文艺出版社, 2017.6
ISBN 978-7-5500-2163-1

Ⅰ.①青… Ⅱ.①张… Ⅲ.①青少年－心理健康－健康教育－手册
Ⅳ.①G444-62

中国版本图书馆CIP数据核字（2017）第072526号

青少年心理健康教育工作手册

张天清　主编

出 版 人	姚雪雪
责任编辑	余　茳
书籍设计	彭　威
制　　作	何　丹
出版发行	百花洲文艺出版社
社　　址	南昌市红谷滩世贸路898号博能中心一期A座20楼
邮　　编	330038
经　　销	全国新华书店
印　　刷	南昌三联印务有限公司
开　　本	720mm×1000mm　1/16　　印张　19.5
版　　次	2019年1月第1版第2次印刷
字　　数	220千字
书　　号	ISBN 978-7-5500-2163-1
定　　价	39.00元

赣版权登字　05-2017-96

邮购联系　　0791-86895108
网　　址　　http://www.bhzwy.com
图书若有印装错误，影响阅读，可向承印厂联系调换。